# EXEMPLES

DE

# FORMATIONS TACTIQUES

DE

## L'INFANTERIE, DE LA CAVALERIE ET DE L'ARTILLERIE

### DE L'ARMÉE ALLEMANDE

REPRÉSENTÉES EN FIGURES

Paris. — Imprimerie de J. DUMAINE, rue Christine, 2.

# EXEMPLES

DE

# FORMATIONS TACTIQUES

DE

## L'INFANTERIE, DE LA CAVALERIE ET DE L'ARTILLERIE

### DE L'ARMÉE ALLEMANDE

### REPRÉSENTÉES EN FIGURES

Travail basé sur les Ordonnances et les Règlements les plus récents

TRADUIT DE L'ALLEMAND

### par Ch. GUNSETT

Capitaine au 4e de ligne, professeur de langue allemande à l'École militaire
des sous-officiers d'infanterie.

# PARIS

## LIBRAIRIE MILITAIRE DE J. DUMAINE

LIBRAIRE-ÉDITEUR

### Rue et Passage Dauphine, 30.

1880

# PRÉFACE.

En publiant la traduction de cet exposé complet des manœuvres de l'armée allemande, nous avons pensé que ce travail pourrait avoir son utilité et présenter quelque intérêt aux militaires de toutes armes désireux de connaître les formations tactiques de l'infanterie, de la cavalerie et de l'artillerie de nos voisins.

Afin d'éviter des recherches au lecteur, nous avons cru utile de faire précéder cette traduction d'un aperçu très-succinct de l'état militaire de l'empire d'Allemagne, de l'organisation et de la division de ses corps de troupes.

## APERÇU SUCCINCT DE L'ÉTAT MILITAIRE DE L'EMPIRE D'ALLEMAGNE.

La force armée de l'empire se compose *de l'armée de terre*, de *la marine* et du *landsturm*.

*L'armée de terre* est divisée en armée active et en landwehr.

*La marine* comprend la *marine active* ou *flotte* et la *seewehr*. Celle-ci est à la marine active ce que la landwehr est à l'armée active.

*Le landsturm* est composé de tous les hommes valides, capables de porter les armes et qui ne font point partie de l'armée de terre ou de la marine.

En cas d'invasion, le landsturm est convoqué par ordre de l'empereur.

Les différentes armes qui composent l'armée allemande, sont :

1. *L'infanterie*, divisée en *grosse infanterie* et en *infanterie légère*. La première comprend les grenadiers et les mousquetiers, la dernière les fusiliers et les chasseurs.

Les régiments de grenadiers ne diffèrent pas, quant à leur recrutement et à leur destination, des autres régiments d'infanterie de ligne. Cette dénomination est simplement conservée par tradition.

La différence qui existait jadis entre la grosse infanterie et l'infanterie légère est effacée (exception faite des bataillons de chasseurs) par les exigences de la tactique moderne. La différence entre les grenadiers, les mousquetiers et les fusiliers n'est donc plus que nominale.

L'armée allemande compte 148 régiments d'infanterie et 25 bataillons de chasseurs.

2. *La cavalerie*, également divisée en grosse cavalerie et en cavalerie légère. Les cuirassiers (12 régiments) et les uhlans (25 régiments), font partie de la première; les dragons (28 régiments), et les hussards (28 régiments) appartiennent à la seconde.

La cavalerie allemande se compose donc de 93 régiments.

3. *L'artillerie* est divisée en artillerie de campagne et en artillerie à pied. Cette dernière est chargée du service de l'artillerie de forteresse et de siége. L'artillerie à cheval forme une espèce particulière de l'artillerie de campagne. Pour la distinguer des batteries de l'artillerie de campagne dont les servants sont à pied, on donne à celles-ci le nom spécial de *batteries de campagne*. D'après le calibre des bouches à feu les batteries de campagne sont divisées en batteries lourdes et en batteries légères.

L'artillerie allemande compte :

*a*) 36 régiments d'artillerie de campagne, lesquels comprennent dans leur ensemble 254 batteries montées de 9 et 46 batteries à cheval de 8, soit 300 batteries, toutes à 6 pièces en cas de mobilisation et par conséquent 1800 bouches à feu.

*b*) 13 régiments d'artillerie à pied et 3 bataillons isolés.

4. *Les pionniers*, selon qu'ils sont employés aux travaux de fortification, aux mines ou aux équipages de ponts, portent le nom de sapeurs, mineurs et pontonniers.

5. Le *train* qui a pour mission de transporter les véhicules de guerre de toute nature. Les hommes (conducteurs) et les chevaux du train forment les attelages des colonnes de munitions et de vivres, des équipages de ponts, des ambulances, des bagages des troupes, etc....

En outre des hommes du train sont détachés de leurs corps pour soigner les chevaux des officiers montés des autres armes.

6. Les *brancardiers* qui sont chargés en campagne d'enlever les blessés et de les transporter aux lieux de pansement. Dans les ambulances ils soignent les malades et les blessés.

DIVISION DE L'ARMÉE ACTIVE.

1. *L'armée allemande* est divisée en 18 corps d'armée dont un de la garde.

Les différents états de l'empire fournissent les contingents suivants :

La Prusse, 11 corps d'armée de ligne et le corps de la garde.

La Saxe, le 12ᵉ corps.

Le Wurtemberg, le 13ᵉ.

Le grand duché de Bade, le 14ᵉ.

L'Alsace-Lorraine, le 15ᵉ.

Ce dernier est composé de corps de troupes tirés de tous les corps d'armée de l'empire.

La Bavière fournit 2 corps qui portent les noms de premier et deuxième corps d'armée royaux de Bavière (16ᵉ et 17ᵉ de l'empire).

2. *Le corps d'armée de la garde* compte 2 divisions d'infanterie et une division de cavalerie.

*Chaque division d'infanterie de la garde* comprend 2 brigades d'infanterie.

*La division de cavalerie de la garde* compte 3 brigades de cavalerie.

*Chaque brigade d'infanterie de la garde* comprend 2 régiments d'infanterie de la garde et 2 régiments de landwehr de la garde. En outre, le régiment de fusiliers de la garde et le régiment de fusiliers de landwehr de la garde font partie de la 2ᵉ brigade d'infanterie; le bataillon de chasseurs de la garde appartient à la 1ʳᵉ brigade d'infanterie et le bataillon de tirailleurs à la 2ᵉ.

*Une brigade de cavalerie de la garde* est composée de 2 ou 3 régiments de cavalerie.

3. Les autres *corps d'armée* comptent chacun 2 divisions; chaque *division* comprend 3 brigades, dont 2 brigades d'infanterie et 1 brigade de cavalerie.

Le 12ᵉ corps d'armée (Saxons) fait exception à cette règle. Il se compose, comme celui de la garde, de 2 divisions d'infanterie et d'une division de cavalerie à 2 brigades chacune.

Le 11ᵉ corps compte en plus la division hessoise (Darmstadt); en conséquence, il possède 3 divisions.

Chaque brigade d'infanterie comprend 2 régiments de ligne et 2 régiments de landwehr.

Toute brigade de cavalerie compte 2 ou 3 régiments.

4. Indépendamment des troupes endivisionnées, chaque corps d'armée comprend encore 1 bataillon de chasseurs, 1 brigade d'artillerie de campagne, 1 régiment ou 1 bataillon d'artillerie à pied, 1 bataillon de pionniers et 1 bataillon du train.

Le bataillon d'instruction d'infanterie ayant pour objet de maintenir l'uniformité dans l'ensemble des services de l'infanterie et le bataillon de chemin de fer font partie du corps de la garde. Le dernier comprend les éléments nécessaires à la formation des 12 compagnies de chemin de fer en cas de mobilisation.

Les 9ᵉ, 12ᵉ, 13ᵉ, 14ᵉ, 15ᵉ corps d'armée font exception à la règle générale; les 2 premiers ont chacun 2 bataillons de chasseurs, les 3 derniers n'en ont aucun.

La Bavière a 12 bataillons de chasseurs, répartis dans les brigades d'infanterie.

Le 15° corps d'armée ne compte qu'un régiment d'artillerie de campagne non embrigadé.

5. *Une brigade d'artillerie de campagne* comprend 2 régiments d'artillerie de campagne.

6. Chaque régiment d'infanterie compte 3 bataillons qui portent les noms de 1er bataillon, 2° bataillon et bataillon de fusiliers. Dans les régiments de la garde et dans les régiments de grenadiers les 2 premiers bataillons sont appelés bataillons de grenadiers, et dans les régiments de ligne bataillons de mousquetiers.

Dans les régiments de fusiliers les bataillons sont désignés simplement par l'ordre de leurs numéros, 1er, 2° et 3° bataillon.

Les régiments de landwehr n'ont que 2 bataillons chacun.

Chaque bataillon allemand compte 4 compagnies. Les 12 compagnies du régiment sont numérotées de 1 à 12. Les 4 premières forment le 1er bataillon, les 4 suivantes le 2° et les 4 dernières le bataillon de fusiliers ou le 3° bataillon.

La compagnie est divisée, pour le service intérieur, en inspections et en escouades.

Au point de vue tactique la compagnie d'infanterie en ligne déployée est formée sur 3 rangs. Elle est divisée en 2 pelotons; chaque peloton en demi-pelotons et en sections. Pour le combat le 3° rang forme un peloton particulier appelé peloton de tirailleurs. En conséquence, la formation de combat de la colonne de compagnie compte 3 pelotons sur 2 rangs. La compagnie des chasseurs est toujours formée sur 2 rangs. Sur le pied de paix, elle est divisée en 2 pelotons; sur le pied de guerre, en 4. Ceux-ci sont, à leur tour, divisés en demi-pelotons et en sections.

7. Tous les régiments de cavalerie sont à 5 escadrons, 4 actifs et 1 dépôt. Le 5° escadron dépôt n'est jamais mobilisé; il reste comme escadron de remplacement. Le pied de guerre réglementaire d'un escadron est de 150 chevaux.

8. Les régiments d'artillerie de campagne sont composés de différentes manières. En règle générale, une brigade d'artillerie compte : 1° un régiment à 3 *abtheilungen* (divisions), dont une à cheval, chaque abtheilung comprenant 3 batteries ; 2° un régiment à 2 abtheilungen, à 4 batteries chacune. En conséquence, une brigade d'artillerie de campagne compte 5 abtheilungen formant un total de 17 batteries.

En temps de paix, la batterie a 4 pièces attelées ; en campagne, elle en a 6.

Le régiment d'artillerie à pied ou de forteresse compte 2 bataillons à 4 compagnies chacun.

Le traducteur.

# INFANTERIE.

## I

## FORMATIONS, MANŒUVRES ET COMBAT DE LA COMPAGNIE.

### A. Formations et manœuvres.

1. FORMATION DE LA COMPAGNIE EN LIGNE SUR TROIS RANGS (1)
(§§ 15, 16 ET 17 [2].

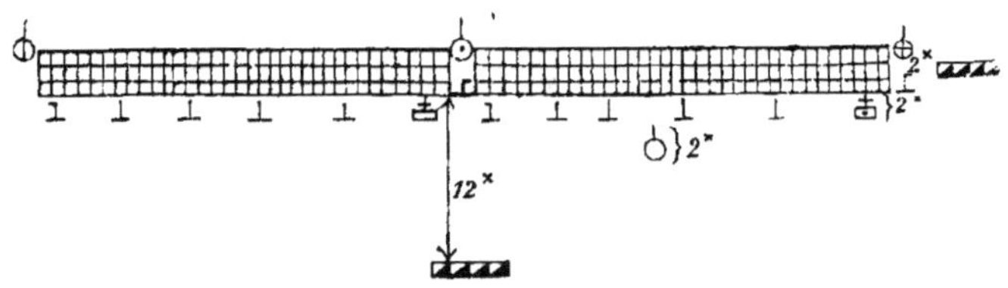

---

(1) Les compagnies de chasseurs sont formées sur deux rangs.
(2) Les §§ cités désignent les §§ correspondants du règlement sur les manœuvres. La petite croix placée à la droite des chiffres remplace le mot *pas*.

| Signes. | | EFFECTIFS | |
| --- | --- | --- | --- |
| | | de paix. | de guerre. |
| ⚇ Capitaine. | | 1 Capitaine. | 1 |
| Premier lieutenant. | | 4 Lieutenants. | 4 |
| 1er second lieutenant. | | 1 Sergent-major. | 1 |
| 2e second lieutenant. | | 1 Vice-sergent-major. | 1 |
| 3e second lieutenant. | | 1 Enseigne (porte-épée fanrich). | 1 |
| Sergent-major. | | 3 Sergents. | 4 |
| Porte-épée fähnrich. | | 9 Sous-officiers. | 13 |
| Guide de droite. | | 4 Tambours et clairons. | 4 |
| Guide de gauche. | | 123 { Exempts (gefreite). | } 226 |
| Sous-officier en serre-file. | | { Simples soldats. | |
| Tambours et clairons. | | | |

### Observations.

1. Il n'existe point de signe pour le vice-feldvebel (vice-sergent-major) le règlement n'ayant point déterminé de place de bataille pour ce grade. En cas d'absence du porte-épée fähnrich, le vice-feldvebel prend, en règle générale, sa place. Toutefois le capitaine peut le désigner pour remplir les fonctions de guide ou de sous-officier d'encadrement.

2. En l'absence d'un second lieutenant le capitaine désigne un sous-officier particulièrement apte à ces fonctions (surtout pour le rétablissement de l'alignement à gauche). Le vice-feldvebel, selon les circonstances, est désigné pour remplacer cet officier. Il en remplit alors les fonctions pendant tous les mouvements exécutés par la compagnie.

3. Pour les revues et dans les formations habituelles les tambours et les clairons sont placés à 2 pas de l'aile droite de la compagnie à hauteur du deuxième rang. Lorsque la compagnie prend ses dispositions pour la manœuvre ils se portent derrière le centre, les clairons à droite, les tambours à gauche.

A l'avertissement de *maniement des armes*, un tambour et un clairon se portent auprès du capitaine.

4. Pendant l'exécution de la charge les guides de droite seuls remplacent les officiers dans les créneaux si ces derniers quittent leur place.

5. La distance d'un rang à l'autre est de $0^m,64^c$.

### 2. FORMATION DE LA COMPAGNIE MARCHANT PAR LE FLANC DROIT (§ 29).

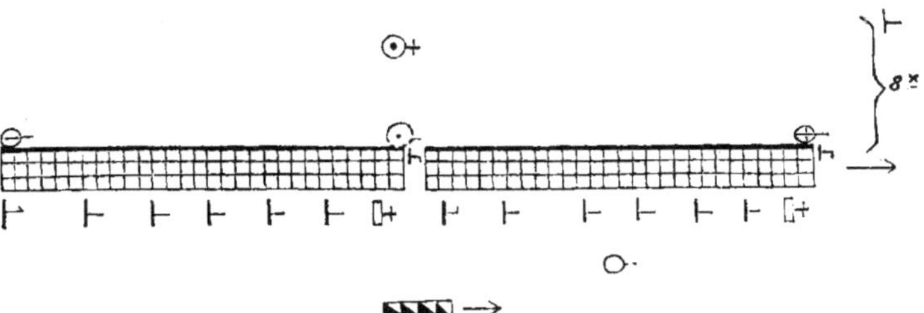

### 3. FORMATION DE LA COMPAGNIE MARCHANT PAR LE FLANC GAUCHE.

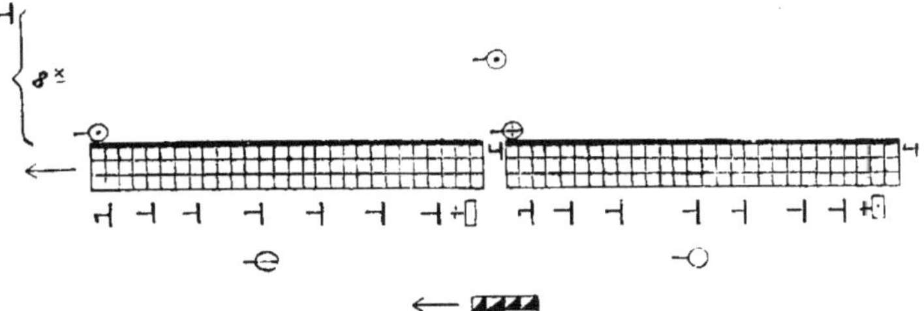

### Observations.

1. Lorsqu'on veut exercer la compagnie aux *à-droite* et aux *à-gauche*, on la prévient par le commandement d'avertissement *Wendungen*. Les chefs de peloton suivent le mouvement sans quitter leur place dans le rang.

2. Le sous-officier chargé de la direction (le serre-file de l'aile droite ou de l'aile gauche, selon le cas), se porte en

même temps en dehors et un peu en avant du front du côté de la direction (dans le bataillon sur le pied de guerre à 30 pas, sur le pied de paix à 15 et dans la compagnie à 8 pas).

3. Afin d'éviter les répétitions on néglige ici les formations et les mouvements de la compagnie qui ressemblent à ceux du bataillon (Colonne de section, de demi-peloton et de peloton). L'officier d'encadrement occupe pendant les manœuvres de la compagnie, la même place que l'officier d'encadrement du bataillon pendant ceux de ce dernier.

Les tambours et les clairons, placés comme il est dit dans la formation de la compagnie en ligne, suivent les mouvements de leur compagnie.

#### 4. PASSER DE LA FORMATION EN LIGNE A LA FORMATION DE LA COLONNE DE COMPAGNIE (§ 35).

Commandement : *Compagnie Colonne formirt (formez la colonne de compagnie).*

**a) Dans une compagnie à droite du drapeau** (Chaque bataillon allemand possède un drapeau).

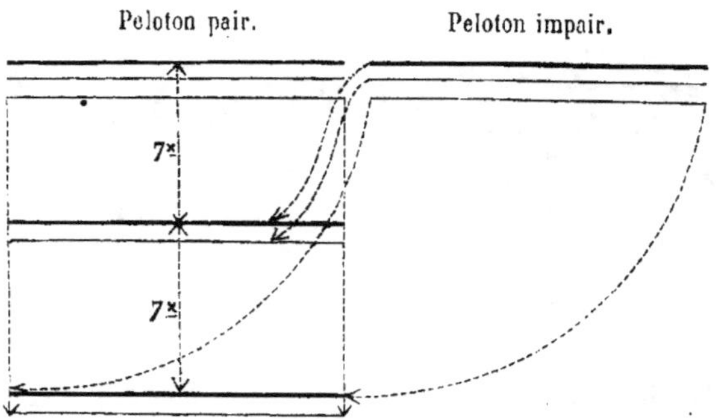


Le troisième rang du peloton pair fait demi-tour, marche 13 pas en arrière, fait front et s'arrête. La distance qui sépare les premiers rangs de chaque peloton doit être de 7 pas.

Le troisième rang du peleton impair fait par le flanc gauche et se porte devant le troisième rang du peloton pair.

Le peloton impair fait par le flanc gauche et se porte à la distance de 7 pas derrière le peloton pair.

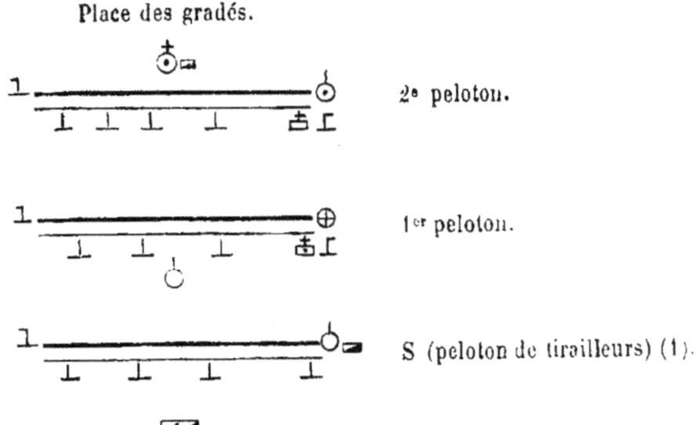


## Observations.

1. Un clairon se porte près du capitaine placé devant le front de la compagnie; le deuxième clairon se porte près du chef du peloton de tirailleurs. Les guides de droite sont placés derrière la file de droite, les guides de gauche à la gauche du premier rang de chaque peloton. Dans le peloton de tirailleurs deux sous-officiers des serre-files remplissent ces fonctions. Les autres sous-officiers sont placés à distance de rang derrière les pelotons, les tambours derrière la compagnie à 8 pas des serre-files.

---

(1) Les pelotons formés des troisièmes rangs portent le nom de pelotons de tirailleurs parce que, en règle générale, ils servent les premiers à former la chaîne de tirailleurs. Ils portent le même numéro que les compagnies auxquelles ils appartiennent et sont désignés par : I, II, III, IV pelotons de tirailleurs. Dans les figures de cet ouvrage, les pelotons de tirailleurs sont désignés par les chiffres romains I, II, III, IV, suivant qu'ils appartiennent aux 1re, 2e, 3e, 4e compagnies ou simplement par un S (*schützen*, tirailleurs).

2. Lorsque le drapeau manœuvre avec la compagnie il se porte, formànt une section, derrière l'aile droite de la compagnie à distance de rang des serre-files.

3. La colonne de compagnie constitue non-seulement la formation de combat, mais celle de rassemblement, de manœuvre et de colonne d'attaque.

4. Tous les mouvements de la colonne de compagnie, y compris ceux des troupes de soutien de la ligne de tirailleurs, s'exécutent au pas non cadencé et l'arme sur l'épaule droite. Au commandement de *halte* les hommes mettent toujours l'arme au pied. Toutefois, au feu le plus efficace de l'ennemi, les colonnes de compagnie sont tenues de marcher au pas cadencé (§ 35).

### b) Dans une compagnie à la gauche du drapeau.

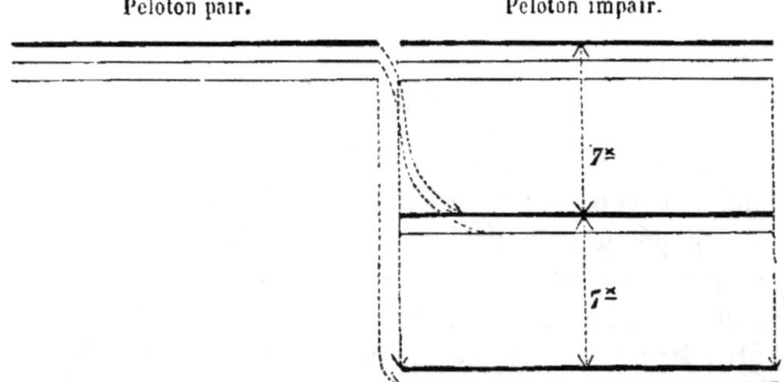


Le troisième rang du peloton impair fait demi-tour, se porte perpendiculairement en arrière à la distance de 12 pas, s'arrête et fait front.

Le troisième rang du peloton pair fait par le flanc droit et se porte *derrière* le troisième rang du peloton impair. Le peloton pair fait en même temps par le flanc droit et se porte à la distance de 7 pas derrière le peloton impair.

5. PASSER DE LA COLONNE DE COMPAGNIE (PELOTONS ENTIERS) A LA COLONNE DE COMPAGNIE A DEMI-PELOTONS (§ 35).

Commandement : *In halb-züge brecht ab (rompez les pelotons)*.

**a) Compagnie à la droite du drapeau.**

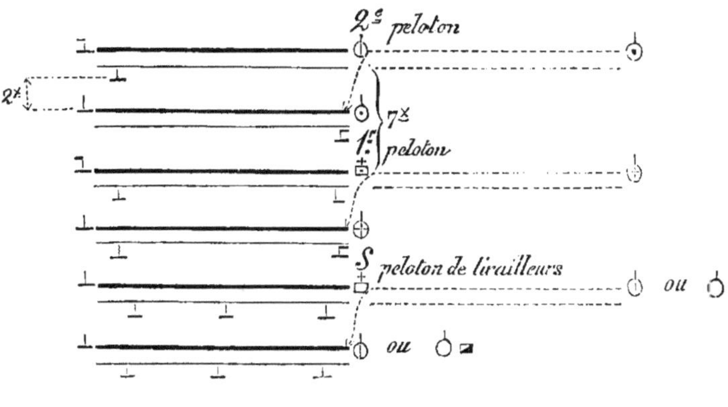

**b) Compagnie à la gauche du drapeau.**

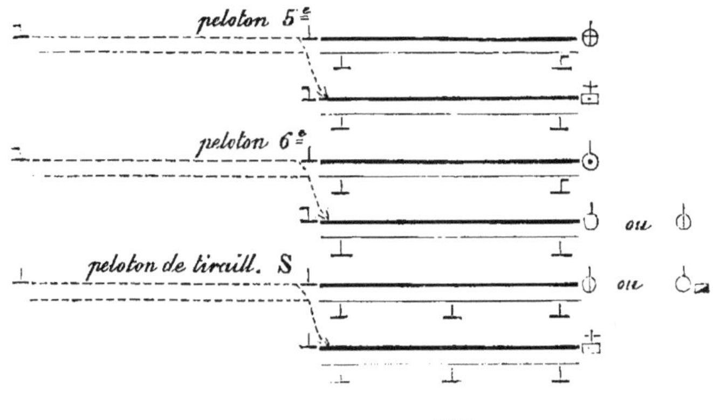

Les demi-pelotons qui doivent rompre font à droite (à gauche) et se portent sans autre commandement de leur chef à deux pas de distance derrière les demi-pelotons qui

2

n'ont pas bougé. Un sous-officier se porte à la gauche du premier rang de chaque demi-peloton.

6. PASSER DE LA COLONNE DE COMPAGNIE DE DEMI-PELOTONS A LA COLONNE DE COMPAGNIE DE PELOTONS ENTIERS.

Commandement : *In Züge marschirt auf-marsch (formez les pelotons).*

Les demi-pelotons qui ont rompu font à droite (à gauche) et se portent sans autre commandement à hauteur et à côté des demi-pelotons qui n'ont pas bougé.

7. PASSER DE LA COLONNE DE COMPAGNIE A LA COMPAGNIE EN LIGNE.

Commandement : *Compagnie formirt (formez la compagnie).*

Les trois rangs du peloton rompu font un demi-à-droite (demi-à-gauche) et se portent à hauteur et à côté du peloton qui n'a pas bougé; le troisième rang de ce dernier serre à sa distance.

8. PASSER DE LA COMPAGNIE EN LIGNE SUR TROIS RANGS A LA COLONNE DE COMPAGNIE A DROITE OU A GAUCHE.

### a) A droite.

Commandement : *Compagnie Colonne nach der rechten flanke formirt (formez la colonne de compagnie sur le flanc droit).*

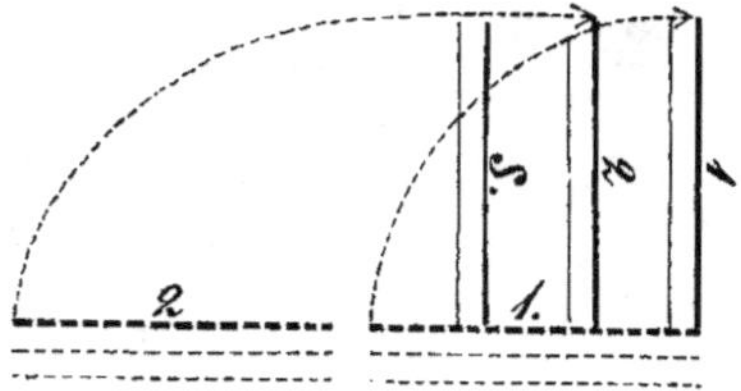

Dans toutes les compagnies le mouvement s'exécute de la même manière. Les compagnies à la droite du drapeau profitent de la première occasion pour rétablir la formation régulière.

Le troisième rang du deuxième peloton change de direction en même temps que ce dernier; il marque ensuite le pas, afin de laisser le temps au troisième rang du premier peloton, de se porter par un mouvement de flanc gauche devant le troisième rang du deuxième peloton.

### b) à gauche.

Le mouvement s'exécute d'une manière analogue. Les compagnies à la gauche du drapeau profitent de la première occasion pour rétablir la formation régulière.

### 9. PASSER DES DIFFÉRENTES FORMATIONS A CELLE DE LA COLONNE DE COMPAGNIE.

Ces mouvements ne sont pas prescrits par le règlement, mais comme ils développent l'adresse des gradés et des hommes, ils sont l'objet de fréquents exercices sur le terrain de manœuvre.

### a) Passer de la compagnie en ligne sur 3 rangs marchant en retraite à la colonne de compagnie.

Commandement : *Compagnie Colonne formirt (formez la colonne de compagnie).*

Compagnie à gauche du drapeau. Compagnie à droite du drapeau.

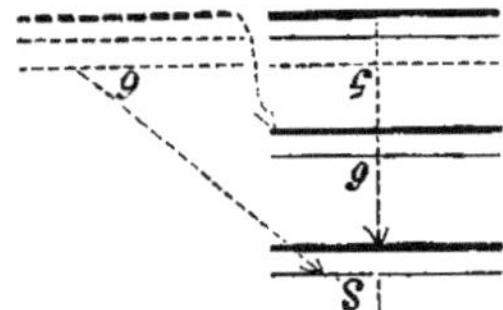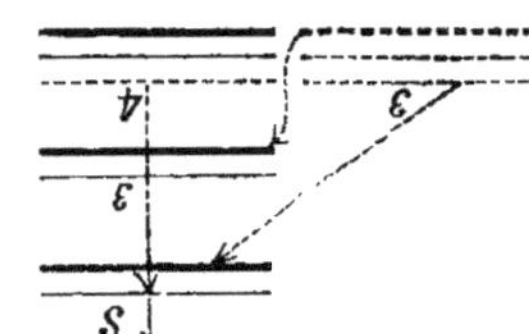

Les troisièmes rangs des pelotons pairs qui marchent en tête accélèrent le pas afin de se porter à temps devant les troisièmes rangs des pelotons impairs.

Les gradés prennent les places qui leur sont prescrites dans la colonne de compagnie marchant face en avant.

**b) Passer de la compagnie en ligne sur 3 rangs marchant par le flanc droit à la colonne de compagnie.**

Commandement : *Compagnie Colonne formirt (formez la colonne de compagnie).*

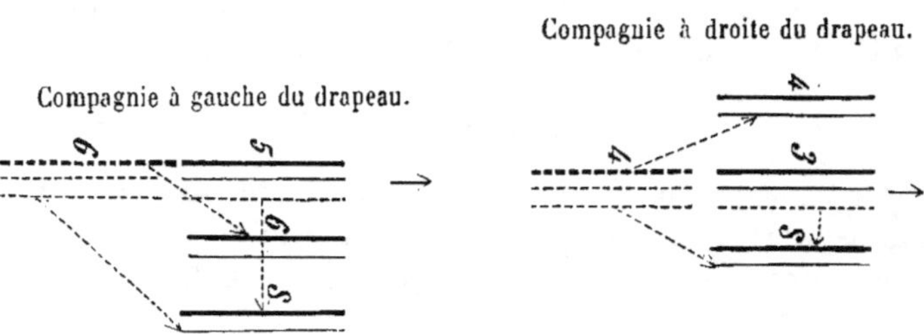


La direction suivie, ainsi que la marche de flanc, sont conservées. Les changements de front peuvent s'exécuter facilement au moyen des à-droite et des à-gauche, ou, selon le cas, au moyen des déploiements.

Lorsque, en formant la colonne de compagnie, on veut en même temps effectuer un changement de front ou de formation, les avertissements *sur la tête* ou *sur le flanc gauche* devront précéder le commandement de : *Compagnie Colonne formirt.* Dans le premier cas, les pelotons font par file à gauche et se forment à 7 pas de distance l'un de l'autre sans s'occuper de la formation normale.

Les compagnies de droite profitent de la première occasion pour reprendre la formation régulière.

Dans le second cas, les pelotons impairs font à gauche et les autres pelotons se portent à leur place en se conformant aux prescriptions du règlement.

**c) Passer de la compagnie en ligne sur trois rangs marchant par le flanc gauche à la colonne de compagnie.**

Commandement : *Compagnic Colonne formirt (former la colonne de compagnie).*

Compagnie à gauche du drapeau.

Compagnie à droite du drapeau.

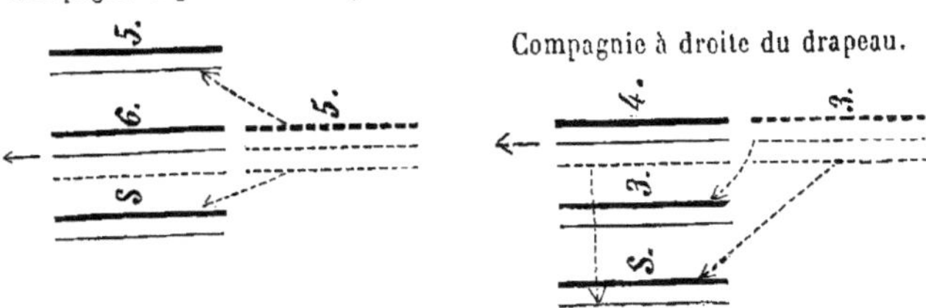

Tout ce qui est dit en *b* s'applique à *c* d'une manière analogue.

Si l'on veut remettre les compagnies dans l'ordre où elles étaient avant la formation en colonne de compagnie indiquée en *b* et en *c*, le chef commande : *Compagnie formirt (formez la compagnie)*. Les pelotons, ainsi que les troisièmes rangs, se portent alors à leur place par le chemin le plus court. Si le mouvement s'exécute en marchant, le peloton pair, lorsqu'on marche par le flanc droit, le peloton impair, lorsqu'on marche par le flanc gauche, prennent le pas cadencé ; l'autre peloton marque le pas et se porte à sa place pendant que les troisièmés rangs serrent à leur distance.

**d) Passer de la colonne de sections sur trois rangs la droite (gauche) en tête à la colonne de compagnie.**

Commandement : *Compagnie Colonne formirt (formez la colonne de compagnie)*.

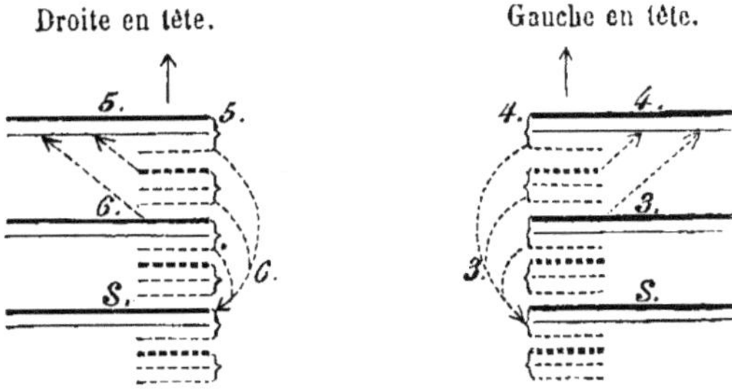

Si le commandement n'est précédé d'aucun avertissement, la colonne se forme sur la section de tête.

Lorsque le mouvement s'exécute la droite en tête, les sections du cinquième et du sixième pelotons se portent à gauche en ligne ; celui-ci serre à la distance de 7 pas. Si le mouvement s'exécute en marchant, la tête raccourcit le pas. Les troisièmes rangs du cinquième peloton font par le flanc droit et se portent au pas gymnastique, en exécutant deux changements de direction, devant le troisième rang du peloton pair qui s'est porté à gauche en ligne en prenant sa distance.

Dans les compagnies à la droite du drapeau, le mouvement s'exécute de la même manière. Toutefois, elles doivent profiter de la première occasion pour rétablir la formation normale (§ 79).

Le mouvement s'exécute d'une manière analogue lorsque la colonne de section marche la gauche en tête ; les compagnies à la gauche du drapeau profitent de la première occasion pour revenir à la formation régulière.

Lorsque en formant la colonne de compagnie (1) on veut conserver la colonne par sections, le capitaine commande : *Schützenzug an der queue (tete) formirt (formez le peloton de tirailleurs à la queue [tête])*. Dans ce cas, si la colonne marche la droite en tête, les troisièmes rangs des sections font par le flanc droit, se portent au pas gymnastique en exécutant deux changements de direction derrière (devant) la colonne et s'y forment en sections.

Si la colonne de compagnie marche la gauche en tête, les troisièmes rangs sortent de la colonne par un à-gauche et se forment par sections à la tête ou à la queue de la colonne.

Formation à la queue de la colonne.

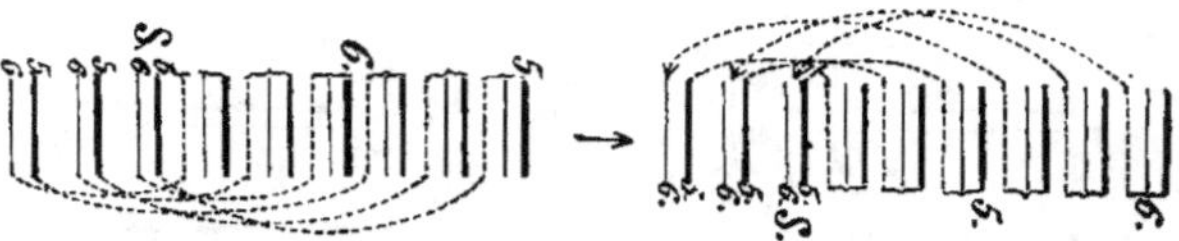

La colonne par sections sur trois rangs marchant la droite

---

(1) C'est-à-dire en portant les troisièmes rangs des sections à la queue (tête) pour former le peloton de tirailleurs.

en tête, lorsque le capitaine veut former la colonne de compagnie sur la droite ou sur la gauche, il commande : *Nach der rechten (linken) flanke compagnie colonne formirt. (colonne de compagnie sur le flanc droit [gauche])*.

**A)** *sur la droite.*

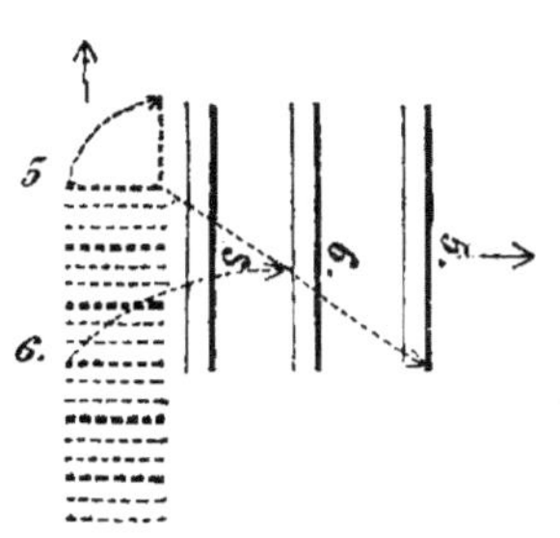

à gauche du drapeau.

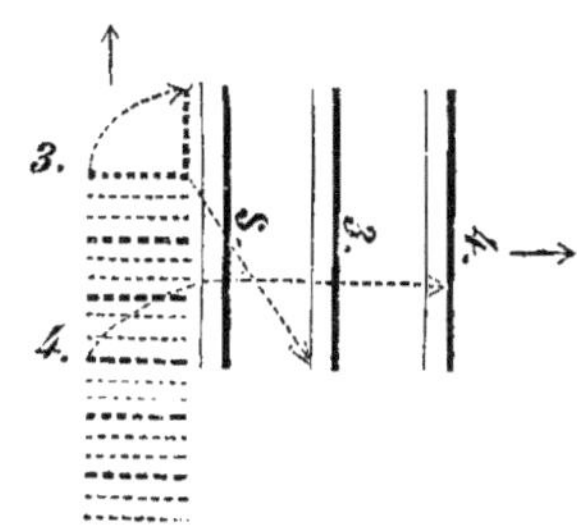

à droite du drapeau.

La section de tête du cinquième peloton change de direction à droite, fait un demi-à-droite et marche en avant dans cette direction jusqu'à la hauteur du sixième peloton. Les autres sections de ce peloton se conforment au mouvement de la section de tête et se portent en même temps à gauche en ligne. Le troisième rang du cinquième peloton fait à gauche et sort de la colonne pour permettre au sixième peloton de changer de direction. La section de tête du sixième peloton change de direction de pied ferme et se porte ensuite à sa distance derrière le cinquième peloton. Les autres sections du sixième peloton changent de direction successivement et se portent à leur place.

La section de tête du quatrième peloton change de direction à droite et se porte à 14 pas en avant, au pas accéléré si la colonne est de pied ferme, au pas gymnastique si elle est en marche ; les autres sections de ce peloton, changeant de direction successivement, se portent à sa gauche. La section de tête du troisième peloton change de direction à droite, se dirige par un demi-à-droite derrière l'aile droite du quatrième peloton, les autres sections du troisième peloton se portent en ligne. Le troisième rang de chaque section du troisième peloton se conforme au mouvement de sa section respective, en observant de prendre la distance de 7 pas ; le troisième rang de chaque section du quatrième peloton agit de même et se porte ensuite derrière le troisième rang du troisième peloton.

B) sur la gauche.

à la gauche du drapeau.                              à la droite du drapeau.

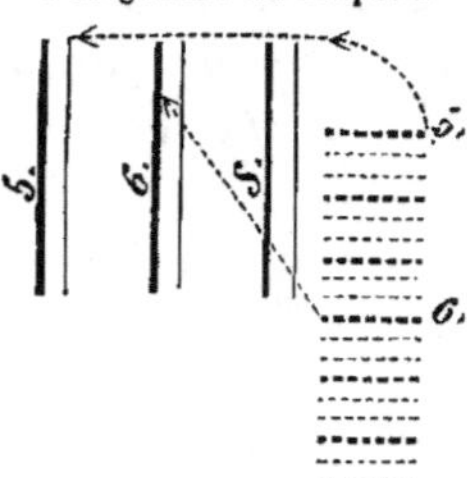 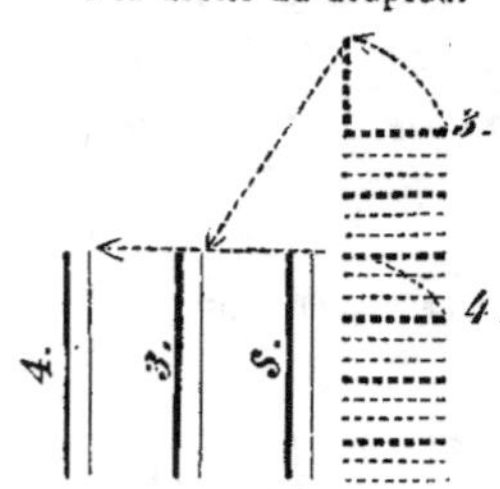

Le cinquième peloton change de direction à gauche, se forme en ligne et se porte ensuite, si la colonne est de pied ferme, droit en avant à la distance de 14 pas. Le sixième peloton change également de direction à gauche, fait un demi-à-droite et se porte en ligne derrière le cinquième. Le peloton de tirailleurs se forme à sa place derrière le sixième.

Le quatrième peloton change de direction à gauche, se forme en ligne et se porte ensuite, si la colonne est de pied ferme, droit en avant à la distance de 14 pas. Le troisième peloton change de direction de la même manière, fait un demi-à-gauche et se porte en ligne derrière le quatrième. Le peloton de tirailleurs se forme à sa place derrière le troisième.

La colonne de sections marchant la gauche en tête, le mouvement s'exécute d'une manière analogue, lorsqu'on veut former la colonne de compagnie sur un des flancs de la colonne.

**e) Passer de la colonne de pelotons sur 3 rangs la droite (gauche) en tête, à distance entière ou serrée en masse, à la colonne de compagnie.**

Commandement: *Compagnie Colonne formirt (formez la colonne de compagnie).*

A) *Colonne de pelotons à distance entière la droite en tête.*

à gauche du drapeau.                    à droite du drapeau.

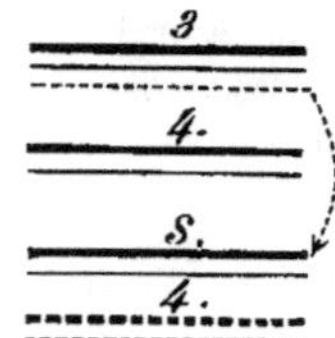

Le troisième rang des pelotons impairs fait par le flanc droit, change de direction par file à droite et se porte au pas gymnastique devant le troisième rang du peloton pair, lequel, à cet effet, s'est porté un peu en arrière.

Dans la colonne à distance entière, les pelotons serrent à quart de distance sur les pelotons de tête ; dans la colonne serrée, la distance prescrite peut être prise en se mettant en marche ou en faisant faire demi-tour aux pelotons de queue, qui se portent ensuite en arrière.

Les compagnies à la droite du drapeau profitent de la première occasion pour rétablir la formation normale.

B) *Colonne de pelotons à distance entière la gauche en tête.*

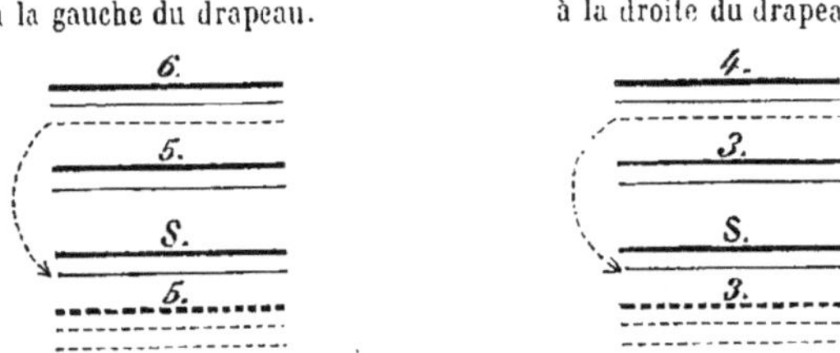


Le troisième rang de chaque peloton pair fait à gauche, change de direction par file à gauche et se porte au pas gymnastique derrière le troisième rang du peloton impair,

Les compagnies à la gauche du drapeau profitent de la première occasion pour revenir à la formation normale.

**10.** PASSER DE LA COLONNE DE COMPAGNIE A LA FORMATION EN LIGNE SUR DEUX RANGS.

**a) En avant.**

Commandement : *Deployirt-marsch, marsch (déployez pas gymnastique, marche).*

Le peloton du centre des colonnes de gauche se porte à gauche en ligne; dans les colonnes de droite il se porte à droite en ligne. Le peloton de queue, dans toutes les colonnes, se porte en ligne du côté opposé au peloton du centre.

Le commandement est le même, la colonne étant de pied ferme ou en marche.

Si l'on veut immédiatement faire exécuter le feu, par exemple s'il est nécessaire d'opposer une ligne de feu étendue à une charge de cavalerie, le commandement indiqué ci-dessus est précédé de celui d'avertissement *Zum chargiren (pour charger les armes)*. Le peloton de tête s'arrête alors s'il est en marche; les hommes apprêtent leur arme.

### b) Sur le flanc.

Commandement : *Nach der rechten flank (zum chargiren) marchirt auf, marsch, marsch (pour charger les armes, à droite en bataille, pas gymnastique, marche).*

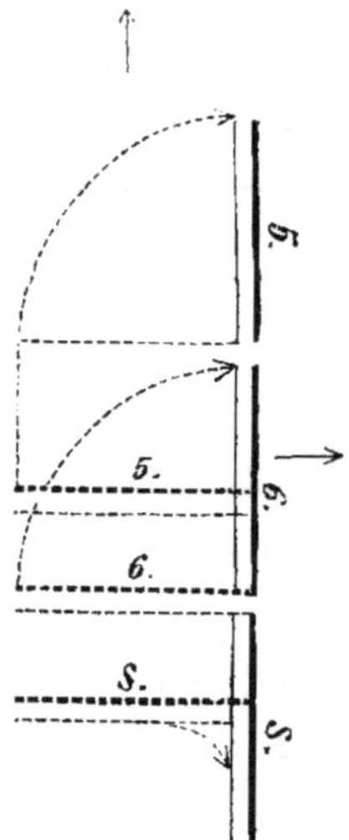

Afin de reformer la ligne par le chemin le plus court, le peloton du centre change de direction à droite et s'arrête; les hommes apprêtent leur arme. Le peloton de tête continue un peu à marcher, change également de direction à droite et se porte à la gauche du peloton déjà établi. Le peloton de queue fait à droite, change de direction par file à droite, fait front et s'aligne sur le peloton du centre. Si la ligne de bataille doit former avec la direction de la colonne un angle au-dessus ou au-dessous de 90 degrés, le chef de peloton du centre en est prévenu à temps.

### c) Sur la queue (en arriére).

Commandement : *Im kehrt (zum chargiren). Deployirt-marsch, marsch (pour charger les armes, en arrière déployez, pas gymnastique, marche)*.

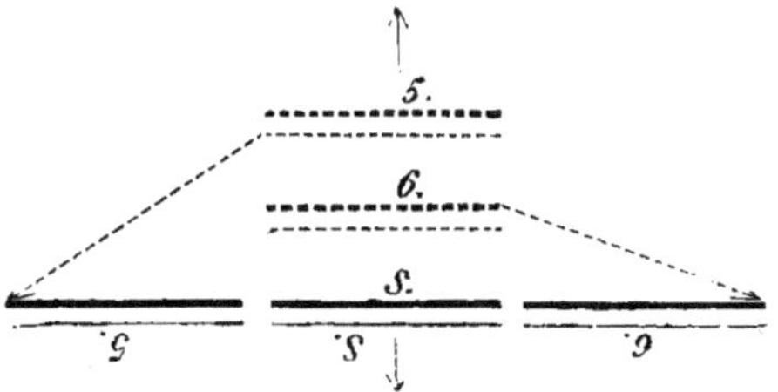

Tous les pelotons font immédiatement demi-tour, le peloton de queue apprête les armes s'il y a lieu ; le peloton du centre se porte à gauche en ligne, d'après le principe établi plus haut en *a* ; le peloton de tête se porte à droite en ligne.

### 11. MOUVEMENTS EXÉCUTÉS PAR LA COLONNE DE COMPAGNIE.

### a) Changements de direction.

Commandement : *Rechts (links) schwenkt-marsch (changement de direction à droite (gauche), marche*.

Pour changer de direction de pied ferme le peloton de tête exécute le mouvement à pivot fixe (§ 32). Les deux autres pelotons font un demi-à-droite (gauche) et se portent à leur place derrière le peloton de tête en appuyant fortement à droite ou à gauche. Si le mouvement se fait en marchant, le peloton de tête exécute un changement de direction à pivot mouvant (§ 33). Les autres pelotons font un demi-à-droite (gauche) et se portent à leur place derrière le peloton de tête. La colonne de compagnie, ainsi que la colonne sur le centre avec un quart de distance (colonne double), sont considérées, dans l'esprit du règlement § 71, comme des colonnes à distance entière. En conséquence le changement de direction s'exécute à pivot mouvant (§ 64, § 63).

#### b) Marche oblique.

Commandement : *Halbrechts (links), marsch (oblique à droite (gauche), marche.*

Les chefs de peloton se portent devant l'homme de droite ou de gauche de leur peloton.

#### c) Marche par le flanc.

Commandement : *Rechts (links), um (par le flanc droit [gauche].* Les chefs de peloton se portent à côté de l'homme de droite du peloton si l'on marche par le flanc droit et à côté de l'homme de gauche si l'on marche par le flanc gauche. Le guide de droite (gauche) marche devant la file de droite (gauche); il est responsable de la distance et de la direction. L'homme de droite (gauche) emboîte le pas du guide.

#### d) Marcher par le flanc dans la même direction.

Commandement : *In reihen gesetzt, rechts (links) um (par rangs, par le flanc droit (gauche), marche.*

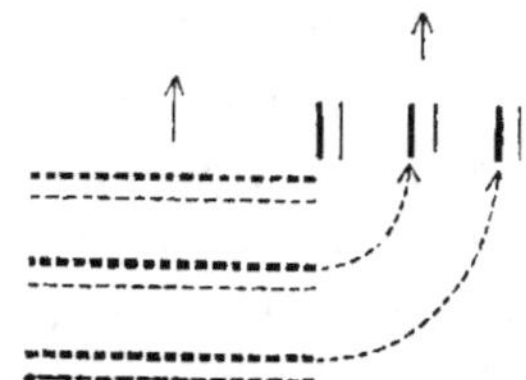

Les pelotons font par le flanc droit (gauche). La file de droite du peloton de tête fait par file à gauche (droite), les pelotons exécutent le changement de direction indiqué ; la tête du peloton intérieur raccourcit le pas afin de permettre aux têtes des autres pelotons de se porter à sa hauteur.

**12.** PASSER DE LA COLONNE DE SECTIONS A LA COMPAGNIE EN LIGNE DÉPLOYÉE AU MOYEN DE CHANGEMENTS DE DIRECTION SUCCESSIFS.

Autrefois ce mouvement était exécuté à l'école de bataillon par les colonnes de pelotons, de demi-pelotons et de sections. Il avait pour but de reformer la ligne, sur un des côtés de la colonne, en évitant l'inversion. Aujourd'hui ce mouvement n'est plus prescrit par le règlement. Toutefois, comme on l'a maintenu dans les manœuvres de la compagnie, il en est fait mention ici.

Avertissement : *Sectionsweise rechts (links) eingeschwenkt (par section sur la droite (gauche) en bataille).*

Le chef du premier peloton commande aussitôt : *Rechts (links) schwenkt, marsch! halt! (changement de direction à droite, marche! halte!).* La section de tête change de direction, marche 4 pas en avant et s'arrête ensuite au commandement de son chef. Le guide de droite se porte vivement par un à gauche devant l'homme de droite de la section. Les guides de gauche des deux pelotons se portent rapidement sur le prolongement de la première section et font face au guide de droite. Les autres sections changent de direction et se portent en ligne sans autre commandement. Le mouvement étant terminé, le chef de compagnie commande : *Unter-officiere-zurück (guides à vos places).*

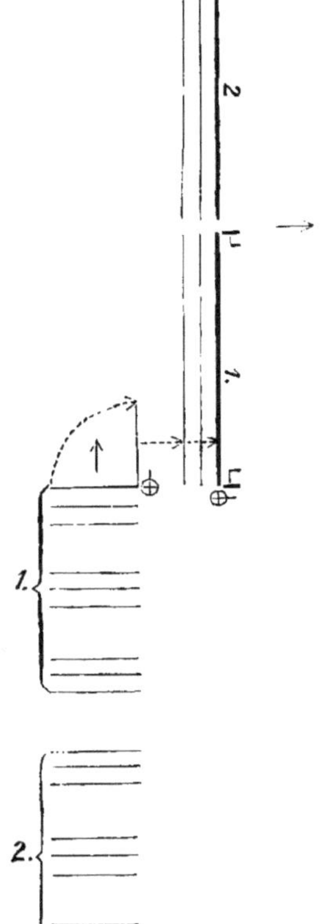

# B. Le Combat de la compagnie.

### 1. MARCHE EN AVANT EN VUE DU COMBAT EN ORDRE DISPERSÉ (§§ 36 ET 100).

Le règlement suppose la formation à demi-pelotons ; en conséquence, les pelotons devraient être au moins de 16 files chacun (1). Comme, en général, les compagnies sur le pied de paix n'atteignent jamais cet effectif, leurs manœuvres s'écartent un peu des prescriptions réglementaires.

### a) Déploiement d'une colonne de compagnie de pelotons entiers.

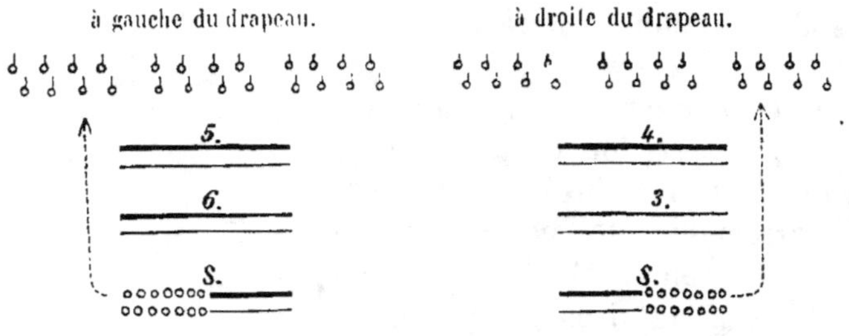


### b) Déploiement d'une colonne de compagnie de demi-pelotons.

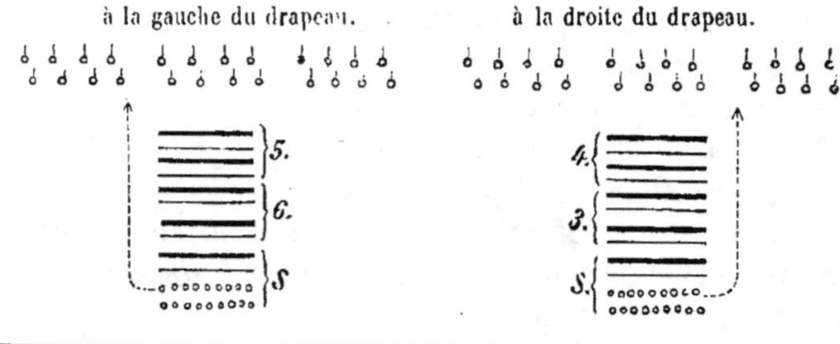


---

(1) Lorsque les deux pelotons de la compagnie allemande comptent chacun 16 files et au-dessus, ils sont divisés en demi-pelotons et ceux-ci en sections. Lorsqu'ils ne comptent que 15 files et au-dessous ils sont divisés directement en sections.

Dans les deux cas chaque section ne doit jamais avoir plus de 6 files ni moins de quatre.

Au signal ou au commandement de : *Schwärmen* (*en tirailleurs*), le demi-peloton de droite du peloton de tirailleurs
dans les compagnies de droite (s'il n'en est pas ordonné
autrement) le demi-peloton de gauche du peloton de tirailleurs dans les compagnies de gauche, sortent de la colonne
par un demi-à-droite (à gauche) s'ils déploient en avant, par
un à droite (à gauche) s'ils déploient sur place. Les hommes
se portent en avant et se déploient jusqu'à ce qu'ils couvrent le terrain à occuper ou jusqu'au signal de : *Halte !* L'officier, accompagné de son clairon, marche avec la portion
de son peloton déployée en tirailleurs. Les tirailleurs marchent à une allure vive, les deux hommes de la même file
l'un derrière l'autre ; en terrain plat l'intervalle d'une file
à l'autre ne dépasse pas 6 pas. Lorsque les tirailleurs marchent groupés, les groupes conservent entre eux l'intervalle nécessaire au déploiement.

La direction est habituellement au centre. La file de direction dans le groupe, le groupe de direction dans la ligne
sont désignés à l'avance. Les gradés marchent devant le
front de leur troupe.

Le développement de la chaîne ne doit pas être exagéré.
Dans une compagnie isolée, l'étendue de la ligne ne doit
pas dépasser une longueur égale au front de trois pelotons,
calculé d'après l'effectif présent.

Au commandement de : *Halte!* les tirailleurs de la même
file se placent à volonté l'un à côté de l'autre ou restent l'un
derrière l'autre (§ 36, al. 3).

Les longues lignes de tirailleurs assurent les flancs décou-
verts au moyen de patrouilles flanquantes (cet exercice doit
être d'une application constante sur le terrain de manœuvre
pour les lignes ayant un développement de 40 à 50 pas).
Lorsqu'on n'a pas formé de demi-pelotons, cas qui se présente le plus souvent dans les compagnies sur le pied de
paix, un peloton entier est déployé en tirailleurs. Si le mouvement est exécuté par le peloton de tirailleurs, il se divise
et se déploie en passant par les deux ailes de la compagnie.

## 2. MARCHE DES SOUTIENS.

à gauche du drapeau.         à droite du drapeau.

Le restant du peloton de tirailleurs, destiné à constituer le soutien, fait à droite (à gauche) en même temps que les tirailleurs, déboîte de la colonne, fait par file à gauche (par file à droite) et se porte au pas cadencé devant le front de la compagnie où il se forme à gauche (à droite) en ligne ; il suit ensuite les mouvements de la chaîne sans cadencer le pas. Au signal de : *Halte!* le soutien s'arrête en même temps que les tirailleurs. S'il n'est pas fait de signal, il se porte à 100 pas en avant du front de la compagnie et s'arrête. Sur la place d'exercice, il est de règle d'arrêter les tirailleurs à 150 pas des soutiens.

Les soutiens disposés en colonne (colonne de sections ou *colonne de flanc*) (1) suivent les mouvements de la chaîne.

Lorsque tout un peloton est déployé en tirailleurs, le reste de la compagnie constitue le soutien.

Dans une colonne de compagnie de demi-pelotons, le soutien se comporte comme il est dit ci-dessus.

### 3. FORMATION D'UNE LIGNE DE TIRAILLEURS EN MARCHANT EN RETRAITE.

Une colonne de compagnie, marchant en retraite en ordre serré, déploie une chaîne de tirailleurs de la manière suivante :

---

(1) Dans l'armée allemande, la formation d'une troupe disposée par le flanc droit (gauche) porte le nom de *colonne de flanc*.

Signal : *Schwärmen !* (*en tirailleurs*).

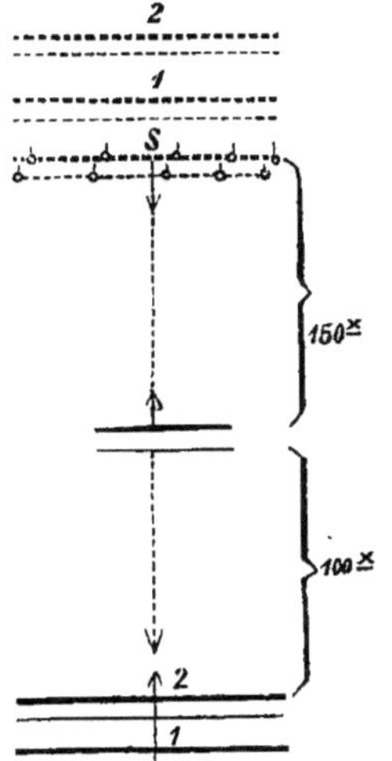

Le premier (deuxième) demi-peloton du peloton de tirailleurs se déploie par le flanc sur place si le deuxième peloton n'est pas désigné à cet effet.

Le reste du peloton de tirailleurs se porte comme soutien derrière la chaîne et fait front du côté de l'ennemi.

Le reste de la compagnie fait front.

4. FEUX D'UNE CHAINE DE TIRAILLEURS (§§ 37 ET 101).

Les instructions développées au supplément I de l'instruction sur le tir servent de base à l'emploi du fusil modèle 1871.

Limites du feu individuel efficace :

Sur des hommes isolés de 200 à 250 mètres.

Sur des buts plus larges jusqu'à 650 mètres.

Le feu est dirigé avec discernement et exécuté avec calme et sang-froid. En marche les tirailleurs font, le moins possible, usage de leur feu. En règle générale, la chaîne n'en fait usage que pour appuyer une charge à la baïonnette ou pour repousser une attaque.

A l'avertissement de leurs chefs, les files sortent de la chaîne et font feu. Si la ligne marche en avant, celui des deux hommes qui se trouve le plus rapproché de l'ennemi fait feu, l'autre charge son arme derrière le premier ; en retraite, celui qui se trouve le plus près de l'ennemi fait feu, dépasse son camarade, charge son arme, l'apprête, fait feu et ainsi de suite.

Les chefs sont responsables de l'emploi judicieux du feu et du maintien de la discipline. Ils apprécient les distances, au besoin en faisant exécuter quelques salves. Ils font communiquer à tout le monde les distances appréciées et la hausse à employer. Ils renseignent également à ce sujet les soutiens qui se portent sur la ligne.

Les feux qui doivent être employés sur la chaîne sont les suivants (ordre de cabinet du 18 novembre 1874) :

a) *Le feu individuel* employé quelquefois selon les circonstances lorsque la chaîne est en marche. Les hommes qui doivent faire feu sont désignés nominativement par le chef de groupe. On fait usage de ce feu surtout dans les premières phases de combat alors que l'on veut reconnaître l'ennemi et apprécier les distances.

b) *Le feu général* est employé lorsque les buts sont devenus bien visibles. En principe, on exécute ce feu lorsque les soutiens arrivent sur la ligne.

*Mode d'exécution :* Feu de file dans les groupes, seul moyen d'empêcher les tirailleurs de passer involontairement au feu rapide, et, par suite, de gaspiller les munitions. Ce feu est de règle au combat de tirailleurs.

c) *Le feu rapide* est employé, dans la défense, à repousser les charges des colonnes ennemies ; dans l'offensive, à préparer le choc décisif et à dissimuler l'approche des colonnes d'attaque.

*Exécution :* Chaque soldat fait feu après avoir chargé ; le nombre de cartouches à brûler est indiqué à l'avance.

On peut également faire usage des *salves de tirailleurs*. L'officier commande : *Schwärmsalve!* (*salve de tirailleurs*). A ce commandement, tous les hommes qui ont entendu l'avertissement exécutent le feu, chargent de nouveau, font feu, et ainsi de suite, mais toujours au commandement du chef. Ils ne quittent pas leur place.

5. MOUVEMENTS D'UNE CHAINE DE TIRAILLEURS (§§ 38 ET 102).

Les mouvements sont exécutés à une allure vive en main-

tenant la liaison et en suivant exactement la direction indiquée (groupe et file de direction). Lorsque dans un terrain
découvert on veut porter rapidement la chaîne d'une position sur une autre, on lui fait prendre le pas gymnastique.

Le pas gymnastique est encore employé :

1° Lorsque la chaîne avance par bonds successifs. Dans
ce cas, il paraît utile d'exécuter le mouvement offensif de la
manière suivante : Les tirailleurs parcourent rapidement un
espace de 60 à 80 pas, se jettent à terre et font feu ; ils se
relèvent ensuite après une courte pause et continuent ainsi
le mouvement en avant. Cette manœuvre étant très-pénible
et demandant beaucoup de temps, elle ne doit commencer
que lorsque la chaîne est arrivée à 500 mètres au moins de
la position de l'ennemi.

2° Lorsqu'une ligne de tirailleurs renforce une autre
chaîne plus avancée ;

3° Lorsque les tirailleurs se portent sur la position pour
en chasser l'ennemi ;

4° Lorsque la chaîne exécute un ralliement pour résister
à une charge de cavalerie, ou pour se réunir au soutien.

Lorsque la chaîne exécute un changement de direction,
le groupe du pivot converse rapidement et commence le feu ;
les autres groupes se portent en ligne successivement.

Les officiers sont autorisés à se servir d'un sifflet pour
attirer l'attention des tirailleurs sur les mouvements à exécuter.

6. RENFORCER UNE CHAINE DE TIRAILLEURS (§§ 39 ET 103).

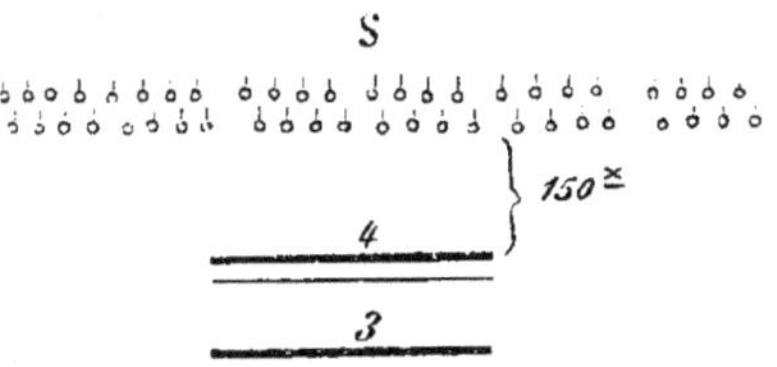

La chaîne est d'abord renforcée par le deuxième demi-peloton du peloton de tirailleurs ; les deux autres pelotons remplacent le soutien à la distance prescrite pour le terrain de manœuvre (150 pas de la chaîne).

En règle générale, les soutiens (demi-pelotons ou pelotons) servent à prolonger la chaîne. Lorsque celle-ci exécute un mouvement en avant, ils se portent sur la ligne au pas gymnastique.

S'il est possible de faire serrer les intervalles de pied ferme, ou lorsque la chaîne se porte en avant, le mouvement de serrer les intervalles est employé de préférence au doublement de la chaîne ou à un simple prolongement. En évitant ainsi le mélange des fractions constituées, ce mouvement présente l'avantage de conserver les troupes dans la main de leurs chefs directs ; d'autre part, il empêche un trop grand développement de la chaîne.

Toutefois, dans certaines circonstances particulières, le doublement de la chaîne peut être effectué par les soutiens (§ 110, dernier alinéa : *Toutes les fois qu'il devient nécessaire de faire appuyer une troupe par une autre, celle-ci se porte sur un des flancs de la première. Cependant, lorsque cette manière de faire présente des dangers sérieux, le mélange des unités constituées est autorisé*). Dans ce cas, les soutiens se portent par groupes sur la ligne.

Parfois il est utile de renforcer ou de prolonger la chaîne pour former, au moment de la charge, une autre ligne de feu enveloppante contre un des flancs de l'ennemi (crochet offensif).

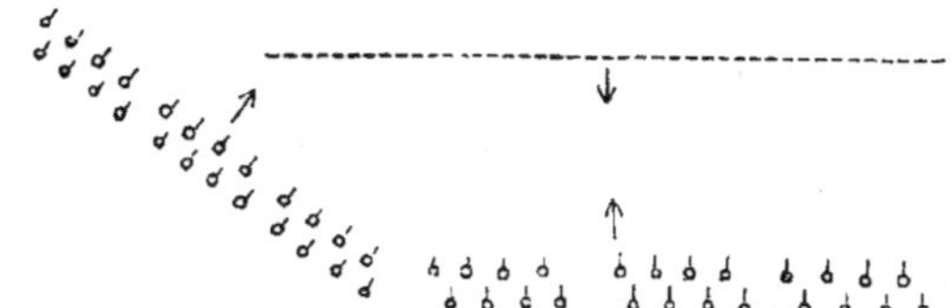

De même, dans la défensive, on déploie une nouvelle ligne pour s'opposer au mouvement tournant de l'adversaire (crochet défensif).

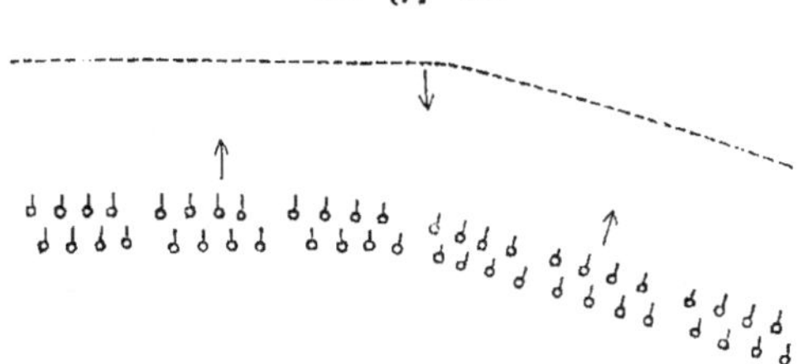

Lorsqu'on veut renforcer une ligne de tirailleurs marchant en retraite, le renfort se déploie et prend position en arrière, ou ce qui est mieux encore, en arrière et sur le flanc de la chaîne qui marche en retraite. Celle-ci trouve ainsi un solide point d'appui dans le cas où l'on ne préfère pas la rassembler sous la protection de la nouvelle ligne de feu.

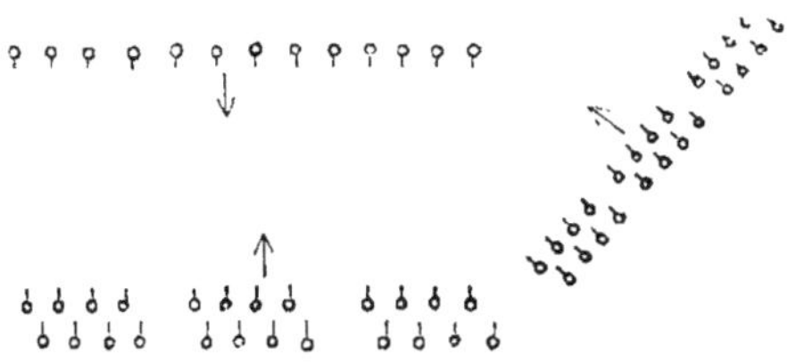

7. **Amincir et relever une ligne de tirailleurs** (§§ 39 et 103).

Il est de principe d'amincir la ligne de tirailleurs dès que les circonstances le permettent. La fraction qui doit se retirer est avertie ; elle se porte alors, en ordre déployé, rapidement en arrière sans courir et se rassemble derrière le soutien. Les tirailleurs restés sur la chaîne s'étendent pour combler les vides.

Lorsqu'on relève une ligne de tirailleurs, la nouvelle chaîne doit prendre position avant que l'ancienne ne se retire sur le soutien.

8. **Rassemblement des tirailleurs** (§§ 41 et 105).

Le rassemblement des tirailleurs de la compagnie se fait au commencement ou au signal de : *Sammeln ! (rassemble-*

*ment*). Les tirailleurs mettent l'arme sur l'épaule et se portent au pas gymnastique vers le capitaine. S'il n'en est pas ordonné autrement, la compagnie reprend la formation qu'elle avait avant le déploiement. En rentrant, les tirailleurs mettent leur arme dans la même position que leurs camarades du soutien. (Voir la formation des carrés pour ce qui concerne les ralliements contre les charges imprévues de la cavalerie.)

### 9. ROLE DES SOUTIENS PENDANT LE COMBAT DE TIRAILLEURS (§§ 40 ET 104).

Le soutien est placé assez près de la chaîne pour pouvoir l'appuyer promptement tout en restant, autant que possible, en dehors du feu efficace de l'ennemi. Si le terrain ne présente point d'abris, les soutiens se garantissent en s'agenouillant ou en se couchant (en ligne ou en colonne peu profonde) à une assez grande distance de la chaîne ; sur le terrain d'exercice, à 150 pas.

Les mouvements du soutien sont liés à ceux de la chaîne ; si les tirailleurs se portent en avant par bonds successifs, les soutiens suivent de la même manière.

Les demi-pelotons ou les pelotons du soutien chargés d'appuyer la chaîne peuvent s'y porter en ordre dispersé ou en ordre serré en exécutant des salves ou des charges à la baïonnette. Il est de règle de prendre les soutiens, lorsqu'ils doivent se déployer pour se porter sur la chaîne, dans les pelotons de queue de la compagnie.

S'il devient nécessaire de déployer peu à peu toutes les fractions de la compagnie, il ne faut pas oublier de conserver toujours au moins une section en ordre serré derrière le centre ou derrière l'une des ailes de la compagnie.

### 10. COMBAT OFFENSIF EXÉCUTÉ PAR LA COMPAGNIE.

L'offensive de la compagnie se produit de différentes manières. Son exécution est subordonnée aux devoirs qui incombent à la compagnie dans sa coopération avec les autres compagnies du bataillon (soit qu'elle se trouve en première ligne ou en deuxième ligne) ; elle est subordonnée en outre à la résistance de l'ennemi et à la nature du terrain.

Les compagnies qui combattent en première ligne sont, de préférence, chargées de la préparation de l'attaque. En règle générale, elles déploient un grand nombre de tirailleurs et peuvent successivement déployer toutes les fractions pour les porter sur la chaîne.

Lorsqu'une compagnie ainsi déployée trouve l'occasion d'utiliser un moment favorable, elle peut agir sans attendre que le chef de bataillon placé en arrière, ordonne l'attaque. Au commandement du capitaine, la ligne déployée prend le pas de charge, croise la baïonnette, et se porte droit en avant, ou mieux encore en convergeant, sur le point désigné. Le soutien en ordre serré suit le mouvement s'il n'a pas été préalablement porté en avant pour enlever la chaîne et pour servir de noyau à l'occupation de la position conquise. Pendant que l'ennemi porte toute son attention sur la ligne de tirailleurs et dirige ses feux sur elle, les troupes de deuxième ligne marchent rapidement en avant, en ordre serré, pour repousser par des salves ou des charges à la baïonnette les forces ennemies se portant au secours de la position menacée (§ 110).

Si la ligne de tirailleurs se porte en avant par bonds successifs, les troupes en deuxième ligne suivent le mouvement, en ordre serré, à leur allure ordinaire, c'est-à-dire sans employer les bonds (§ 110, al. 8). Si au contraire la compagnie fait partie de la deuxième ligne, ou si les circonstances permettent un emploi restreint de tirailleurs, la charge est exécutée par une attaque normale à la baïonnette, soit en ligne, soit en colonne.

Les compagnies de la deuxième ligne se portent en avant sous la protection des tirailleurs de la première ; les compagnies de celle-ci doivent toujours se couvrir au moins d'un peloton déployé en tirailleurs.

### a) Charge exécutée par la compagnie en colonne (§§ 35 et 84)

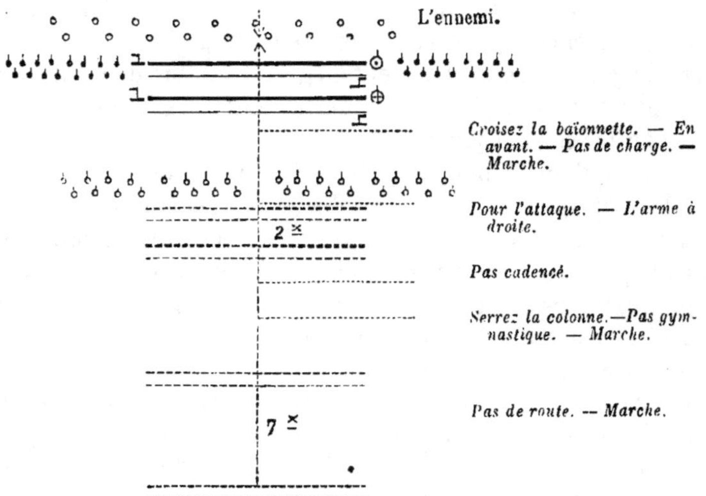



Les pelotons peuvent serrer sur la tête de la colonne avant l'exécution de la charge. Le mouvement se fait au pas, ou comme l'indique la figure ci-dessus.

La baïonnette est mise au canon avant le commandement de *pas cadencé*, ou bien immédiatement après. A ce commandement les tambours battent la charge si la colonne a préalablement serré (120 pas à la minute) (§ 84, al. 2). Les tirailleurs ainsi avertis de l'approche de la colonne d'attaque mettent également la baïonnette au canon et font, si c'est possible, place à la colonne. Lorsque celle-ci est près d'arriver à hauteur de la chaîne, le chef commande: *Zur attaque, gewehr rechts* (*pour l'attaque, l'arme à droite*). Tous les pelotons portent l'arme à droite et marchent à la cadence de 120 pas indiquée par les tambours. Les tirailleurs s'attachent aux flancs de la colonne et exécutent le feu de rangs au commandement de leurs chefs (§ 89, al. 2). La colonne étant ainsi arrivée à peu de distance de l'ennemi (12 pas environ) son chef commande : *Fällt das gevehr, marche, marsch, hurrah (croisez la baïonnette, pas gymnastique, marche, hurrah)*. Le premier et le deuxième rang seuls croisent la baïonnette.

Au commandement de : *bataillon, halte*, ou à un roulement très-court, les deux premiers rangs apprêtent l'arme, les autres mettent l'arme sur l'épaule.

Lorsqu'une colonne de compagnie de trois pelotons traverse, pour se porter à l'attaque, une chaîne de tirailleurs restée de pied ferme, le peloton de queue se déploie au commandement de : *Schützen in die intervalle (tirailleurs dans les intervalles)*, prononcé au moment où la colonne traverse la chaîne. Les tirailleurs s'attachent aux deux ailes de la compagnie à hauteur du peloton de tête et suivent le mouvement en exécutant des feux.

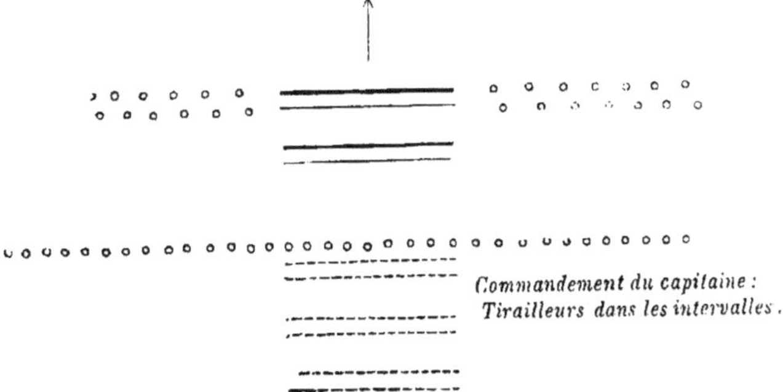


**b) Charge exécutée par une compagnie en ligne déployée.**

La compagnie en ligne exécute l'attaque de la même manière qu'en colonne, à l'exception naturellement du mouvement de *serrez la colonne*. Les tirailleurs démasquent le front de la compagnie, s'attachent à ses flancs et suivent le mouvement.

**Attaque ayant réussi.**

Lorsqu'on a réussi à repousser l'ennemi de la position, on le poursuit par des feux de salve ou des feux rapides ; à cet effet le peloton de queue se déploie au commandement de : *Marsch, marsh (pas gymnastique, marche)*. Plus tard un demi-peloton ou un peloton, selon le cas, est envoyé à la poursuite de l'adversaire. Le moment est venu maintenant de faire rentrer une partie des tirailleurs. Lorsque la compagnie est encadrée, elle attend de nouveaux ordres ; si elle combat isolément, elle prend des dispositions propres à assurer la position conquise.

### 11. COMBAT DÉFENSIF DE LA COMPAGNIE.

La chaîne est chargée de la première phase de la défense. La compagnie rejoint ensuite la ligne de tirailleurs et exécute des feux de salve, ou des feux rapides. Eventuellement elle exécute des contre-attaques immédiatement après le feu, au commandement de : *bataillon, marche.*

### 12. DISPOSITIONS DE COMBAT CONTRE LA CAVALERIE.

Lorsque la compagnie est menacée d'une charge de cavalerie, elle s'arrête si elle se porte en avant et fait demi-tour si elle marche en retraite.

Le signal : *Achtung (attention)*, annonce l'approche de la cavalerie. Chaque chef de subdivision reste libre de prendre les mesures défensives qui lui paraissent les plus convenables. Au signal de : *Colonne formirt (formez la colonne)*, la compagnie forme le carré ou se réunit par groupes. Les tirailleurs se rallient sur la chaîne ou sur les soutiens s'ils ne peuvent rejoindre la compagnie (lorsqu'ils en sont éloignés de plus de 80 pas, ou s'ils n'occupent point une position couverte ; dans ce dernier cas ils peuvent également rester couchés sur la position) (§ 41, 90 et 123)

Les deux signaux possèdent donc la même signification pour les tirailleurs.

### a) Rôle spécial de la ligne de tirailleurs.

La chaîne peut rester couchée, elle peut serrer les intervalles, se rallier par groupes et enfin se porter au soutien pour former avec lui des groupes ou des carrés.

Lorsque les tirailleurs doivent exécuter un ralliement (1), ils se portent vers leur officier et forment autour de lui une masse compacte faisant front de tout côté. Sur la place d'exercice le ralliement s'exécute de manière que les groupes (sections ou demi-pelotons) se rassemblent en ordre serré les uns derrière les autres.

L'officier commandant la chaîne indique la section sur laquelle les tirailleurs doivent se rallier, soit par un signe, soit en se portant de sa personne vers l'une d'elles.

Les deux derniers rangs font demi-tour, les files des ailes exécutent un demi à droite, un demi à gauche pour arrondir les angles, les hommes du premier rang croisent la baïonnette, ceux du second rang apprêtent leur arme.

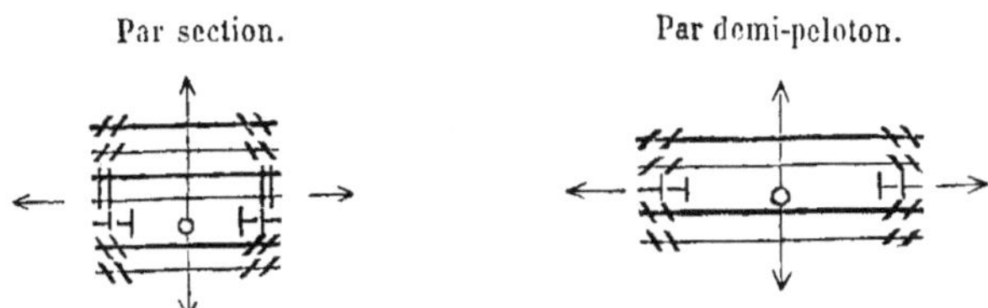


La charge est commandée et exécutée au moyen des commandements employés dans les carrés de compagnie ou de bataillon.

### b) Rôle du soutien.

Le soutien se forme par groupes ou en carré, soit

---

(1) Le règlement n'établit point de prescriptions déterminées relatives au ralliement par groupes.

seul, soit avec les tirailleurs si ces derniers se sont portés sur lui.

Le règlement laisse la latitude suivante pour l'emploi des carrés et des groupes (§ 42, al. 2). Le groupe *doit* être employé lorsque 4 demi-pelotons de la compagnie au moins ne se trouvent point réunis ; il *peut* être employé lorsque tous les trois pelotons de la compagnie se trouvent réunis, et que par suite d'un trop petit nombre de files il ne peut être formé des demi-pelotons. D'après cela il résulte *qu'il faut* employer le carré lorsque deux pelotons au moins (de seize files et au-dessus) se trouvent présents.

### Formation du carré de compagnie de trois pelotons.

On suppose les trois pelotons de la compagnie placés l'un derrière l'autre dans l'ordre prescrit pour la colonne de compagnie ; si le troisième peloton est déployé, il se porte vers la compagnie pour contribuer à la formation du carré.

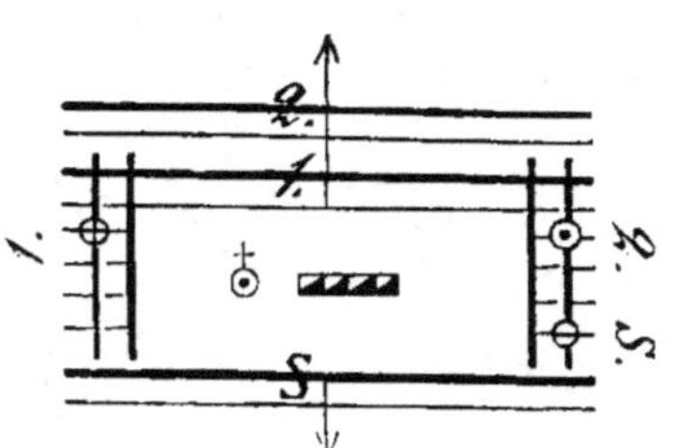

Commandement : *Aufgeschlossen, march (marsh, marsh)* (*serrez, marche*) (*pas gymnastique, marche*). Le premier peloton et le peloton de tirailleurs (les deuxième et troisième pelotons de la colonne) serrent à double distance de rang sur le rang des serre-files du peloton qui se trouve devant eux.

Commandement : *Formirt das Karrée (formez le carré)*.

Le peloton placé derrière le peloton de tête serre à distance de rang sur celui-ci ; les serre-files lui font place. Le peloton de queue fait demi-tour. Les officiers et les sous-officiers se portent dans les intervalles en se formant sur deux rangs. Au besoin, ces rangs sont complétés au moyen de quelques hommes tirés du second rang du peloton du centre. L'officier de ce peloton se porte dans l'intervalle de gauche afin qu'il y ait au moins un officier de ce côté. Si le troisième sous-lieutement est présent, il s'y porte également.

*Karrée, fertig* (carré, apprêtez arme). Les hommes du premier rang croisent la baïonnette; ceux du second apprêtent leur arme.

Feux.

Avertissement : *Tête (rechte ; linke flanke, queue), chargirt (tête, flanc droit ; flanc gauche, queue)* (chargez, arme).

Les files de droite (gauche) du peloton de tête et du peloton de queue font à gauche (à droite) du côté de la face menacée ; de cette manière, les flancs sont composés de dix files.

*Premier (second) rang ou premier et second rang, joue, feu, chargez.*

*L'arme au pied, l'arme sur l'épaule ou portez les armes.*

Les pelotons ou les hommes qui ont fait par le flanc se remettent face en avant après avoir mis l'arme dans la position indiquée.

Mouvements exécutés par le carré.

Par exemple : *Ganzes bataillon, kehrt, bataillon, marsh (tout le bataillon demi-tour, bataillon, marche).*

Lorsque pendant la marche le capitaine veut déployer des tirailleurs, il commande :

*Aus der tete (rechten ; linken flanke) shützen vor.*

(*Peloton de tête (flanc droit, flanc gauche), en tirailleurs.*

*Karrée, halt (carré, halte).* A ce commandement, les tirailleurs rentrent rapidement dans le carré et reprennent leur place.

Au commandement de : *Halte*, la colonne fait de nouveau front de tous côtés. Le commandement de : *Karrée, fertig* (carré, apprêtez arme) est fait immédiatement après.

Le carré étant en marche, lorsque le capitaine veut le faire rompre pour former la colonne, il commande : *Formirt die colonne (formez la colonne)*. A ce commandement, les pelotons se portent à 7 pas de distance l'un derrière l'autre, sans autre commandement ; les officiers et les sous-officiers reprennent leur place. Le capitaine voulant faire arrêter la colonne sans reformer le carré, commande : *Bataillon, halte*, ou *ganzes* (tout le) *bataillon, front*. A ce commandement, le carré s'arrête ou fait front sans exécuter d'autres mouvements.

*Formation du carré de compagnie de demi-pelotons.*

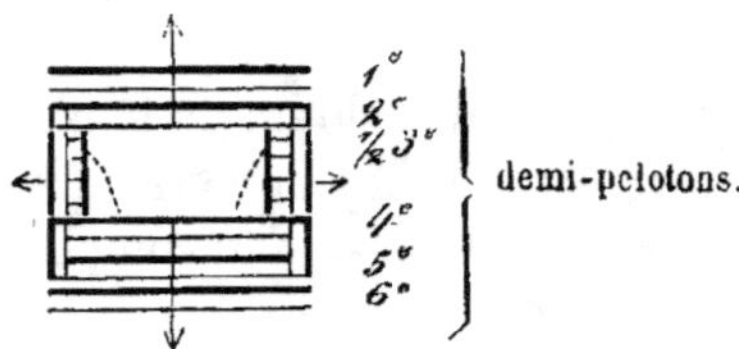


Commandement : *Formirt das Karree (formez le carré)*. Le deuxième demi-peloton serre sur le premier ; les autres pelotons font demi-tour et serrent sur le peloton de queue, qui ne bouge pas après avoir fait demi-tour. Le troisième demi-peloton se divise, chaque section converse de manière à fermer les intervalles et à laisser dans l'intérieur du carré l'espace nécessaire pour recevoir les officiers, les tambours et les clairons.

*Formation du carré de compagnie de deux pelotons.*

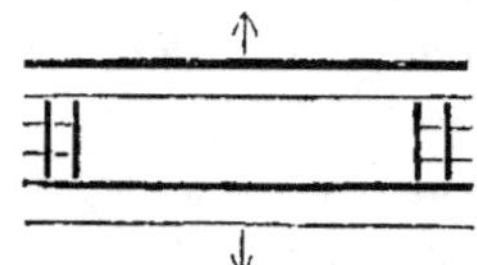

*Formation du carré de compagnie de quatre demi-pelotons.*

Cette formation s'exécute de la même manière que pour le

s carré de compagnie de demi-pelotons, abstraction faite, na-
ɔ turellement, des deux demi-pelotons de queue.

Ralliement par groupes.

Les groupes se rallient comme sur une chaîne de ti-
ɽ railleurs.

# II

# FORMATION, MANŒUVRES ET COMBAT DU BATAILLON.

---

## A. Formation sur trois rangs.

**1.** LE BATAILLON SUR TROIS RANGS EN LIGNE DÉPLOYÉE (§ 44).
(FORMATION FONDAMENTALE ET DE PARADE DU BATAILLON).

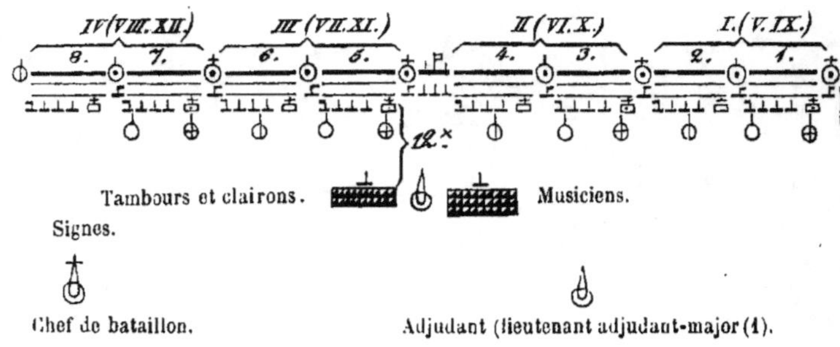



### Observations.

Dans les formations de parade, les tambours et les clairons, formés sur deux rangs, sont placés à 2 pas de la droite du bataillon à hauteur du deuxième rang. Dans le bataillon sur trois rangs en ligne déployée, les compagnies formées comme il est dit page 1, sont placées l'une à côté de l'autre dans l'ordre de leurs numéros. Toutefois, dans le bataillon, le

---

(1) Dans l'armée allemande les fonctions d'adjudant-major sont remplies par des lieutenants qui portent le nom d'*adjudants*.

chef de compagnie se place à la droite du peloton impair
sa compagnie ; en conséquence, le plus ancien second lieutenant se porte derrière la deuxième file de l'aile droite, le plus
jeune derrière l'aile gauche de ce peloton ; le deuxième se-
cond-lieutenant de chaque compagnie se place derrière le
centre du peloton pair, à l'exception de celui de la compagnie de l'aile gauche, qui reste à sa place pour remplir les
fonctions d'officier d'encadrement.

2. LE BATAILLON SUR TROIS RANGS EN COLONNE DOUBLE (§ 58).

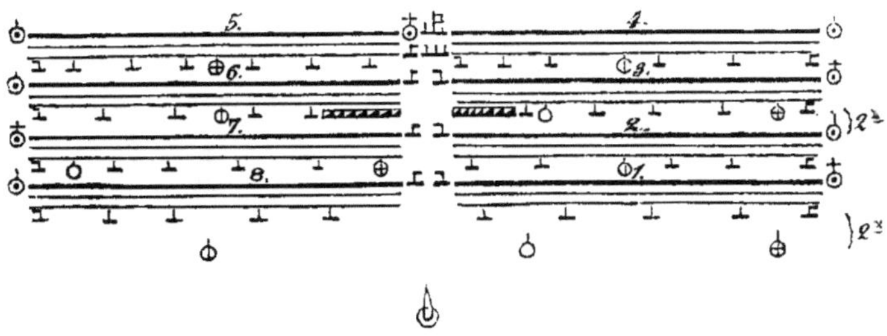

Le premier rang des 1er, 3e, 6e et 8e pelotons est placé à
double distance du rang des serre-files du peloton placé devant lui ; le premier rang des 2e et 7e pelotons se trouve à
2 pas du rang des serre-files du peloton placé devant lui.

Il est interdit de faire manœuvrer le bataillon formé en
colonne double sur trois rangs. Cette formation n'est plus
employée qu'aux parades.

### 3. FORMATION DU BATAILLON EN COLONNE PAR PELOTONS SUR TROIS RANGS.

**a) Colonne par pelotons à distance entière (§ 63).**

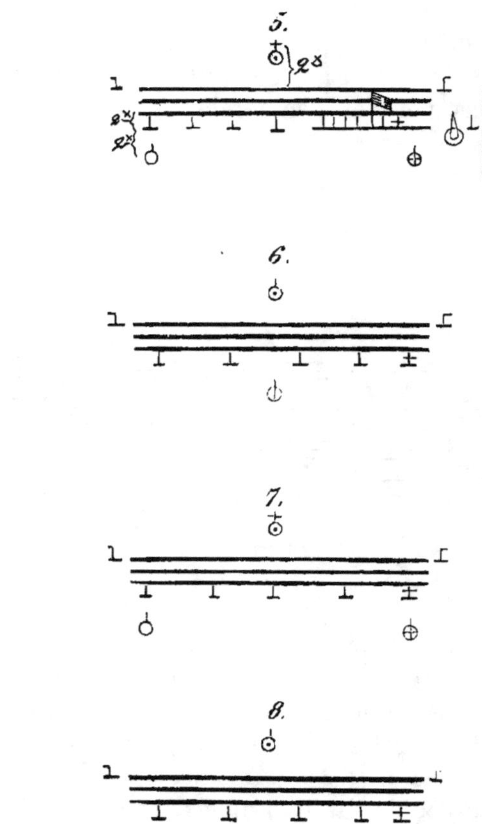

Cette formation n'est employée que dans les marches peu longues.

Les chefs de peloton marchent à deux pas devant le centre de leur peloton ; ceux-ci sont encadrés par leurs guides res-

pectifs. Les autres officiers et sous-officiers marchent à la place
qui leur est désignée dans la formation en ligne déployée.

### b) Colonne par pelotons serrée en masse (§ 57).

(Formation pour défiler par pelotons).

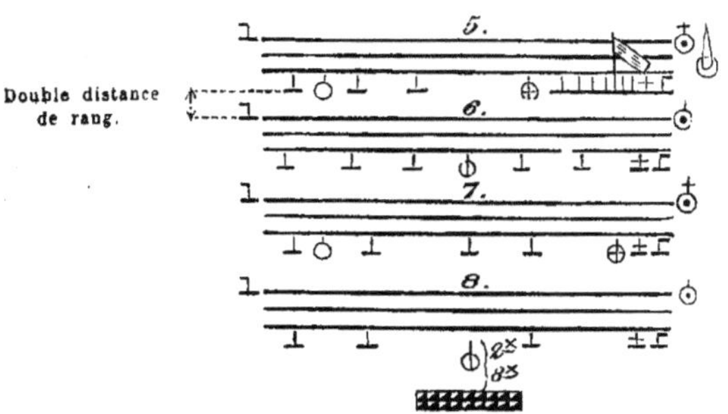


## 4. COLONNE PAR DEMI-PELOTONS (§ 62). 5. COLONNE PAR SECTIONS (§ 61)

<table>
<tr><td>(Pour les manœuvres sur la place<br>d'exercice).</td><td>(Colonne de marche proprement<br>dite).</td></tr>
</table>

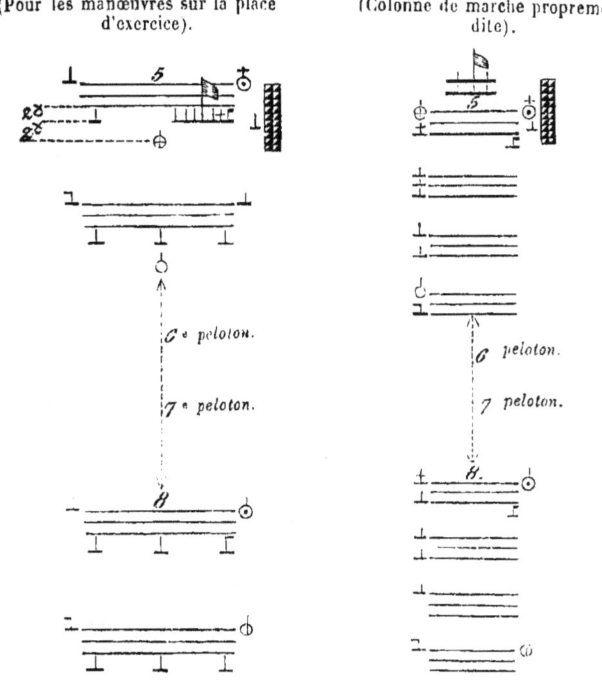

Les colonnes indiquées en 3, 4 et 5 peuvent être également formées sur deux rangs.

Place des gradés dans *la colonne par demi-pelotons :*

Les chefs de peloton marchent à côté de l'homme de droite de leur premier demi-peloton, un sous-officier des serre-files marche à côté de l'homme de droite du deuxième demi-peloton. Les guides de droite marchent derrière la première file du premier demi-peloton, les autres officiers et sous-officiers suivent, répartis en serre-files, les deux demi-pelotons à 2 pas de distance du troisième rang. Un sous-officier marche sur le flanc gauche de chaque demi-peloton.

Place des gradés dans *la colonne par sections :*

Les chefs de section se tiennent toujours à côté de l'homme de droite de leur section.

Le guide de droite marche derrière la file de droite de la première section. Les officiers et sous-officiers des serre-files marchent du côté opposé et se répartissent sur le flanc gauche des sections et des rangs. L'officier d'encadrement du huitième peloton marche à côté de l'homme de droite de la dernière section de ce peloton.

Le drapeau et les sous-officiers qui en composent la garde marchent devant le cinquième peloton.

### 6. MARCHE PAR LE FLANC.

La marche de flanc n'est employée que lorsqu'on veut gagner un peu de terrain à droite ou à gauche, ou lorsque celui-ci n'offre que des passages très-étroits. La formation est la même que celle de la compagnie marchant par le flanc (voir page 13).

## B. Mouvements du bataillon formé sur trois rangs.

### 1. MARCHE EN AVANT DU BATAILLON EN LIGNE DÉPLOYÉE. PORTER EN ARRIÈRE DES PELOTONS ISOLÉS (§§ 49 ET 52).

L'alignement et le tact des coudes restent du côté du drapeau.

Au commandement de : *Bataillon vorwärts (bataillon en avant)*, le drapeau se porte à 8 pas en avant du front et s'établit sur la direction ; le sous officier du troisième rang remplace le drapeau au premier rang. Au commandement de marche, le bataillon se met en marche ; les tambours battent et les clairons sonnent la charge (112 pas) ; ils alternent entre eux pendant la marche en avant du bataillon.

Lorsque pour une raison quelconque on porte un peloton en arrière, celui-ci se place toujours derrière le peloton voisin du côté du drapeau, à l'exception des quatrième et cinquième qui se portent toujours, le quatrième derrière le troisième et le cinquième derrière le sixième peloton.

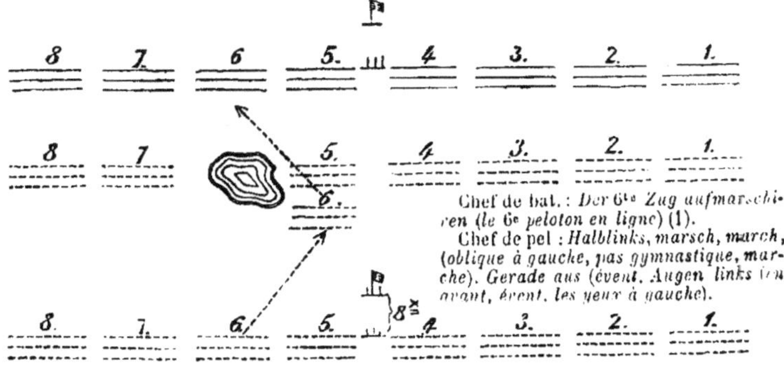


Le chef de bataillon : *Der 6te Zug abbrechen (sixième peloton en arrière)*.

Le chef de peloton : *6te Zug halt, halbrechts-marsch, marsch (sixième peloton, halte, oblique à droite, pas gymnastique, marche)*.

### Observations.

Lorsque le bataillon marche en retraite, les pelotons rompent de la même manière derrière les pelotons voisins.

---

(1) Les commandements sont traduits littéralement autant que possible.

*Rompre en arrière de pied ferme par peloton isolé :*

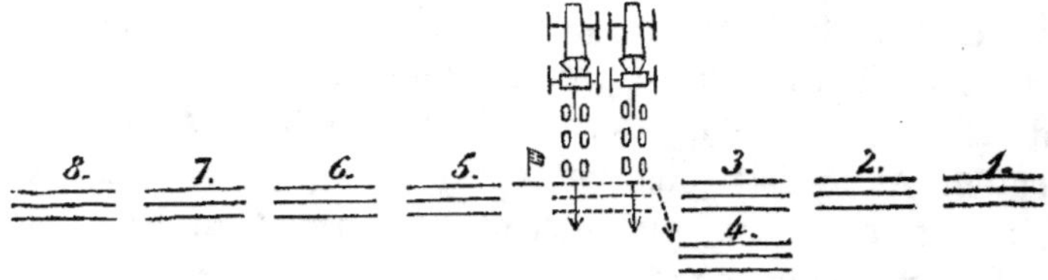

Le quatrième peloton se porte derrière le troisième en faisant demi-tour et oblique à gauche; ou par le flanc droit, par file à droite et ensuite par file à gauche.

**2.** PASSER DE LA FORMATION EN LIGNE A LA FORMATION EN COLONNE (§ 54 ET SUIVANTS).

**a) Au moyen de mouvements de flanc :**

Le bataillon fait par le flanc droit (gauche) sans doubler (*Die Reihen-colonne, la colonne par le flanc*) (§ 55).

**b) Au moyen de conversions par pelotons (demi-pelotons, sections) (§ 56).**

Les colonnes formées de cette manière sont toujours à distance entière.

Le chef de bataillon : *Mit Zügen (Halbzügen, sectionen) rechts links schwenkt, marsch, halt (par pelotons (demi-pelotons, sections) à droite (à gauche) conversion, marche, halte).*

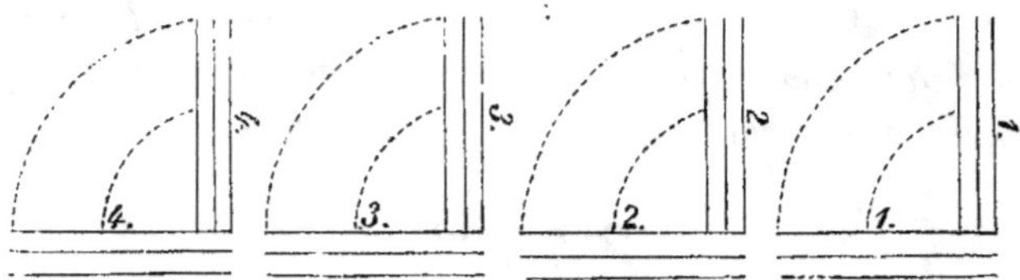

**c) En portant les pelotons les uns derrière les autres :**
**Colonne par pelotons serrée en masse.**

a) Derrière le premier peloton : colonne serrée en masse, la droite en tête.

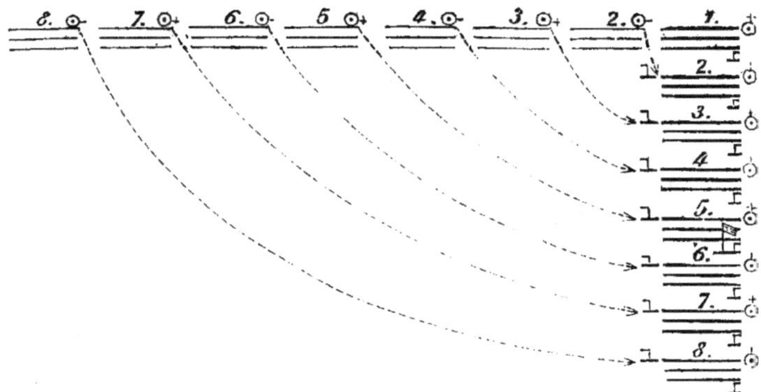

Le chef de bataillon : *Rechts in colonne, rechts um (à droite en colonne, par le flanc droit)*.

Les pelotons de 2 à 8 font par le flanc droit ; au commandement de marche, du chef de bataillon, ils se mettent en marche ; le drapeau et sa garde sur un rang se portent en même temps derrière la droite du cinquième peloton sur l'alignement des serre-files.

Les chefs des sept derniers pelotons commandent successivement : *Halte, front*. Ils veillent aux distances, s'assurent que les hommes couvrent bien les uns derrière les autres et que l'alignement des pelotons soit correct.

b). Derrière le huitième peloton : colonne serrée en masse la gauche en tête.

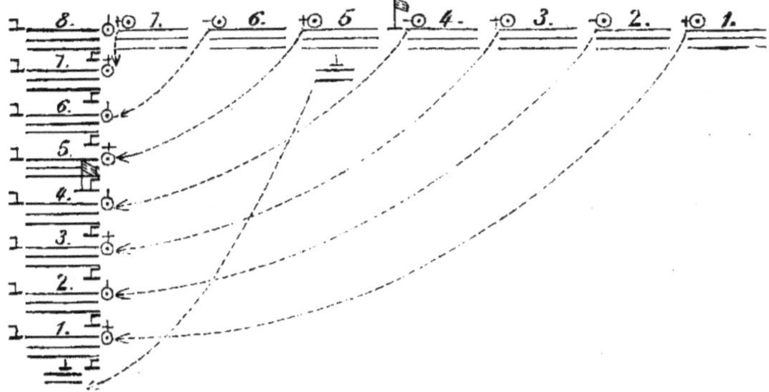

Le chef de bataillon : *Links in Colonne (à gauche en co-lonne). Links-um (par le flanc gauche)*. Les pelotons de 1 à 7 font par le flanc gauche. Puis : *Marche*.

Le chef de peloton : *Halte, front*. Les chefs de peloton s'arrêtent à hauteur et derrière l'aile droite du peloton déjà placé, laissent filer leur peloton et l'arrêtent par le commandement de *Halte, front*, lorsque l'homme de droite de leur subdivision est arrivé à leur hauteur.

**c) Derrière le 4ᵉ et le 5ᵉ peloton (Colonne double) (§ 58).**

Le chef de bataillon : *Nach der Mitte in colonne, links und rechts um, marsch (colonne sur le centre, par le flanc gauche et par le flanc droit, marche)*.

Les chefs des premier, deuxième et troisième pelotons, des sixième, septième et huitième : *Halte, front*.

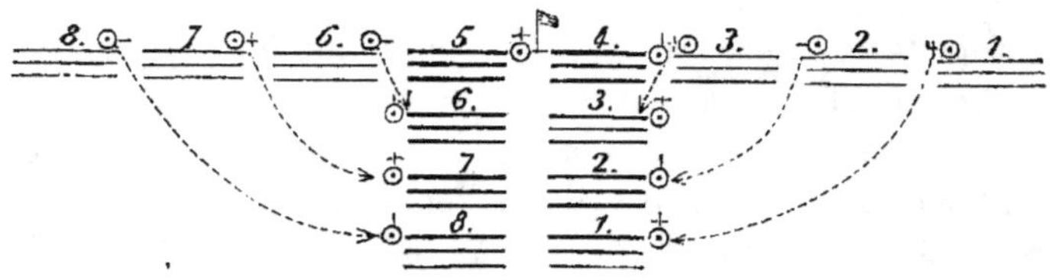

Les chefs des 1ᵉʳ, 2ᵉ et 3ᵉ pelotons exécutent le mouvement comme il est prescrit pour la formation de la colonne serrée derrière le huitième peloton. Les chefs des 6ᵉ, 7ᵉ et 8ᵉ se conforment au mouvement prescrit pour la formation de la colonne serrée derrière le premier peloton. Chacun des trois derniers chefs de peloton s'arrête à hauteur et derrière l'homme de gauche du peloton déjà établi, laisse filer sa subdivision, l'arrête et lui fait faire front ; il se porte en-suite à la gauche du premier rang de son peloton.

3. MOUVEMENTS EXÉCUTÉS PAR LE BATAILLON EN COLONNE.

**Règle générale.**

Lorsque le bataillon est en marche par le flanc (colonne

par le flanc) ou en colonne par sections ou par demi-pelotons, un sous-officier des serre-files de la compagnie de tête, se porte à distance de peloton en dehors du front ; ce sous-officier est chargé de donner le pas au bataillon pendant la marche.

Toutes les conversions de pied ferme s'exécutent à pivot fixe (§ 32, par. 2).

Les conversions en marchant sont exécutées à pivot mouvant (§ 33), à l'exception de celles de la colonne serrée (§ 68). D'après le § 71, par. 2, toutes les colonnes à un quart de distance de peloton sont considérées comme des colonnes à distance entière.

### a) Changements de direction.

a). Colonne par le flanc (*le bataillon marchant par le flanc*).

Le chef de bataillon : *Tete rechts (links) schwenkt, marsch, Gerade aus* (*tête à droite [à gauche] conversion, marche, en avant*).

b). Colonne par sections :

Le chef de bataillon : *Erste section rechts (links) swenken* (*première section à droite (à gauche), conversion*).

Le chef du peloton de tête : *Rechts (links) swenkt, marsch, Gerade aus (à droite, à gauche), conversion, en avant*).

Les chefs des autres pelotons ne répètent pas le commandement.

c). Colonne par demi-pelotons :

Comme ci-dessus.

d). Colonne par pelotons à distance entière :

Le chef de bataillon : *Erster (achter) Zug rechts (links) schwenken* (*premier [huitième] peloton à droite (à gauche), conversion*).

Le chef de peloton : *Rechts (links) schwenkt, marsch, Gerade aus* (*à droite, [à gauche] conversion, marche, en avant*).

Les chefs des pelotons suivants : *Schwenkt, marsch, Gerade aus* (*conversez, marche, en avant*).

e). Colonne serrée en masse :

De pied ferme ou en marche :

Le chef de bataillon : *Rechts (links) schwenkt, marsch, Gerade aus* (§ 68) (*à droite [à gauche] conversion, marche en avant*).

f). Colonne double :

Comme ci-dessus en *e* ; lorsque les pelotons sont à un quart de distance, la conversion s'exécute à pivot mouvant.

**b) Rompre et former les subdivisions dans la colonne.**

**Règle générale.**

Le commandement d'exécution est toujours précédé de l'indication de la subdivision qui doit rompre ou se former. Dans la formation des subdivisions le côté vers lequel le mouvement s'exécute est également indiqué.

Lorsque les subdivisions se forment vers la droite, leurs chefs commandent toujours : *Augen-rechts* (*les yeux à droite*).

a). Rompre étant en colonne à distance entière ; mouvements successifs :

Le chef de bataillon : *Zugweise in Halbzüge (Sectionen) abbrechen* (*rompre successivement par demi-pelotons, sections*).

Le premier chef de peloton : *In Halbzüge (Sectionen) brecht-ab* (*par demi-pelotons (sections) rompez*).

Les autres chefs de pelotons commandent successivement : *Brecht-ab* (*rompez*).

b). Rompre les pelotons simultanément :

Le chef de bataillon : *In Halbzüge (Sectionen) brecht-ab* (*par demi-pelotons (sections), rompez*).

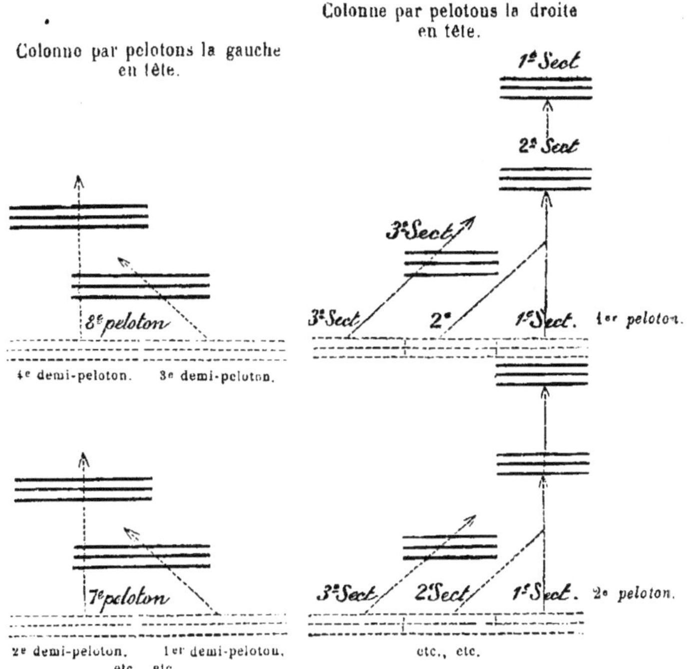


## Observations.

Lorsqu'on veut rompre en inversant les subdivisions, on l'indique par les commandements de : *par la gauche ou par la droite, rompez.*

c). Former les subdivisions successivement :

Le chef de bataillon : *Zugweize in Halbzüge (Sectionen) links (rechts) aufmarchiren (par pelotons, former les demi-pelotons (sections) à gauche en ligne, à droite en ligne).*

Le premier chef de peloton : *In Halbzüge (Sectionen) links (rechts) marschirt auf, marsch, marsch (formez les demi-pelotons (sections) à gauche, à droite, pas gymnastique, marche).*

Les autres chefs de peloton commandent successivement :

*Marschirt auf, marsch, marsch (en ligne, pas gymnasti-que, marche).*

d). Former les pelotons simultanément :

Le chef de bataillon : *In Züge links (rechts) marschirt auf. marsch, marsch.*

*(Formez les pelotons à gauche [à droite]).*

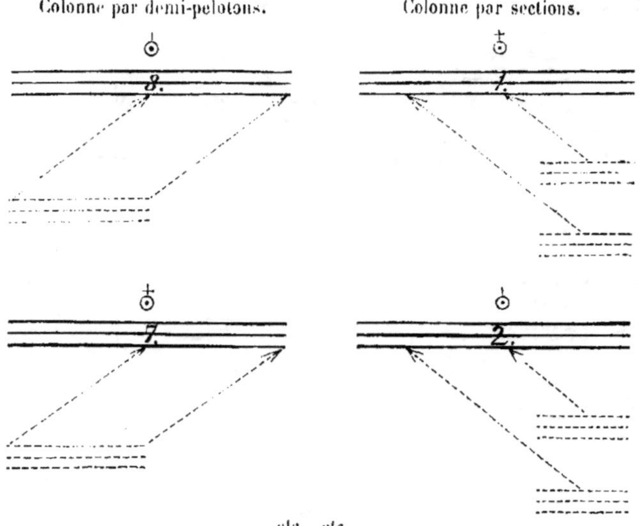


e). Rompre et former les subdivisions dans la colonne serrée (1) :

Comme dans la colonne à distance entière.

### c) Passer de la colonne à distance entière à la colonne serrée et réciproquement (§ 71).

a). Serrer la colonne, le bataillon étant de pied ferme :

Le chef de bataillon : *Aufgeschlossen, marsch (serrez, marche).*

---

(1) Ces mouvements ne font pas l'objet d'une inspection.

Les sept derniers pelotons se mettent en marche. Les chefs de peloton commandent successivement :

*N^{ter} Zug halt (tel peloton halte)*.

Serrer la colonne, le bataillon étant en marche :

Lorsque le bataillon doit continuer à marcher, le chef de bataillon commande : *Aufgeschlossen, marsch, marsch (serrez, pas gymnastique, marche)*. Dans le cas contraire il commande : *Aufgeschlossen (serrez)*; le chef du peloton de tête commande aussitôt : *N^{ter} Zug halt (tel peloton halte)*. Les autres chefs de peloton font successivement le même commandement.

b). Prendre les distances, le bataillon étant de pied ferme :

Le chef de bataillon : *Viertel (halbe, ganze) Zug-Distance genommen, Ruckwärts richt Euch, marsch (colonne à quart de distance, à demi-distance, à distance entière, en arrière à gauche (à droite) alignement, marche)*. Les pelotons de queue prennent leur distance en s'alignant en arrière; les chefs de pelotons commandent successivement : *Halte*, sans désigner le numéro de leur peloton.

Le bataillon peut également prendre les distances en se portant en avant :

Le chef de bataillon : *Mit Viertel (halber, ganzen) Zug, Distance angetreten, N^{ter} Zug marsch (pour prendre quart de distance (demi-distance, distance entière) tel peloton, en avant, marche)*.

Les autres chefs de pelotons commandent successivement : *N^{ter} Zug, marsch, tel peloton, marche*.

Prendre les distances le bataillon étant en marche :

Le chef de bataillon : *Viertel (halbe, ganze) Zug, Distance genommen (pour prendre quart de distance, demi-distance, distance entière)*.

Le peloton de tête continue à marcher droit devant lui; les autres pelotons marquent le pas, leurs chefs commandent successivement *en avant* lorsqu'ils ont leur distance.

### d) Passer de la colonne par pelotons à la colonne double.
### (§ 72).

a). Colonne par pelotons, à *distance entière, la gauche* en tête :

Le chef de bataillon : *Nach der Mitte in Colonne* (sur le centre en colonne (colonne double).

Les chefs des 4e 3e 2e 1e pelotons : *Halbrechts* (oblique à droite).

Les chefs des 6e 7e 8e pelotons : *Links um* (par le flanc gauche).

Colonne par pelotons à *distance entière, la droite* en tête :

*Mitte in Colonne* (sur le centre en

Les chefs des 5e 6e 7e 8e pelotons : *Halblinks* (oblique à gauche).

Les chefs des 1e 2e 3e pelotons : *Rechts um* (par le flanc droit).

Le chef de bataillon : *Marche.*

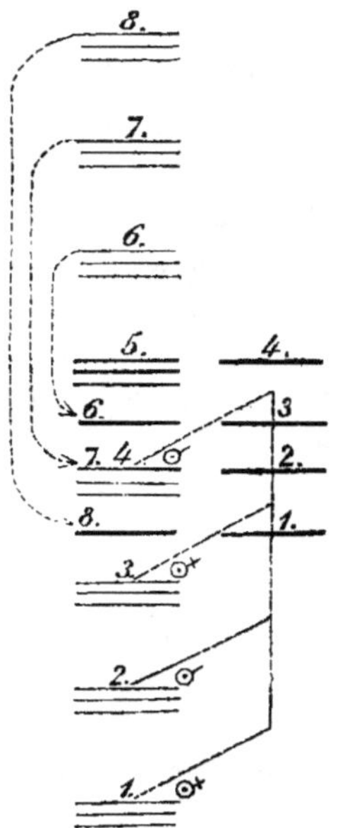
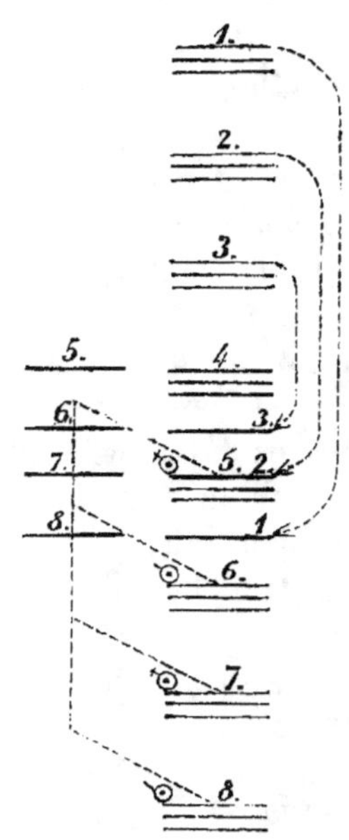

Les chefs des 4e 3e 2e 1e pelotons *Gerade aus* (en avant). Celui du 4e commande en outre *Augen links* (les yeux à gauche), puis tous commandent successivement *halte.* Les chefs des 8e 7e 6e se conforment à ce qui est dit pour la formation de la colonne par pelotons serrée en masse.

Les chefs des 5e 6e 7e 8e *Gerade aus* (en avant), et puis successivement : *halte.*

b). Colonne par pelotons serrée en masse, la gauche en tête (1).

Colonne par pelotons serrée en masse, la droite en tête.

Le chef de bataillon : *Nach der Mitte in Colonne* (colonne double).

Les chefs des 6e 7e 8e : *Links um* (par le flanc gauche).

Les chefs des 1e 2e 3e : *Rechts um* (par le flanc droit).

Les chefs des 4e 3e 2e 1e : *Rechts um* (par le flanc droit).

Les chefs des 5e 6e 7e 8e : *Links um* (par le flanc gauche).

Le chef de bataillon : *Marche.*

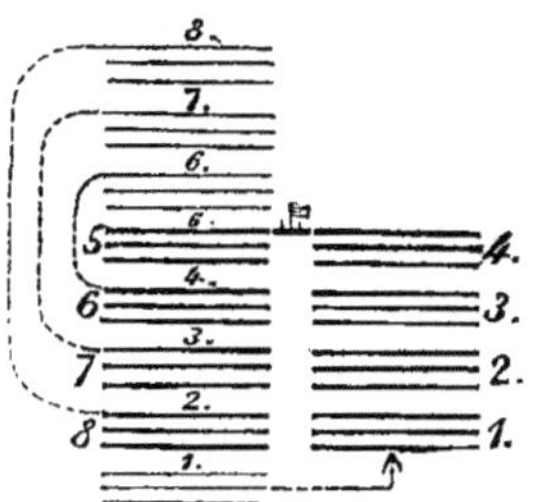

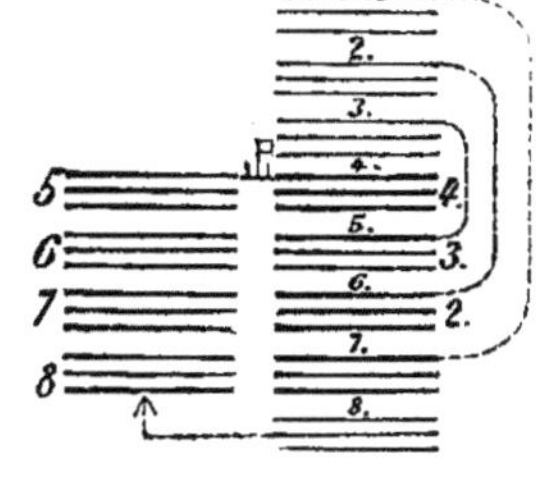

Les chefs des 6e 7e 8e, après avoir conversé deux fois par file à gauche : *Halt, rechts marschirt auf, Marsch* (halte, à droite en ligne, marche).

Les chefs des 1e 2e 3e : *Halt, links marschirt auf, Marsch* (halte, à gauche en ligne, marche).

Les chefs des 4e 3e 2e 1e : *Links um, halt* (par le flanc gauche, halte).

Les chefs de peloton des 5e 6e 7e 8e : *Rechts um, halt* (par le flanc droit, halte).

Celui du 4e peloton commande en outre : *Augen links* (les yeux à gauche).

### e) Passer de la colonne double (2) :

A la colonne par pelotons serrée en masse la gauche en tête :

A la colonne par pelotons serrée en masse la droite en tête (§ 73) :

Le chef de bataillon :

*Zum links abmarsch in Colonne* (à gauche en colonne).

*Zum rechts abmarsch in Colonne* (à droite en colonne).

Les chefs des 1e 2e 3e 4e 5e 6e 7e 8e : *Links um* (par le flanc gauche).

Les chefs des 1e 2e 3e 4e 5e 6e 7e 8e : *Rechts um* (par le flanc droit).

---

(1) Les mouvements ayant pour but de passer de la colonne de peloton, la gauche en tête à la colonne double, ne font pas l'objet d'une inspection.

(2) Il est interdit de faire de ces mouvements l'objet d'une inspection.

Le chef de bataillon : *Marsch*.

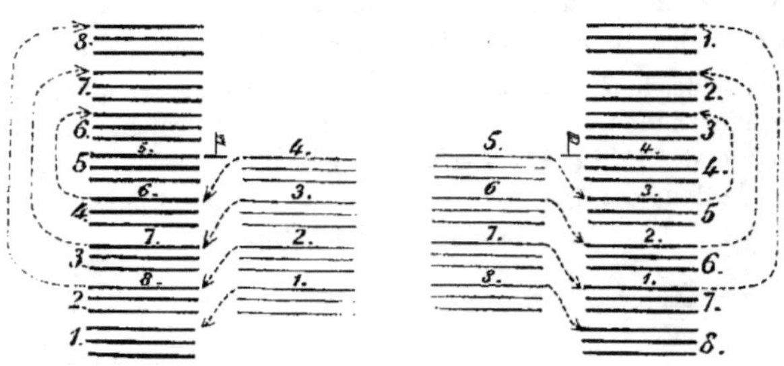

Lorsqu'on veut passer de la colonne double à la colonne par pelotons à distance entière on exécute d'abord le mouvement ci-dessus et on prend ensuite les distances.

#### 4. PASSER DE LA FORMATION EN COLONNE A LA FORMATION EN LIGNE.

**a) au moyen des mouvements de flanc :**

Le bataillon étant par le flanc de pied ferme ou en marche.

**b) au moyen des conversions :**

Le bataillon étant en colonne par sections, par demi-pelotons et par pelotons à distance entière ;

Le chef de bataillon : *Mit Zügen (Halbzügen, Sectionen) links (rechts) schwenkt, marsch, halt (par pelotons, demi-pelotons, sections à gauche (à droite) conversion, marche, halte).*

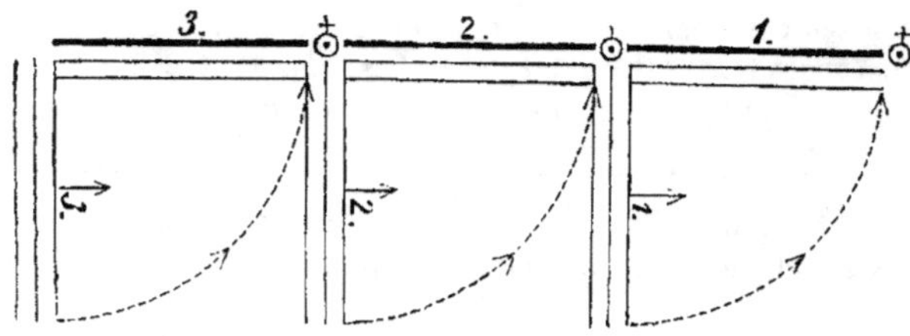

### c) Au moyen des déploiements, le bataillon étant en colonne serrée.

a). Déployer la colonne par pelotons serrée en masse ayant *la droite en tête :*

Le chef de bataillon : *Links deployirt (vers la gauche, déployez).*

Les guides de gauche se portent rapidement sur le nouvel alignement.

Puis : *Links um (par le flanc gauche) :*

Le premier peloton ne bouge pas. Ensuite : *Marsch (marche).*

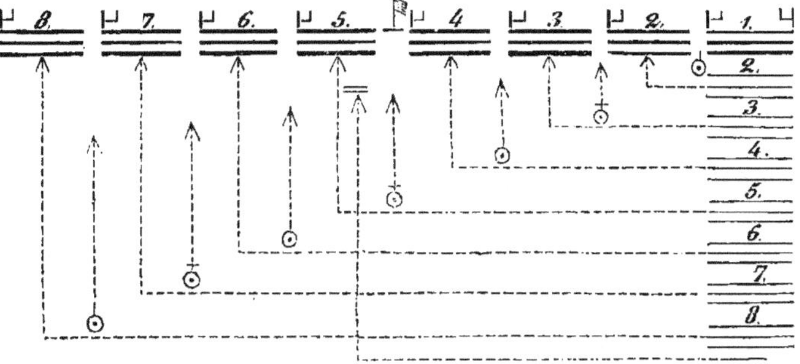

Les chefs des sept derniers pelotons commandent successivement : *Rechts um, halt (par le flanc droit, halte).*

Le chef de bataillon : *Unterofficiere zurück (guides, à vos places).*

#### Observations.

Le déploiement des colonnes par pelotons est considéré comme une manœuvre d'exercice.

b). Déployer la colonne par pelotons serrée en masse, ayant la *gauche en tête* (1) :

Le chef de bataillon : *Rechts deployirt (vers la droite, déployez).*

---

(1) Ce mouvement ne doit pas faire l'objet d'une inspection.

Le chef du 8e peloton : *Augen links (les yeux à gauche)*. Les guides de droite se portent rapidement sur le nouvel alignement.

*Rechts um, marsch (par le flanc droit, marche)*.

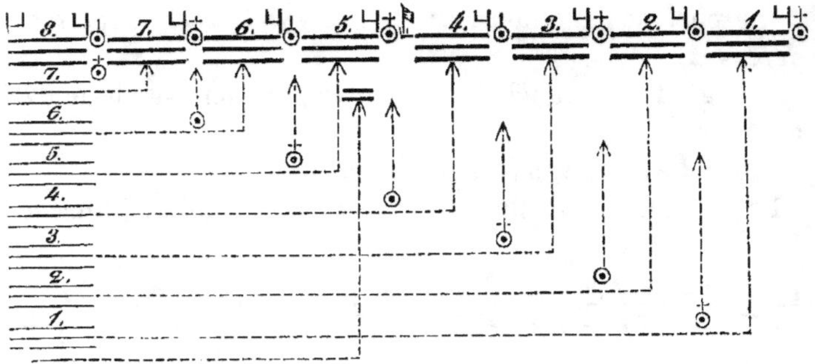

Les chefs des sept premiers pelotons commandent successivement : *Links um, Augen links, halt (par le flanc gauche, les yeux à gauche, halte)*.

Le chef de bataillon : *Augen rechts (les yeux à droite)*. Les sous-officiers reprennent leurs places en serre-file.

Fonctions des chefs de pelotons : Les chefs des six premiers pelotons font *à gauche* au commandement du chef de peloton qui les précède, celui du septième fait à gauche sur place. Les chefs de peloton laissent filer leur peloton et lorsque la file de gauche est arrivée derrière la file de droite du peloton qui se trouve devant eux, ils commandent : *par le flanc gauche*, et aussitôt après : *les yeux à gauche*. Lorsque leur peloton est près d'arriver sur la ligne, ils se portent rapidement à côté du guide de droite du peloton déjà établi à leur gauche et commandent : *halte*. Ils rectifient l'alignement en passant devant le front de leur peloton et reprennent ensuite leur place de bataille.

c). Déployer la colonne double :

Le chef de bataillon : *Rechts und links deployirt (vers la droite et vers la gauche, déployez)*.

Les guides de droite des trois premiers pelotons, les gui-

des de gauche des trois derniers se portent rapidement sur le
nouvel alignement déterminé par le drapeau, par le guide
de droite du quatrième peloton et par le guide de gauche
du cinquième.

*Rechts und links um, marsch (par le flanc droit et par*
*le flanc gauche, marche).*

Les pelotons 3, 2, 1 déploient vers la droite ; les pelotons 6, 7, 8 vers la gauche.

Le chef de bataillon : *Augen rechts.*

Le déploiement peut aussi s'exécuter au pas gymnastique
par le commandement de *Deployirt, marsch, marsch.*
Dans ce cas les guides ne sortent pas, les pelotons se portent
à leur place au pas gymnastique par le chemin le plus court
et sans commandement des chefs de peloton.

## C. Formations et manœuvres du bataillon sur deux rangs (Formations de combat).

(§ 77 et suivants).

### 1. PASSER DE LA LIGNE DÉPLOYÉE SUR TROIS RANGS A LA LIGNE DE COLONNES DE COMPAGNIE (§ 78 ET 35).

Le chef de bataillon : *Compagnie colonnen formirt*
*(formez les colonnes de compagnie).*

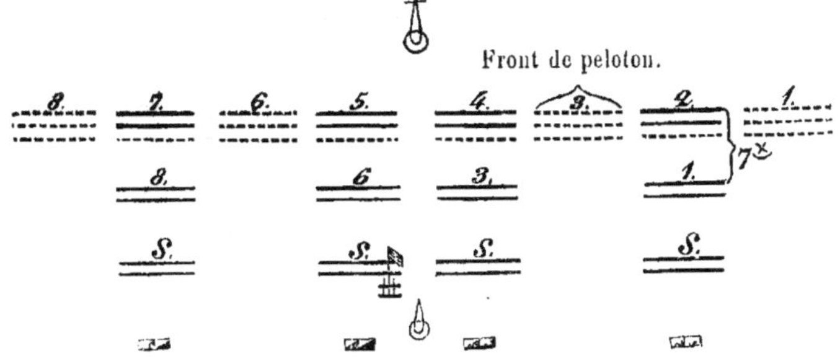

Le mouvement s'exécute dans chaque compagnie comme il est prescrit pages 16 et 14 (§ 35).

Pour passer de cette formation à la ligne de colonnes de compagnie par demi-pelotons, le chef de bataillon commande : *In Halbzüge brecht ab (rompez les pelotons).*

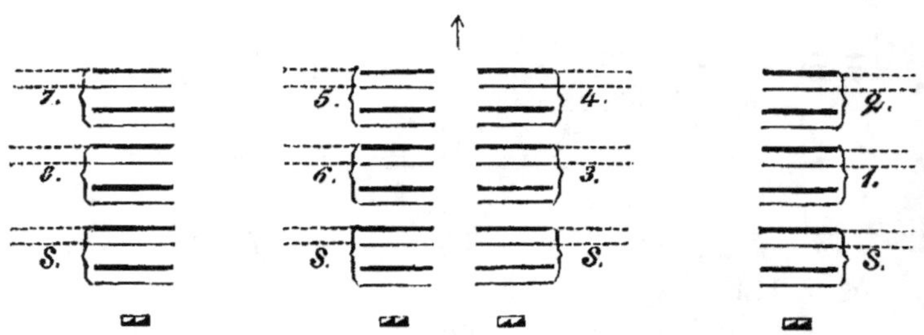

**2. PASSER DE LA COLONNE PAR PELOTONS A LA COLONNE DE COMPAGNIES (1) (§ 79).**

Le chef de bataillon : *Compagnie colonnen formirt.*

Colonne par pelotons la gauche en tête.

Colonne par pelotons la droite en tête.

(1) Ce mouvement ne fait pas l'objet d'une inspection.

Dans la colonne par pelotons la droite en tête, le troisième rang de chaque peloton impair fait à droite, change de direction par file à droite, et se porte, au pas gymnastique, devant le troisième rang du peloton pair qui à cet effet se porte un peu en arrière.

Dans la colonne la gauche en tête le 3e rang de chaque peloton pair fait à gauche, change de direction par file à gauche et se porte, au pas gymnastique derrière le troisième rang du peloton impair.

Les quatre compagnies ayant ainsi la droite ou la gauche en tête, devront profiter de la première occasion pour revenir à la formation normale.

**3.** PASSER DU BATAILLON EN COLONNE DOUBLE A LA COLONNE DOUBLE DE COLONNES DE COMPAGNIES (§ 80).

Le chef de bataillon : *Compagnie colonne formirt.*

Les troisièmes rangs des deuxième et quatrième pelotons font à droite, puis par file à droite et se portent au pas gymnastique, derrière les troisièmes rangs des premier et troisième pelotons ; les troisièmes rangs des cinquième et septième pelotons font à gauche, changent de direction par file à gauche, et se portent au pas gymnastique, le troisième rang du cinquième devant le troisième rang du sixième et le troisième rang du septième devant le troisième rang du huitième peloton. Les troisièmes rangs des sixième et huitième se portent à cet effet un peu en arrière.

Lorsque la colonne se met en marche, les pelotons prennent leurs distances.

Les serre-files, les tambours et les musiciens conservent provisoirement les places qui leur sont désignées dans le bataillon en colonne double.

A la première occasion ils se placent comme il est indiqué ci-après :

Places des gradés dans la colonne double de colonnes de compagnies :

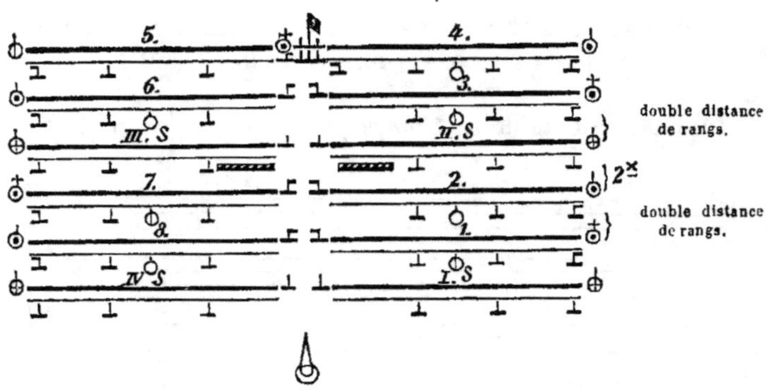


Lorsque la colonne est de pied ferme, la direction est à droite et le tact des coudes du côté du drapeau.

#### 4. MOUVEMENTS EXÉCUTÉS PAR LA COLONNE DOUBLE (§ 82).

Les mouvements s'exécutent avec quart de distance.

On reprend de nouveau les distances :

a). Lorsqu'on veut déployer le bataillon.

b). Lorsqu'on veut le porter à l'attaque.

c). Pour former le carré.

Lorsque le bataillon est en marche, la direction et le tact des coudes se trouvent du côté du drapeau.

Dans la marche en retraite, les guides de droite et les guides de gauche qui marchent dans l'intérieur de la colonne se portent à hauteur du second rang. Les sous-officiers des serre-files des subdivisions de queue marchent dans l'intervalle qui sépare leurs pelotons.

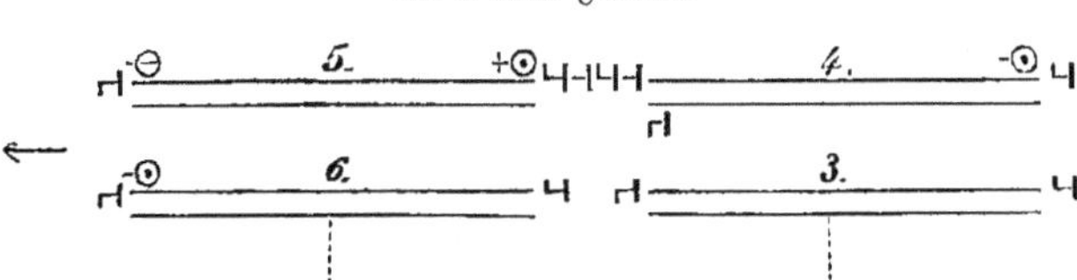

Lorsque la colonne exécute les mouvements de flanc (les à-droite, les à-gauche, les demi-à-droite, les demi-à-gauche) les chefs de peloton et l'officier d'encadrement du cinquième peloton marchent à côté de leur file si la colonne marche par le flanc; ils se placent devant cette file si la colonne se dirige obliquement.

Places des guides : (Voir le dessin ci-dessous).

Par le flanc gauche.

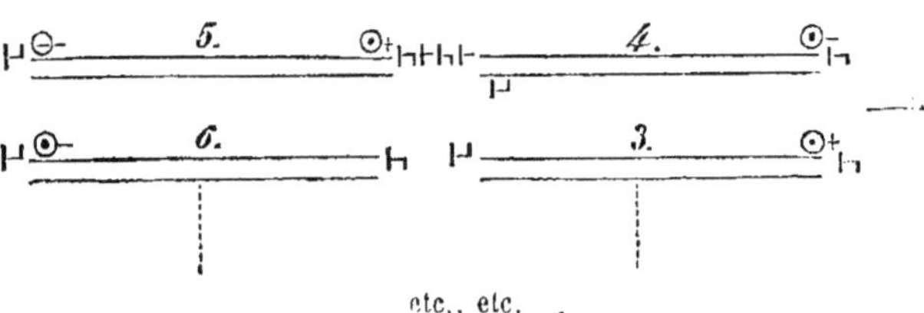

Par le flanc droit.

etc., etc.

Demi-à-droite.

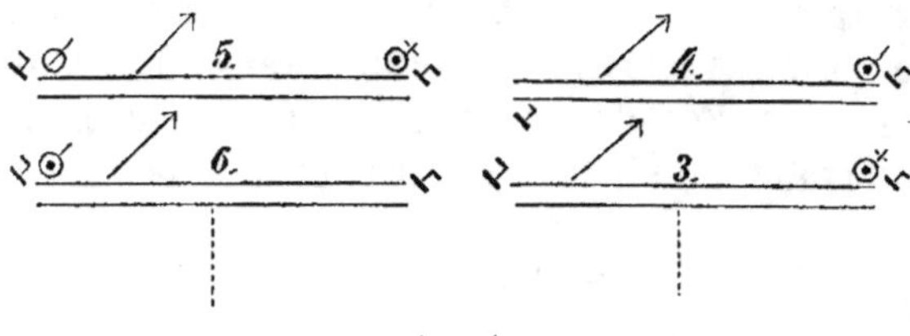

etc., etc.

Demi-à-gauche.

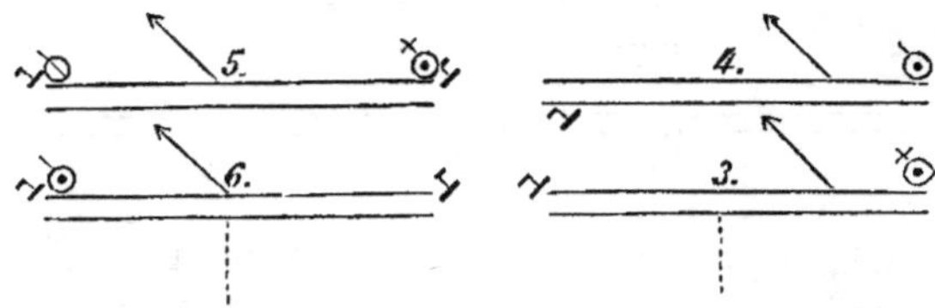

etc., etc.

### 5. ROMPRE ET FORMER LES SUBDIVISIONS DANS LA COLONNE DOUBLE (§ 83).

**a) Rompre par la tête (queue) et former les subdivisions.**

Le chef de bataillon : *Dritte und vierte (erste unn zweite) Compagnie, kurz getreten, aus der Tete (Queue) in Sectionen (Halbzüge) brecht ab* (troisième et quatrième [première et deuxième] compagnie, marquez le pas. Par la tête (queue), rompez les pelotons (les demi-pelotons).

Le chef du premier peloton : *In Sectionen (Halbzüge) brecht ab* (rompez les pelotons, les demi-pelotons).

Tous les autres : *Brecht ab* (rompez).

Si le mouvement s'exécute au pas gymnastique, les chefs de pelotons ne répètent aucun commandement.

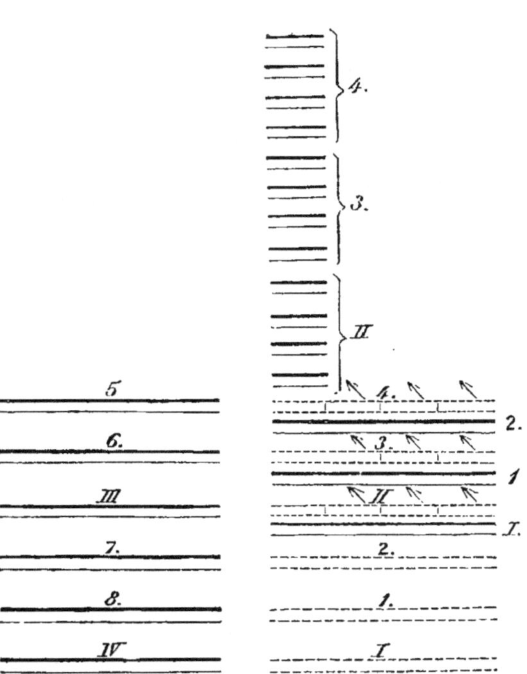

Les compagnies à droite du drapeau rompent par la gauche; les compagnies à gauche du drapeau rompent par la droite.

Lorsqu'on rompt par la queue (en marchant en arrière), les compagnies de droite rompent par la droite, celles de gauche rompent par la gauche.

Les compagnies se suivent dans l'ordre de leurs numéros.

Si après avoir franchi le défilé, le chef de bataillon ne veut pas faire continuer la marche de la colonne double dans cet ordre, les compagnies se reforment successivement comme il est prescrit.

### b) Rompre et former les compagnies, la colonne double étant en marche par le flanc.

Le chef de bataillon : *Zweite und dritte (erste und vierte) Compagnie kurz getreten, aus der rechten (linken) Flanke brecht aus (deuxième et troisième [première et quatrième] compagnies, marquez le pas, rompez par la droite (gauche).*

Les trois pelotons d'une compagnie peuvent, selon le cas, serrer les uns sur les autres pour franchir le défilé ou bien défiler les uns après les autres. Les deux compagnies désignées suivent le mouvement, sans autre commandement, dès que les premières sont passées ; chacune d'elles prend, aussitôt que possible, sa place dans la colonne.

6. DÉPLOYER LA COLONNE DOUBLE SUR DEUX RANGS ET LA REFORMER (PASSER DE LA COLONNE DOUBLE SUR DEUX RANGS A LA LIGNE DÉPLOYÉE ; PASSER DE LA LIGNE DÉPLOYÉE A LA COLONNE DOUBLE SUR DEUX RANGS (§ 86).

Le mouvement s'exécute par les commandements et d'après les principes prescrits pour la colonne double sur trois rangs (§ 76, page 67).

Au commandement de *halte, front,* de leurs chefs les pelotons de tirailleurs se placent à quart de distance du bataillon déployé, en arrière des pelotons derrière lesquels ils se trouvent en colonne double.

On reforme la colonne double par les commandements et les principes prescrits § 58, pages 55 et 56, de manière que les pelotons reprennent les places indiquées § 80, page 69.

## D. Combat du bataillon serré en masse.

### 1. ATTAQUE (OFFENSIVE).

#### a) Exécutée par le bataillon formé en colonne double (1) (§ 84 et 89).

Formation de la chaîne de tirailleurs (85 et 87).

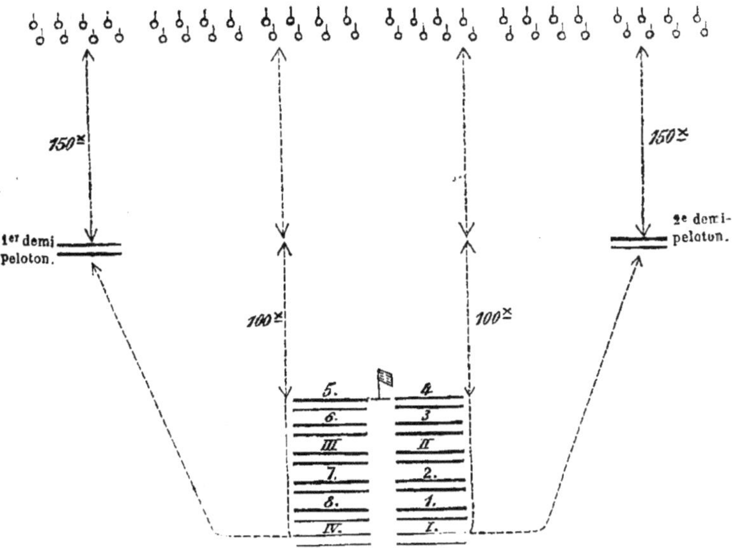



A la sonnerie de : *Schwärmen* (*en tirailleurs*), le premier et le quatrième pelotons de tirailleurs se portent en avant, le premier par un à droite, l'autre par un à gauche (§ 87). Le premier demi-peloton de droite du premier peloton de tirailleurs et celui de gauche du quatrième, si la sonnerie n'a pas été précédée du commandement de : *Ganze Züge* (*pelotons entiers*) se déploient en avant du front du bataillon. Ils s'alignent sur le centre du côté du drapeau et prennent 6 pas d'intervalle entre chaque file.

---

(1) Dans les circonstances exceptionnelles seulement, le bataillon en colonne double serrée en masse, peut se porter à l'attaque.

Lorsqu'on porte en avant des pelotons entiers, ils se déploient de manière à couvrir le front du bataillon en ligne déployée.

Les restes du premier et du quatrième peloton de tirailleurs formant les soutiens, mettent l'arme sur l'épaule, et se portent à leur place au pas cadencé par le chemin le plus court. Les flancs de ces soutiens se placent en arrière de la ligne et s'alignent sur le prolongement des files extrêmes de la chaîne. En règle générale, la sonnerie de *halte* est faite sur le terrain d'exercice lorsque la chaîne de tirailleurs est arrivée à 250 pas du bataillon. S'il n'est pas fait de sonnerie, la ligne de tirailleurs continue son mouvement en avant.

Sur la place d'exercice, lorsque les soutiens sont arrivés à 100 pas en avant du bataillon, ils s'arrêtent et mettent l'arme au pied sans s'occuper si la chaîne s'arrête ou continue à marcher. Si la chaîne et le bataillon se portent en avant, les soutiens suivent le mouvement ; si le bataillon avance seul, les soutiens l'attendent et reprennent leurs places lorsqu'il arrive à leur hauteur. Si le bataillon marche en retraite, les soutiens le suivent sans s'occuper des mouvements de la chaîne.

Les soutiens prennent les formations conformes au terrain et aux circonstances.

Si ce premier mouvement est suivi de la sonnerie de *Schwärmen*, les demi-pelotons de soutien font demi-à-droite et demi-à-gauche (s'ils n'ont pas reçu l'ordre de doubler la chaîne) et se déploient à la droite et à la gauche de la ligne de tirailleurs, de manière que leurs ailes extrêmes couvrent les flancs du bataillon déployé. A cet effet les tirailleurs déjà établis sur la chaîne serrent les intervalles sur le centre.

Lorsque l'attaque est suffisamment préparée par les tirailleurs, le bataillon s'avance à l'assaut.

Le mouvement s'exécute par les mêmes commandements et d'après les mêmes principes que ceux indiqués pour l'attaque de la colonne de compagnie (page 40).

Lorsque le bataillon est près d'arriver sur la chaîne (à environ distance de peloton) son chef commande : *Zur Attaque, Gewehr, rechts (pour l'attaque, l'arme à droite)*. Le mouvement s'exécute ensuite comme il est prescrit pour la colonne de compagnie (page 40).

Les tirailleurs démasquent le front de la colonne, s'attachent à ses flancs et exécutent le feu rapide par rangs au commandement de leurs chefs de peloton.

Après avoir parcouru ainsi une distance de 20 pas, le chef de bataillon commande : *bataillon, halte*, ou fait faire un roulement très-court. Les deux pelotons de tête apprêtent les armes, les autres mettent l'arme sur l'épaule, les tirailleurs continuent le feu.

Lorsqu'un bataillon en colonne double s'avance sans être précédé d'une chaîne de tirailleurs (par exemple, lorsqu'il traverse une autre ligne), le chef de bataillon commande : *Schützen in die Intervalle, zur Attake, Gewehr, rechts (tirailleurs dans les intervalles, pour l'attaque l'arme à droite)*.

Les premier et quatrième pelotons de tirailleurs se déploient à droite et à gauche du bataillon et suivent le mouvement à hauteur des pelotons de tête en exécutant par rang le feu rapide. Dans les cas urgents on peut encore déployer de la même manière le premier et le huitième peloton.

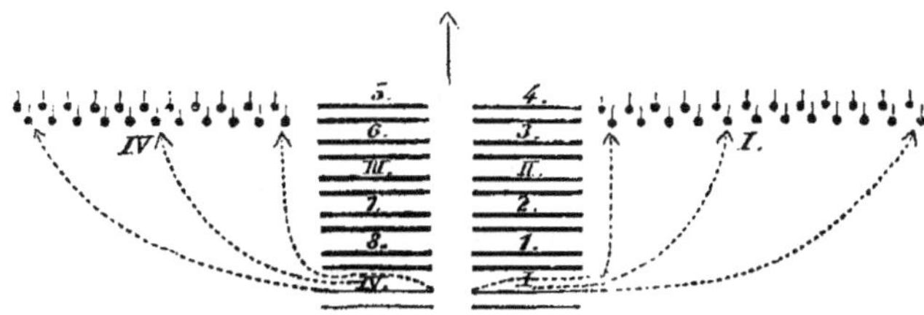

**b) Attaque exécutée par le bataillon en ligne déployée**
**(§ 87, 88).**

Le bataillon est formé en ligne sur deux rangs ; les pelotons de tirailleurs sont placés derrière les pelotons extérieurs de leur compagnie.

Formation de la ligne de tirailleurs (§ 87).

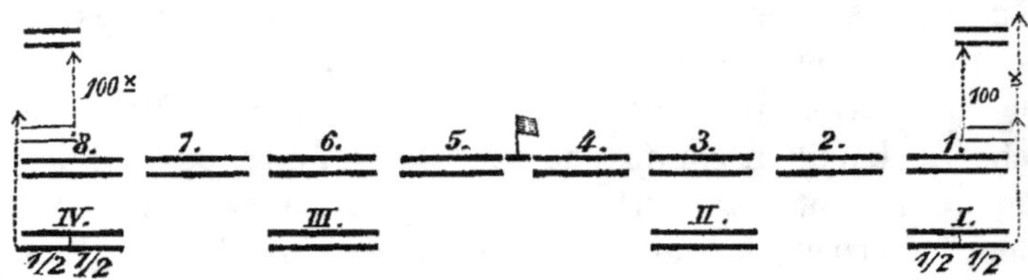

A la sonnerie de *Schwärmen*, le premier et le quatrième peloton de tirailleurs font par le flanc droit et par le flanc gauche et se portent en avant en passant par les ailes du bataillon. A cet effet, le demi-peloton de droite du premier peloton de tirailleurs et le demi-peloton de gauche du quatrième se déploient en tirailleurs; les deux autres demi-pelotons font respectivement par file à gauche et par file à droite, se dirigent vers le front du bataillon et se portent à gauche et à droite en ligne. Au commandement de : *Ohne Tritt (rompez le pas)*, fait immédiatement après, ils se rendent à leur place en marchant 100 pas en avant, puis s'arrêtent et mettent l'arme au pied. Les files extérieures de la chaîne s'alignent sur les ailes du bataillon; les tirailleurs se déploient de manière que l'intervalle entre chaque file ne dépasse pas 6 pas (§ 87, par. 4).

Lorsqu'il devient nécessaire de renforcer la chaîne, les deux demi-pelotons du soutien se déploient dans la direction du drapeau. Les tirailleurs déjà placés serrent les intervalles, le demi-peloton de droite vers la droite, le demi-peloton de gauche vers la gauche. Lorsque, dès le principe, on porte des pelotons entiers en avant, ils se déploient de manière à couvrir tout le front du bataillon.

Exécution de l'attaque :

Le chef de bataillon commande : *Bataillon vorwärts, marsch* (*bataillon, en avant, marche*). Le mouvement s'exécute comme il est prescrit, pages 52 et 53 pour la marche en avant du bataillon sur trois rangs. Les soutiens se comportent comme il leur est prescrit pour l'attaque en colonne ; toutefois pour reprendre leurs places, ils font demi-tour et se dirigent sur les ailes du bataillon ; arrivés à environ 20 pas de ces dernières, ils se forment sur deux rangs, font par le flanc, conversent deux fois par file et se reforment en ligne pour prendre leurs places derrière le bataillon.

Lorsqu'une ligne marche en retraite, les tirailleurs se portent derrière les ailes du bataillon ; les pelotons s'y reforment à leurs places réglementaires.

Si le chef de bataillon veut rapidement démasquer le front du bataillon, le mouvement s'exécute à la sonnerie de *Ruf*. Les tirailleurs prennent le pas gymnastique, se portent à leurs places par les ailes du bataillon et y reforment les pelotons de tirailleurs à rangs serrés.

Lorsqu'on veut faire usage du feu de tirailleurs le plus longtemps possible, la ligne reste couchée ; le bataillon traverse la chaîne, les tirailleurs se rassemblent ensuite et reprennent leurs places réglementaires.

En résumé, l'attaque en ligne s'exécute de la même manière que l'attaque en colonne, avec cette différence toutefois, qu'au commandement de : *Zur Attake*, etc., le drapeau et sa garde se portent en serre-file et que le chef de bataillon se place derrière son bataillon.

## 2. DÉFENSIVE.

Le bataillon étant en colonne ou en ligne déployée, on forme la chaîne de tirailleurs comme il est prescrit pour l'attaque.

Le bataillon se porte en avant en ligne déployée, en colonne double ou en ligne de colonnes de compagnie ; dans les deux derniers cas le bataillon se déploie avant d'arriver à hauteur de la chaîne, laquelle, en règle générale, reste couchée.

Le chef de bataillon : *Zum chargiren, halt (pour charger les armes, halte)*. Le bataillon exécute des feux de salve ou des feux rapides. Immédiatement après les salves il peut exécuter des contre-attaques comme il est dit plus haut.

### 3. DISPOSITIONS CONTRE LA CAVALERIE.

La sonnerie de : *Achtung (garde à vous)*, signale l'approche de la cavalerie ennemie et laisse à tout chef la responsabilité de la formation qui, dans ce cas, lui paraît la plus convenable.

Le chef d'un bataillon en ligne déployée peut attendre l'attaque de la cavalerie dans cette formation; il peut aussi, s'il le juge nécessaire, faire former le carré aux compagnies des ailes ou les disposer, entièrement ou par pelotons, en crochets défensifs.

Compagnies des ailes formées en carré :

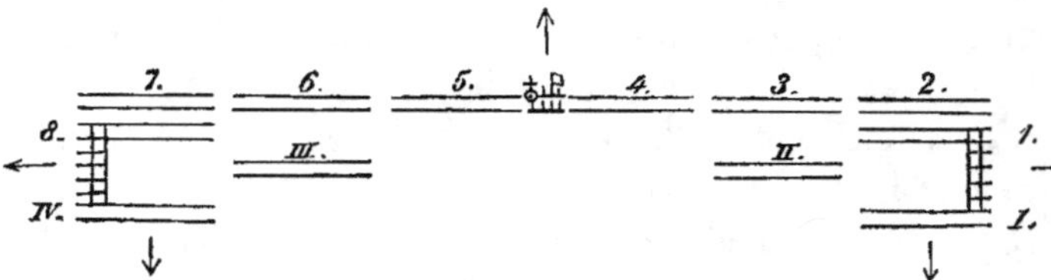

Compagnies des ailes formant des crochets défensifs :

A la sonnerie de : *Colonne Formirt*, les soutiens et les subdivisions de la première ligne de combat forment le carré ou se réunissent par groupes autour de leurs chefs.

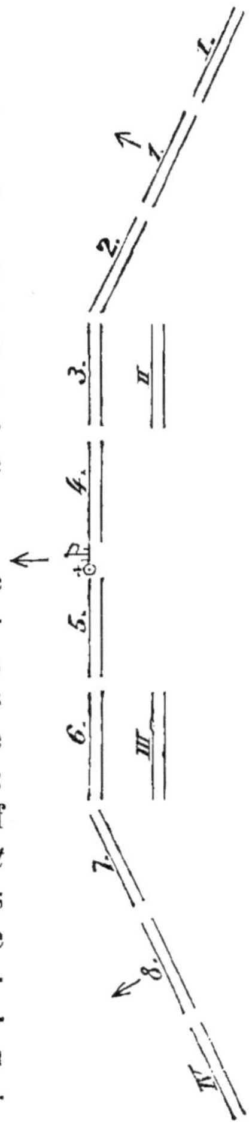

Les groupes sont rappelés en arrière par la sonnerie de : *Langsam zurück* (*lentement en arrière*); dans ce cas lorsqu'ils sont arrivés à 20 pas environ du bataillon dont ils démasquent le front le plus possible, ils prennent le pas gymnastique et se portent à leurs places dans la colonne.

Former le carré :

Le bataillon étant en colonne double sur deux rangs, le chef de bataillon commande : *Aufgeschlossen, marsch* (*serrez, marche*), (*à distance de rangs*). Les chefs des deux derniers pelotons de chaque compagnie, commandent successivement : $N^{ter}$ *Zug, halt* (*tel peloton halte*). Le chef de bataillon commande ensuite : *Formirt das karrée*. Dans chaque compagnie les pelotons de queue serrent à distance de rang sur le peloton de tête ; les serre-files se portent promptement par le chemin le plus court dans l'intérieur du carré, en passant par les ailes des subdivisions. Les deux compagnies de queue, dès qu'elles ont leur distance, font face en arrière sans autre commandement.

La distance entre les compagnies de tête et celles de queue se trouve ainsi augmentée de 7 pas. Sept files composées d'officiers, de sous-officiers des serre-files voisins et principalement d'hommes pris dans les pelotons intérieurs ferment les intervalles qui existent sur les faces latérales des carrés. Ces files sont à l'avance désignées avec soin.

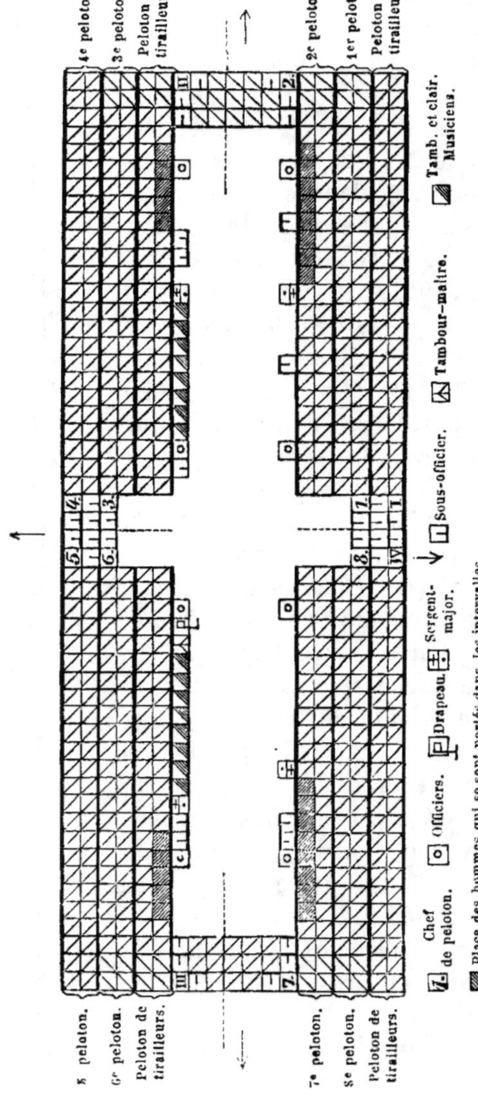


Les lignes pointillées indiquent l'espace à couvrir par chaque compagnie en tête, en queue et sur les flancs.

Les files de droite des pelotons de droite font face à droite, les files de gauche des pelotons de gauche font face à gauche, à l'exception de celles des pelotons de tête et de queue (les angles du carré) qui ne font ce mouvement que lorsque le carré est menacé, n'importe de quel côté. Les officiers montés entrent dans le carré ; les serre-files, le drapeau, etc., prennent les places indiquées dans la figure ci-dessus.

Lorsque les mouvements pour la formation du carré sont achevés, le chef de bataillon commande : *Karrée fertig* (*carré, apprêtez arme*). Le premier rang de chaque face croise la baïonnette, le second rang appuie d'un pas à droite et apprête les armes.

Lorsque le bataillon possède son effectif de guerre, on recommande la formation du carré par demi-pelotons sur deux rangs. Le mouvement s'exécute comme il est dit ci-dessus, pages 81 et 82. Chaque compagnie a ainsi douze rangs de profondeur. Les compagnies de queue serrent sur les compagnies de tête à une distance telle que les intervalles des faces puissent être fermés par sept files.

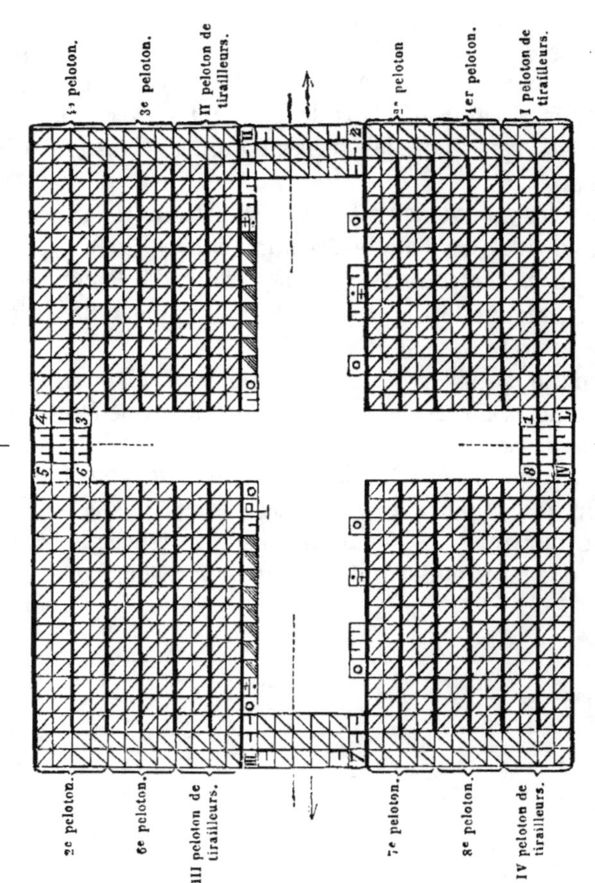

4e peloton.
3e peloton.
II peloton de tirailleurs.
2e peloton
1er peloton.
I peloton de tirailleurs.
2e peloton.
6e peloton.
III peloton de tirailleurs.
7e peloton.
8e peloton.
IV peloton de tirailleurs.

Deux compagnies accolées se forment en carré, d'après les principes prescrits pour le carré d'une seule compagnie.

La charge et les feux sont exécutés comme il est prescrit pour le carré d'une seule compagnie.

Lorsque le chef de bataillon veut reformer la colonne double il commande : *Formirt die colonne.* Les pelotons reprennent leurs distances sans autre commandement, soit en marquant le pas (le bataillon continuant à marcher), soit en s'alignant en arrière (le bataillon restant de pied ferme). Les officiers et les sous-officiers reprennent leurs places en serre-file.

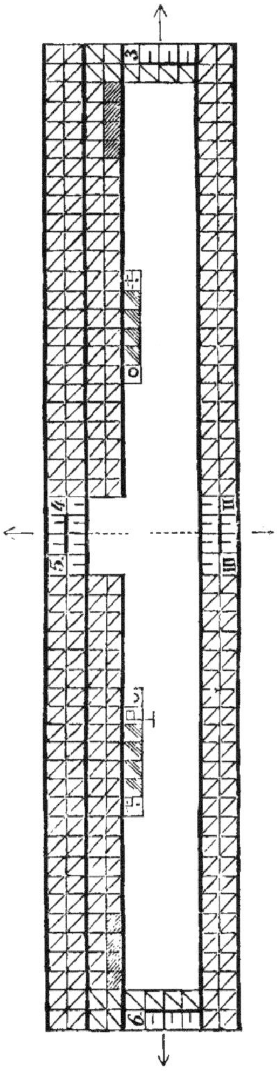

### E. Combat du bataillon divisé en deux lignes (ligne avancée du bataillon et ligne principale). (*Vor-und haupttreffen.*)

Le bataillon en colonne double ou en ligne déployée ayant porté les premier et quatrième pelotons en tirailleurs, lorsque le chef de bataillon veut former deux lignes de combat, il commande : *Flügel compagnien als vortreffen* (*compagnie des ailes, formez la ligne avancée*). Celles-ci se portent à la place des soutiens.

Cette formation peut être prise dès le principe avant le commencement du combat de tirailleurs.

**a) Formation des deux lignes de combat, les pelotons de tirailleurs des compagnies des ailes étant déjà déployés.**

*a*) Former les deux lignes le bataillon étant en colonne double.

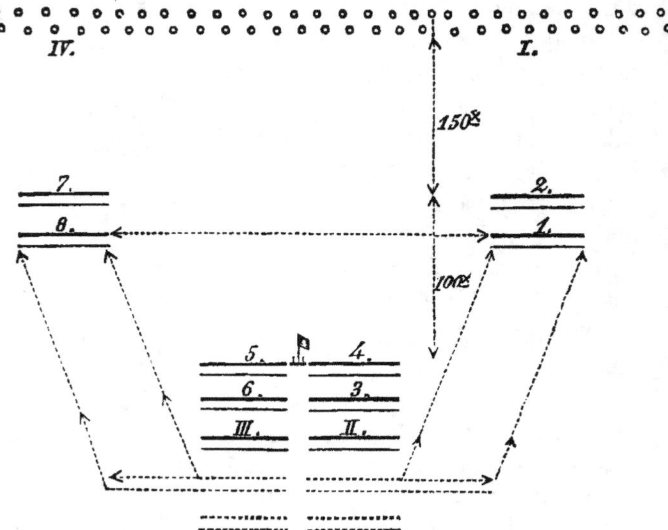

*b*) Former les deux lignes de combat le bataillon étant en ligne déployée.

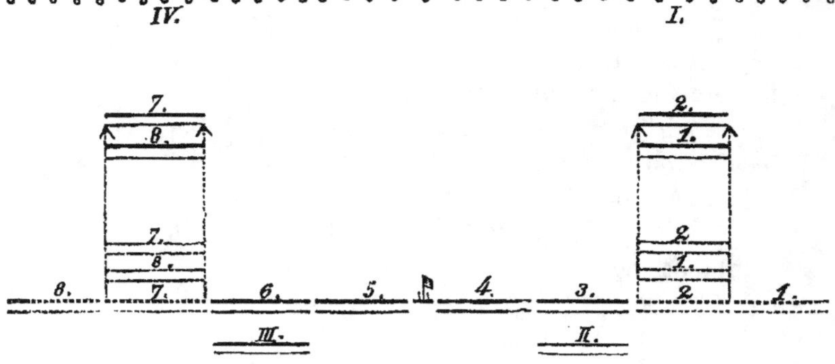

En se mettant en marche les compagnies des ailes forment les colonnes de compagnie au commandement de leurs chefs.

### b) Formation des deux lignes de combat, les tirailleurs n'étant pas encore sortis.

Dans ce cas, la chaîne n'est formée que lorsque les compagnies des ailes sont arrivées sur leur position.

Le bataillon est supposé formé en ligne de colonnes de compagnies.

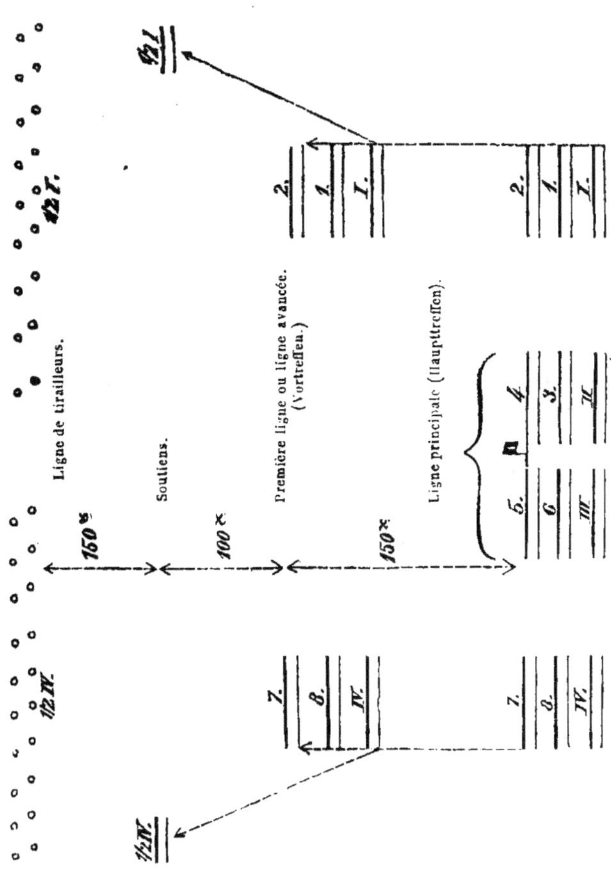

La figure ci-dessus indique la formation normale de combat. Les distances peuvent être augmentées selon le but à atteindre.

L'attaque peut être exécutée par les deux compagnies de la ligne avancée de combat, suivie à la distance de 150 pas par les compagnies de la ligne principale ; elle peut encore être exécutée simultanément par les quatre compagnies, celles des ailes s'attachant aux flancs de la ligne principale. Pendant leur marche en avant les deux lignes peuvent prendre la formation en ligne déployée.

## F. Autres mouvements et formations de combat du bataillon en ligne de colonnes de compagnie.

Le règlement n'offre que quelques principes généraux relatifs à ces mouvements.

D'ailleurs les formations à prendre par les quatre compagnies en vue du combat dépendent de leur mission (offensive, défensive, démonstration, combat décisif), de la position qu'elles occupent relativement aux troupes voisines (indépendantes, en première ou en deuxième ligne, aux ailes ou au centre) et enfin de la configuration du terrain. Les formations des quatre compagnies pour mener à bonne fin un combat offensif ou défensif sont donc fort nombreuses.

En règle générale les différentes dispositions à prendre peuvent se réduire aux trois formes principales suivantes :

### 1. DÉPLOYER LE BATAILLON EN UNE LIGNE DE COLONNES DE COMPAGNIE.

Ces formations ne sont employées que lorsqu'il existe en arrière des réserves en deuxième ou même en troisième ligne.

### a) Ouvrir les intervalles de combat entre les quatre colonnes de compagnie :

*1.* 80 — 100 *2.* 80 — 100 *3.* Intervalle de déploiement ou env. 80—100 pas. resp. 40—50 pas. *4.*

**b) Ouvrir les intervalles entre les compagnies des ailes :**

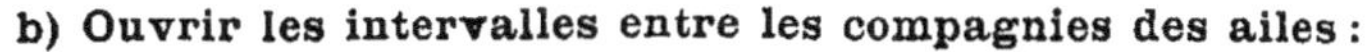

**2. FORMER LES COLONNES DE COMPAGNIE SUR DEUX LIGNES DE COMBAT.**

Dans ce cas il est également nécessaire de pouvoir compter sur des réserves.

**a) Porter en avant les colonnes de compagnie des ailes :**

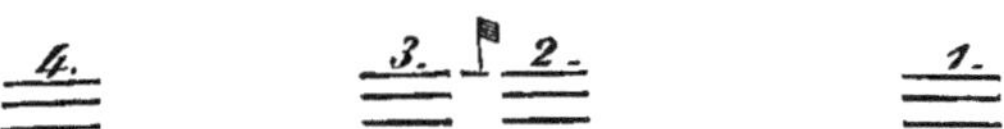

**b) Laisser en arrière les compagnies des ailes :**

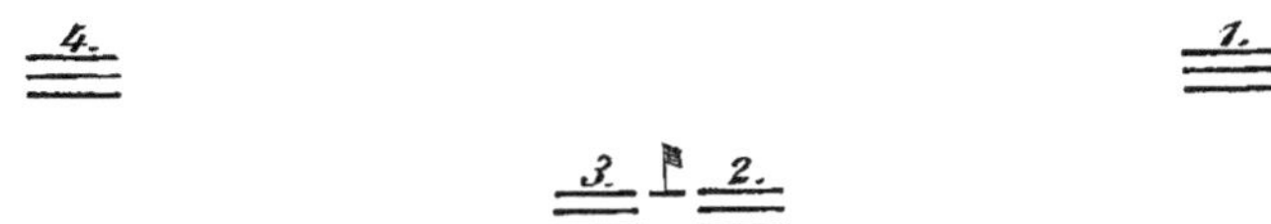

**c) Disposer les compagnies en échiquier sur deux lignes avec intervalles :**

**d) Former trois colonnes de compagnie en première ligne ayant une compagnie en seconde ligne (ou inversement):**

**3. FORMER LES COLONNES DE COMPAGNIE SUR TROIS LIGNES.**

Ces formations concernent principalement le bataillon qui combat isolément.

a) Disposer une compagnie en première et une autre en troisième ligne :

b) Disposer deux compagnies en première ligne, une en deuxième et une en troisième ligne (deux compagnies échelonnées en deux lignes derrière l'aile droite, gauche):

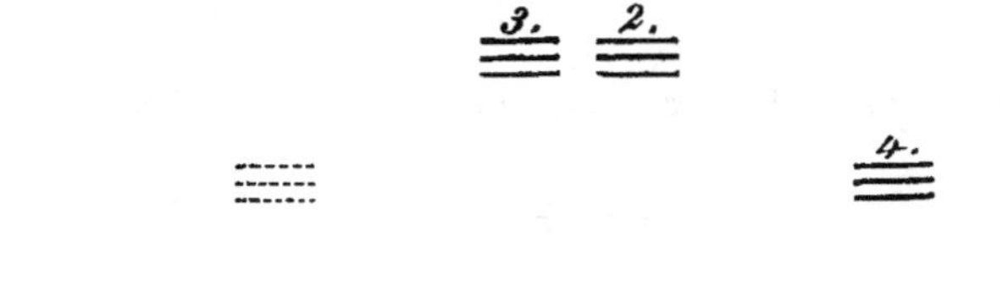

Echelonner les quatre compagnies sur quatre lignes formant un crochet offensif ou défensif relié aux troupes qui combattent en avant :

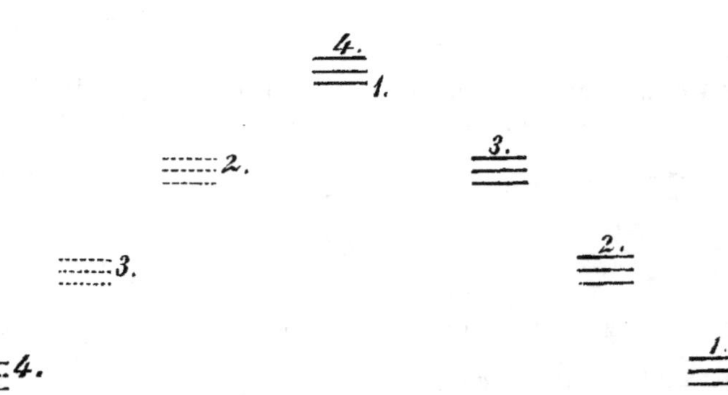

*Exemples de mouvements exécutés par le bataillon formé
en colonnes de compagnie :*

**1.** FORMER LA LIGNE DE COLONNE DE COMPAGNIE A 40 PAS
D'INTERVALLE SUR LA TROISIÈME COMPAGNIE :

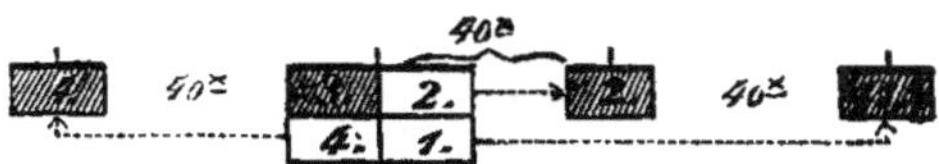

Le commandement désigne la compagnie de base. Les
première et deuxième compagnies après avoir fait à gauche
prennent le guide à droite.

Pour tous les mouvements ultérieurs dans cette formation
la compagnie de base est toujours indiquée.

**2.** SUR LES COMPAGNIES DES AILES FORMER LES DEMI-BATAILLONS :
(Lorsque les colonnes de compagnie sont disposées sur une ligne avec intervalles.)

**3.** A 80 PAS VERS LA DROITE AVEC LES COMPAGNIES DES AILES
FORMER UN DEMI-BATAILLON.

**4.** AVEC LES COMPAGNIES DES AILES A 80 PAS D'INTERVALLE
FORMER LA PREMIÈRE LIGNE :

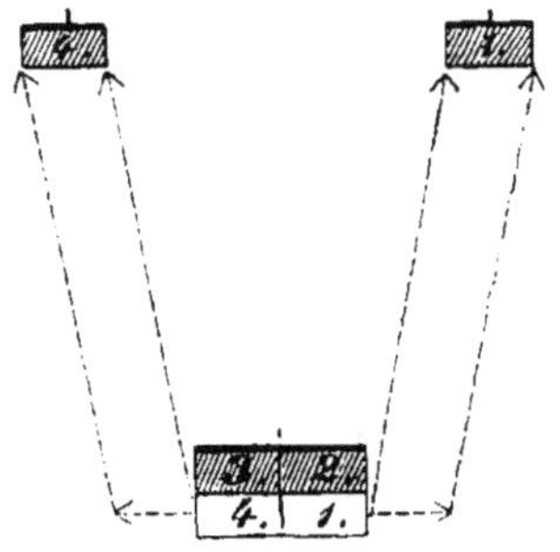

La distance entre les deux lignes est de 150 pas, s'il n'en est pas ordonnée une plus grande ou une plus petite.

5. SUR LA TROISIÈME COMPAGNIE A INTERVALLE DE 40 PAS ET A 50 PAS DE DISTANCE FORMER LES DEUX LIGNES DÉBORDANT A GAUCHE :

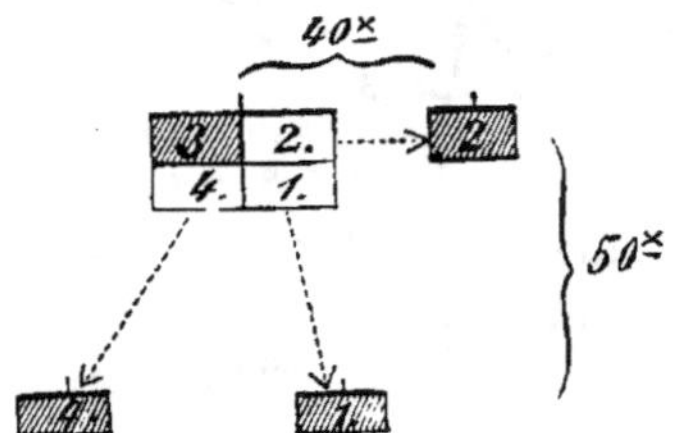


Lorsque ces mouvements et d'autres semblables font l'objet de répétitions fréquentes sur la place d'exercices, on évite d'allonger les commandements de la manière suivante :

1° En déterminant d'abord les distances et les intervalles ;

2° En faisant déborder la deuxième ligne de telle manière que la compagnie désignée par le commandement corresponde toujours à l'intervalle qui sépare les deux compagnies de l'autre ligne. Dans le commandement ci-dessus on pourrait donc omettre les mots : *débordant à gauche.*

6. SUR LA QUATRIÈME COMPAGNIE A INTERVALLE DE 40 PAS ET A 50 PAS DE DISTANCE FORMER LES DEUX LIGNES DÉBORDANT A DROITE :

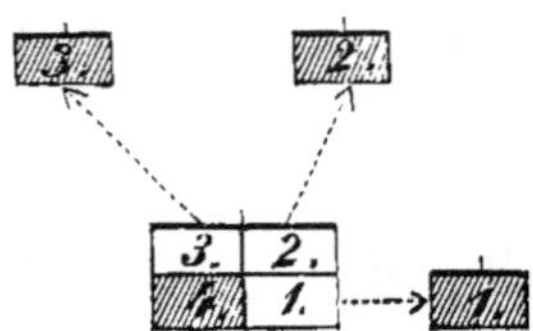


7. SUR LA DEUXIÈME COMPAGNIE ET SUR LA DROITE, A INTERVALLE DE 40 PAS ET A DISTANCE DE 50 PAS, FORMER LES DEUX LIGNES DÉBORDANT A DROITE :

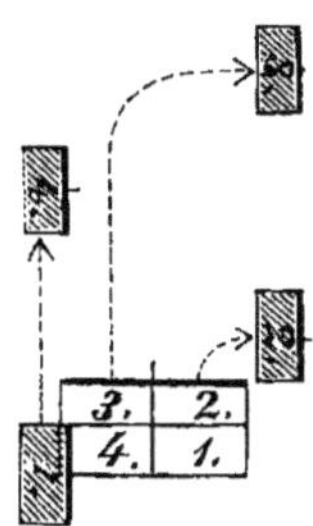

8. PREMIÈRE COMPAGNIE EN PREMIÈRE LIGNE ; QUATRIÈME EN RÉSERVE ;
COMPAGNIES DU CENTRE A 80 PAS D'INTERVALLE :

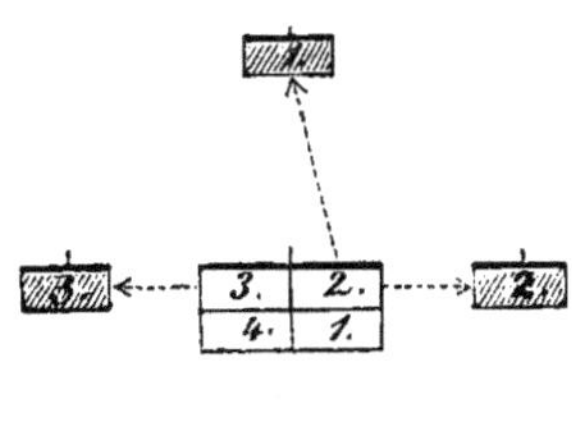

9. SUR LA QUATRIÈME COMPAGNIE PAR LA DROITE A 50 PAS
FORMER LES ÉCHELONS :

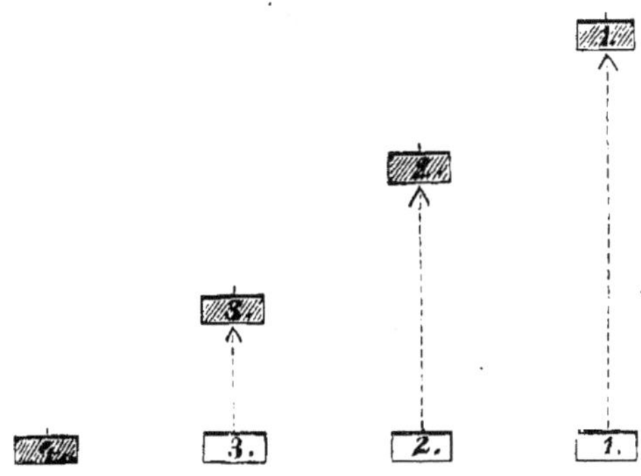

**10.** CHANGEMENT DE DIRECTION D'UNE LIGNE DE COLONNES DE COMPAGNIE AVEC INTERVALLES SUPÉRIEURS AUX INTERVALLES DE DÉPLOIEMENT :

*1/8 de conversion à droite — première compagnie de direction :*

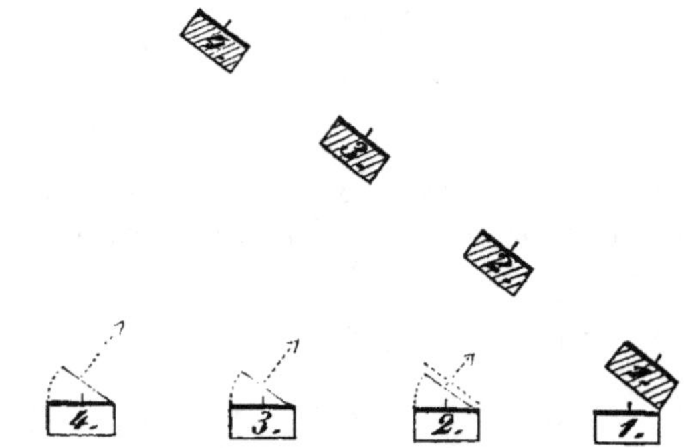

**11.** CHANGEMENT DE DIRECTION DES COLONNES DE COMPAGNIE FORMÉES SUR DEUX LIGNES :

*Sur la deuxième compagnie, 1/8 de conversion à droite :*

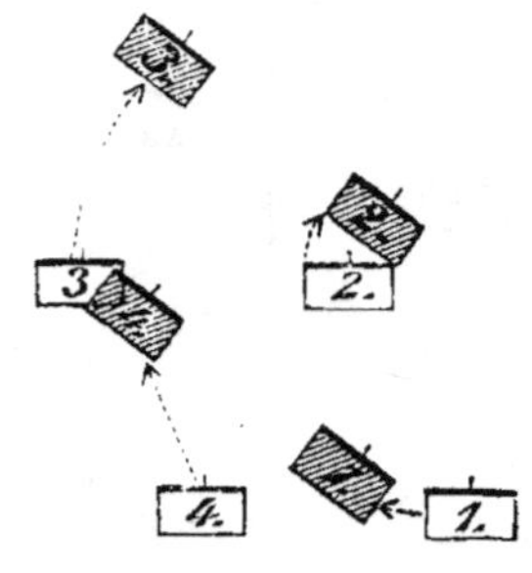

# III

## FORMATIONS, MANŒUVRES ET COMBAT DE LA BRIGADE.

---

### 1. FORMATION DE RASSEMBLEMENT DE LA BRIGADE.

**a) La brigade impaire dans la division :**

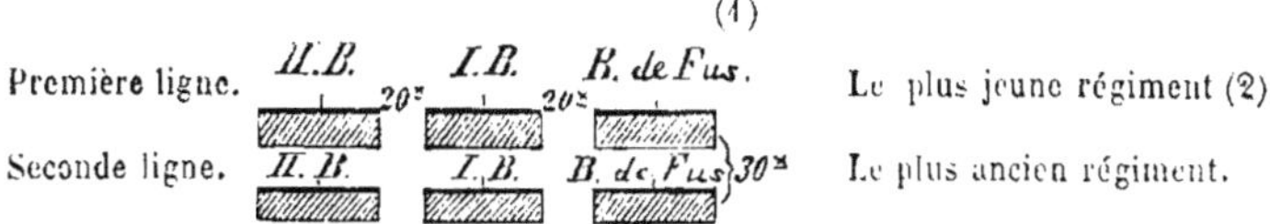


Les bataillons sont formés en colonne double avec quart de distance ou en colonne de pelotons serrée en masse.

**b) La brigade paire dans la division :**

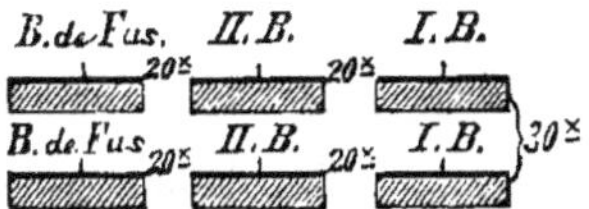


1ʳᵉ *Observation.* En règle générale lorsque la brigade se rassemble pour manœuvrer, les bataillons sont formés en colonne double à quart de distance ; lorsqu'elle se réunit pour l'exécution d'une marche, les bataillons sont formés en colonne par pelotons.

2ᵉ *Observation.* Lorsqu'une brigade se réunit pour manœuvrer isolément, elle forme, dès le principe, ses bataillons sur trois lignes de la manière suivante :

---

(1) Voir la préface, page 9.
(2) Le plus jeune de formation.

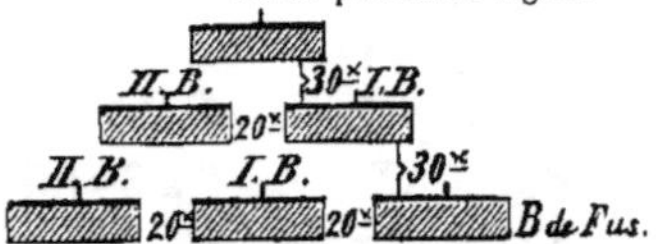

ou encore :

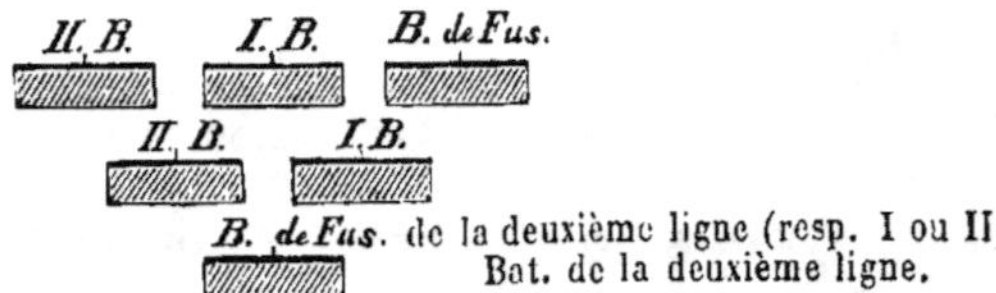

### 2. MOUVEMENTS EXÉCUTÉS PAR LA BRIGADE.

Déploiement de la brigade pour le combat.

*a.* De pied ferme.

Après avoir désigné un bataillon de base sur lequel le mouvement doit s'exécuter, le général de brigade commande :

*Auf ganze distance auseinander gezogen.*

(*A distance entière, déployez.*)

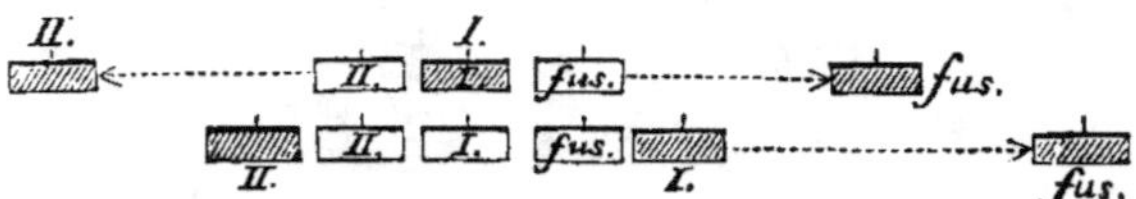


Dans la brigade paire, le bataillon de fusiliers de la 2ᵉ ligne déborde à gauche la première ligne.

En marchant en avant les deux lignes prennent leur distance de 150 pas. Les intervalles sont égaux aux intervalles de déploiement plus 20 pas.

*b.* En marchant en avant ou en retraite.

Le général, dans ce cas, désigne également un bataillon de direction sur lequel le mouvement s'exécute. Le bataillon désigné continue à marcher droit devant lui ; le général fait ensuite le commandement indiqué ci-dessus.

Dans tous les cas où une ligne compte un bataillon de

plus que l'autre, les drapeaux des bataillons de deuxième ligne se placent exactement derrière le milieu des intervalles de la première ligne.

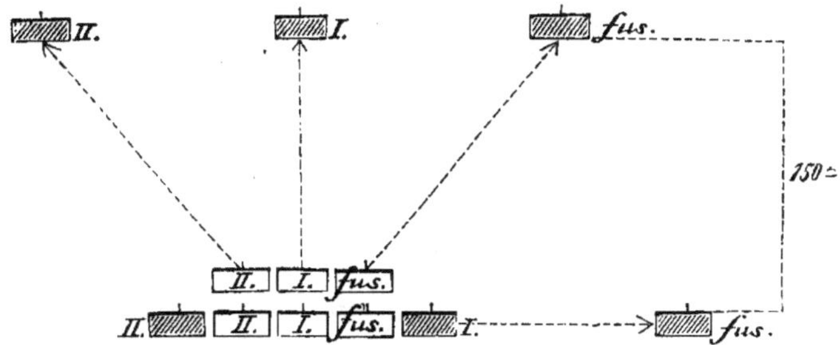

1^re *Observation.* La distance de 150 pas entre les deux lignes ne s'applique que sur la place d'exercice. La distance réelle doit comprendre 400 pas.

2^e *Observation.* En marchant en retraite, la brigade se déploie de la même manière.

3^e *Observation.* Lorsque les bataillons d'une brigade sont formés sur trois lignes, le mouvement s'exécute encore comme ci-dessus. La troisième ligne gagne alors ses intervalles de la même manière. Lorsque les circonstances l'exigent, le général peut d'abord déployer la première ligne ou bien la première et la deuxième à la fois ; le reste de la brigade suit le mouvement dans la formation de rassemblement, par exemple :

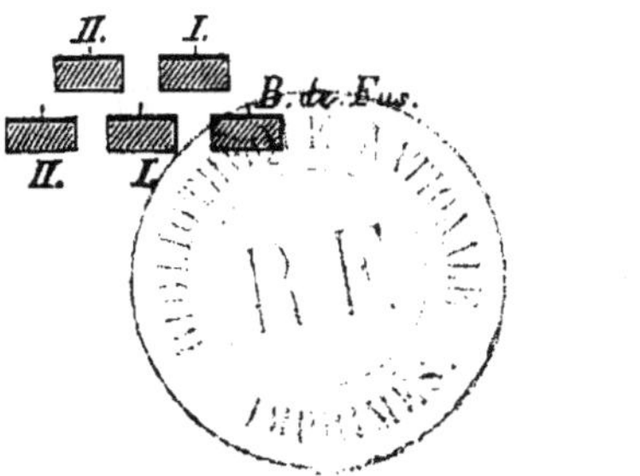

7

### 3. COMBAT DE LA BRIGADE.

#### a) Marcher en avant avec les colonnes d'attaque.

Les bataillons de la première ligne fournissent la chaîne de
tirailleurs ; celle-ci est suivie, en général, des compagnies
des ailes formant la ligne avancée (Vortreffen). Un bataillon de la première ligne est désigné par le général pour
servir de bataillon de direction à la brigade entière. Lorsque les tirailleurs ont gagné leur distance en avant de la
première ligne (400 pas en terrain varié), le chef de la brigade peut mettre en marche simultanément toutes les lignes
de la brigade.

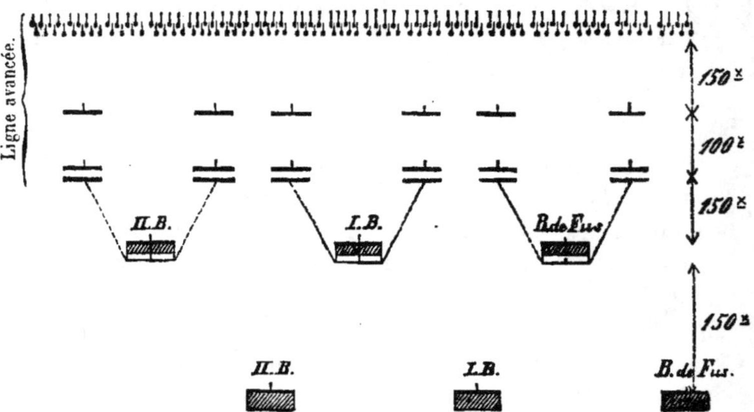


Lorsque la brigade a pris ainsi en marchant la formation
voulue, le général fait faire la sonnerie de *halte.*

Si le général de brigade veut décider l'affaire par une
charge à la baïonnette, il fait serrer en masse les colonnes
d'attaque désignées à cet effet. Arrivées à hauteur de la ligne
de tirailleurs, les colonnes croisent la baïonnette et prennent le pas gymnastique. Les tirailleurs démasquent le front
des têtes de colonnes, et s'attachent à leurs flancs pour remplir les intervalles et prolonger les ailes. L'assaut est exécuté

ensuite conformément aux principes prescrits §§ 35 et 84, pages 40 et 76.

La direction et les mouvements des autres lignes sont réglés spécialement par le commandant de la brigade. Ordinairement la deuxième suit la première à *distance entière de ligne.*

### b) Marche en avant de la brigade avec déploiement partiel.

Pendant la marche en avant, la brigade peut déployer la totalité ou une partie de ses bataillons.

Dans ce cas elle est généralement précédée soit de tirailleurs, soit d'une ligne avancée (Vortreffen).

Le général peut alors, si les troupes ne sont *pas encore* sous le feu de l'ennemi, faire sortir les bataillons désignés qui serrent ensuite en masse et se déploient en ligne.

Si la brigade est déjà aux prises avec l'ennemi, elle continue le mouvement en avant et les bataillons se déploient en ligne à droite et à gauche.

A l'approche de la brigade, si la chaîne est de pied ferme, les soutiens se portent à la place qui leur est prescrite dans la formation de combat du bataillon. A la sonnerie de *Ruf* (*rappel*) les tirailleurs prennent également leurs places.

Selon les circonstances, les bataillons peuvent aussi traverser la chaîne, qui à cet effet se couche à terre.

Lorsqu'une brigade est précédée d'une ligne avancée (Vortreffen), le commandant de la première ligne peut également déployer les 6 pelotons des demi bataillons restants de la ligne. Les compagnies du Vortreffen s'attachent alors en colonne aux ailes de la ligne et ne déploient que le nombre nécessaire de pelotons, dans le cas où les intervalles entre les bataillons voisins seraient devenus trop grands.

Le général fait ensuite commencer le feu aux commandements de *Halt, mit bataillonen chargirt (halte, bataillons chargez armes,)* ou *Zum chargiren halt (pour charger les armes, halte).*

Les bataillons exécutent le feu sans se régler les uns sur les autres.

Après un certain nombre de salves, le général peut faire exécuter les mouvements suivants :

1. (Après la sonnerie de *cessez le feu*). Porter en avant les pelotons de tirailleurs ou le *Vortreffen* de la première ligne. Les bataillons désarment et mettent l'arme sur l'épaule.

2. (Après la sonnerie de *cessez le feu*). Passer avec la première ligne directement à l'attaque à la baïonnette.

3. Former les bataillons de la deuxième ligne en colonnes d'attaque sous la protection des feux de la première ligne. Dès que les colonnes ont traversé les intervalles de la première ligne, elles croisent la baïonnette, prennent les tirailleurs dans les intervalles et exécutent l'attaque comme il est prescrit, pages 40 et 76.

# IV

## FORMATIONS, MANŒUVRES ET COMBAT DES CHASSEURS.

(Dans ce que ces formations, etc., diffèrent du règlement de l'infanterie).

### A. La compagnie.

**1.** FORMATION EN LIGNE SUR DEUX RANGS.

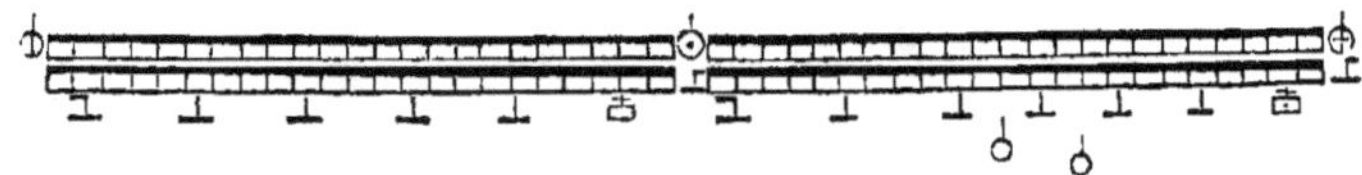

### Observations.

La compagnie est d'abord divisée en deux pelotons numérotés d'après la place qu'ils occupent dans le bataillon.

Les pelotons sont divisés en demi-pelotons quel que soit le nombre de leurs files, les demi-pelotons sont divisés en sections. Une compagnie qui possède 64 files et au-dessus est divisée en quatre pelotons et ceux-ci en sections.

**2.** FORMATION DE LA COLONNE DE COMPAGNIE.

Le chef de bataillon : *Compagnie colonne formir t.*

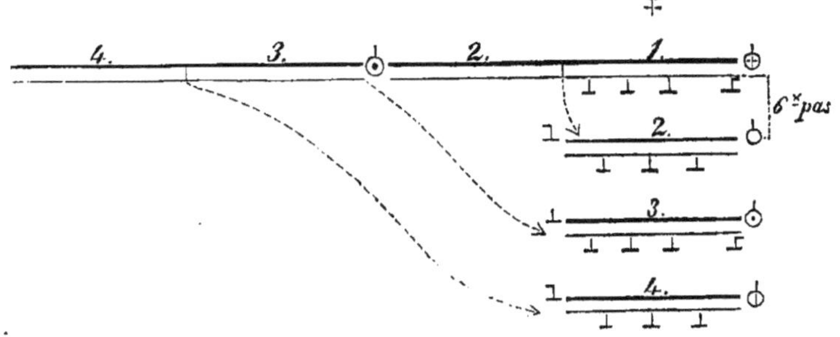

Les clairons sont répartis dans les demi-pelotons ; ils n'ont point de place fixe.

Si la compagnie est divisée en quatre pelotons, le mouvement s'exécute de la même manière par pelotons entiers.

### 3. PASSER DE LA COLONNE DE PELOTONS A LA COLONNE DE DEMI-PELOTONS.

*In halbzüge brecht ab (rompez les pelotons).*

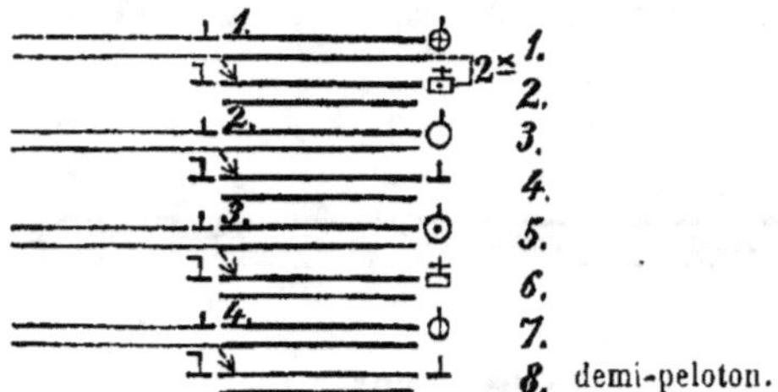

### 4. FORMATION DE LA LIGNE DE TIRAILLEURS.

Sonnerie : *Schwärmen* (le demi peloton de tête se déploie en entier).

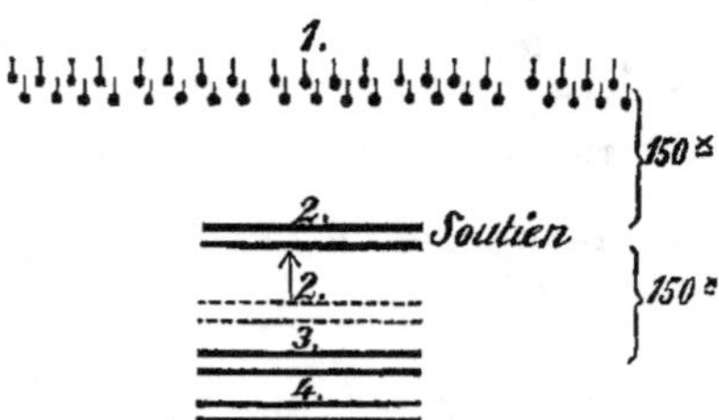

En règle générale on renforce la chaîne en la prolongeant. Lorsque le deuxième demi-peloton est également déployé en tirailleurs, le reste de la compagnie se porte à la place du soutien. Si l'on déploie successivement plusieurs demi-pelotons, il faut avoir soin d'en conserver au moins un en arrière en ordre serré.

### 5. FORMATION DU CARRÉ DE COMPAGNIE.

**a) La compagnie étant divisée en quatre demi-pelotons :**

Commandement : *Formirt das Karrée.*

Le deuxième demi-peloton serre à distance de rang sur le demi-peloton de tête ; le demi-peloton de queue fait demi-tour et le troisième converse par sections vers le flanc droit et vers le flanc gauche.

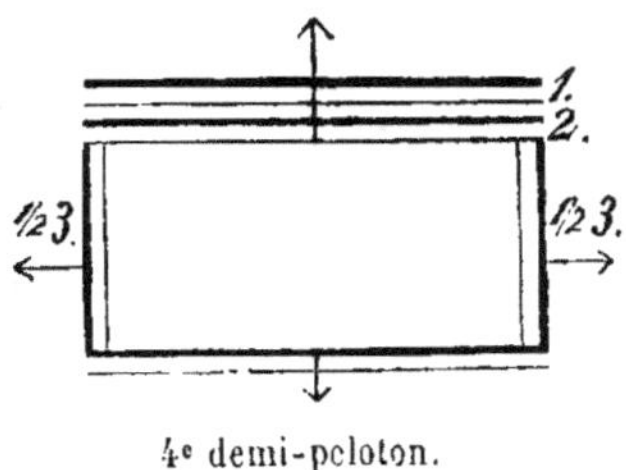

4ᵉ demi-peloton.

**b) La compagnie étant divisée en huit demi-pelotons.**

Le deuxième demi-peloton serre sur le demi-peloton de tête ; les demi-pelotons de queue serrent sur le quatrième et font comme lui face en arrière, le troisième exécute ce qui est prescrit en *a*.

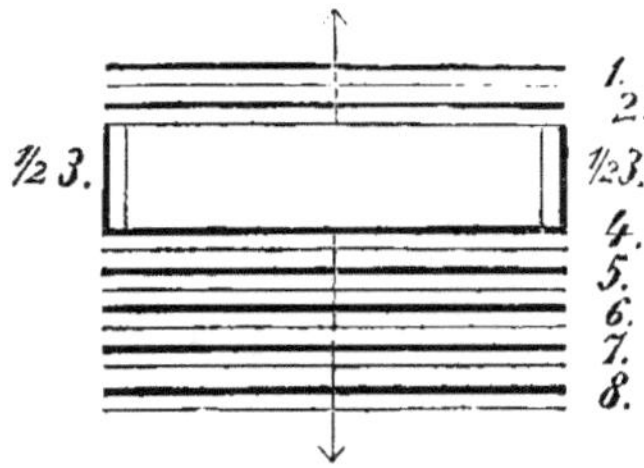

Si l'on n'a pas sous la main quatre demi-pelotons de la compagnie on forme des groupes pour résister à une attaque de cavalerie.

## B. Le bataillon.

La formation en ligne de colonnes de compagnie est la formation de combat du bataillon.

### 1. PASSER DE LA LIGNE DÉPLOYÉE A LA LIGNE DE COLONNES DE COMPAGNIE.

Le chef de bataillon : *Compagnie colonne formirt.*

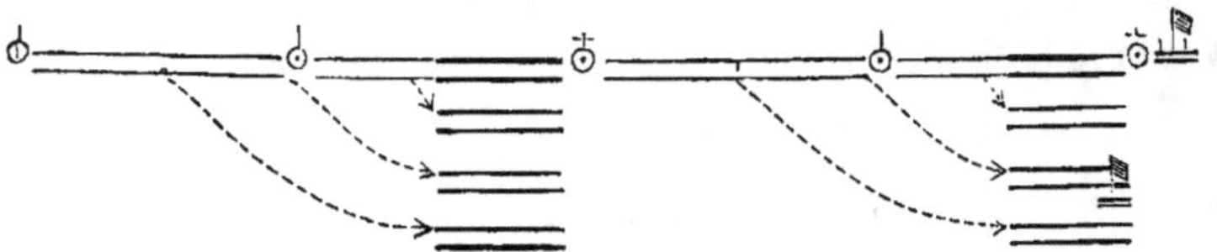

Lorsque les compagnies ont quatre pelotons, le chef de bataillon les fait rompre par le commandement de : *In halbzüge brecht ab (rompez les pelotons).*

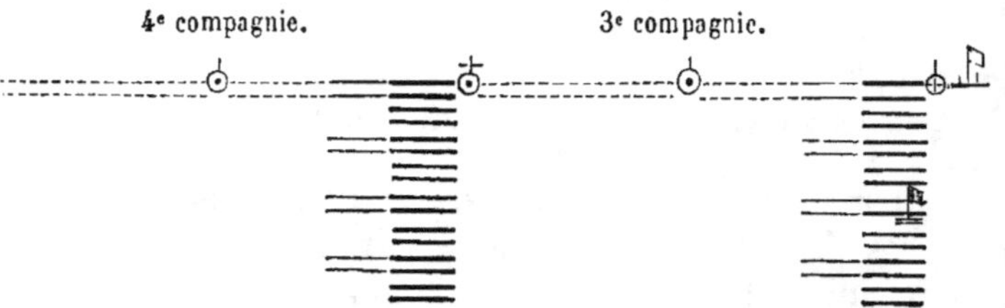


Le bataillon étant en ligne de colonnes de compagnie peut, ou faire appuyer les colonnes l'une contre l'autre en indiquant une compagnie de base, ou former la colonne double.

### a) Formation du bataillon les colonnes de compagnie ayant serré les intervalles.

**b) Formation du bataillon en colonne double.**

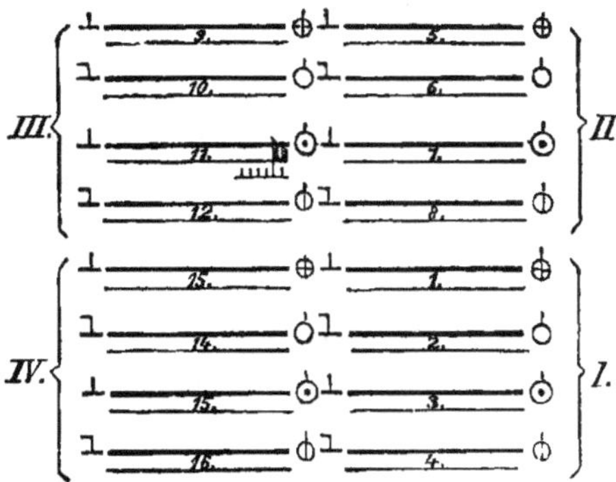

Lorsque les compagnies sont sur le pied de guerre et divisées en huit pelotons, la formation du bataillon en colonne s'effectue d'après les mêmes principes.

### 2. FORMATION DU CARRÉ.

**a) Le bataillon ayant ses colonnes de compagnie les intervalles serrés.**

(Chaque compagnie à quatre demi-pelotons).

Le chef de bataillon : *Aufgeschlossen marsch* ou *marsch, marsch* (*En masse serrez les colonnes, marche*, ou *pas gymnastique, marche*). Les demi-pelotons de queue de chaque compagnie serrent à double distance de rang sur leur demi-peloton de tête. Le chef de bataillon commande ensuite : *Formirt das Karrée.*

Les deuxième et quatrième demi-pelotons serrent à distance de rang sur les premier et troisième demi-pelotons de leur compagnie, lesquels ne bougent pas. Entre les deuxième et troisième demi-pelotons se produit une distance de cinq pas qui est fermée sur les flancs par six files de trois hommes chaque. Les chasseurs qui, indépendamment des chefs de demi-peloton et des sous-officiers sont nécessaires à cet effet, sont fournis par les flancs intérieurs des demi-pelotons placés au milieu du carré.

Les chefs des demi-pelotons se portent aux places indiquées sur la figure ci-dessous. Les troisième et quatrième
demi-pelotons font de suite face en arrière. Les deux files
des ailes des deux demi-pelotons intérieurs font à droite ou
à gauche.

Au commandement de : *Karrée fertig* (*carré, apprêtez
armes*), le premier rang croise la carabine, le deuxième
rang appuie d'un pas à droite et apprête les armes.

**b)** **Le bataillon ayant ses colonnes de compagnie à huit
demi-pelotons les intervalles serrés.**

Le mouvement s'exécute par les commandements et les
moyens indiqués en *a*. Les demi-pelotons, les chefs de demi-
pelotons et les sous-officiers se conforment à ce qui y est
prescrit.

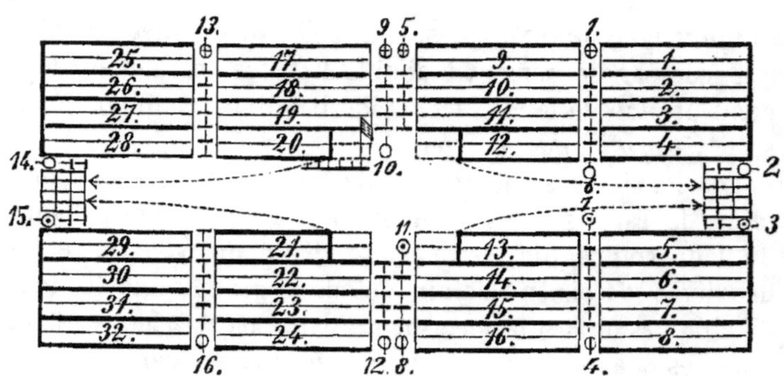

Les chiffres 1-32 indiquent les demi-pelotons du bataillon,
les chiffres 1 à 16 indiquent les chefs des pelotons entiers.

**c) Le bataillon étant en colonne double (chaque compagnie
à huit demi-pelotons).**

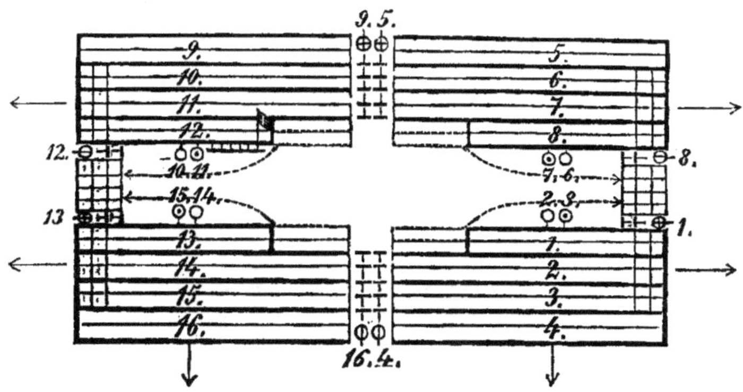

3. PASSER DE LA COLONNE DOUBLE PAR PELOTONS A LA COLONNE DOUBLE
PAR DEMI-PELOTONS (COLONNES DE COMPAGNIE).

Le chef de bataillon commande : *Compagnie colonnen
formirt.*

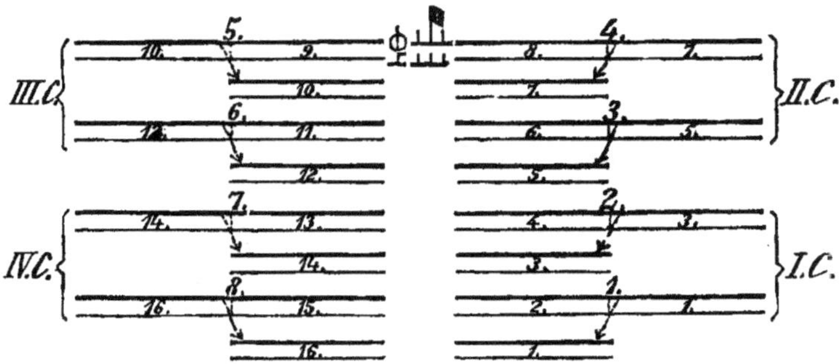

Lorsque les compagnies sortent de la colonne pour prendre la formation de combat, les compagnies à la droite du
drapeau profitent de la première occasion pour reprendre
l'ordre normal.

La colonne double n'étant pas la formation de combat
prescrite par le règlement pour les chasseurs, le mouvement
ci-dessus n'est exécuté que sur le terrain de manœuvres.

# V

# DES PARADES (REVUES).

## A. Formations de parade (revues).

### 1. FORMATION DE PARADE D'UN BATAILLON EN LIGNE DÉPLOYÉE.

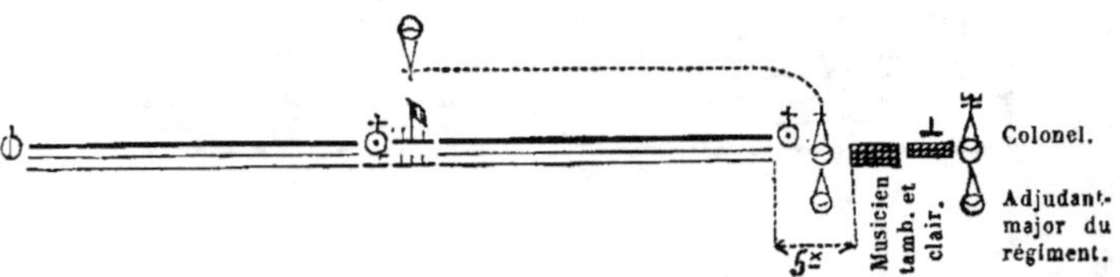


Lorsque le supérieur est près d'arriver à hauteur du bataillon, le chef de bataillon commande : *Achtung, präsentirst das Gewehr (garde à vous, présentez vos armes)*, et se porte rapidement entre les tambours et l'aile droite de son bataillon. Si le commandant du régiment se trouve présent, il se place à la droite des tambours et clairons. Si le supérieur qui passe la revue arrive par la gauche, le chef de bataillon et le colonel le reçoivent à la gauche de leur troupe.

Le commandant d'un bataillon formant corps se comporte comme un commandant de régiment. Dès que le supérieur est passé, le chef de bataillon se porte devant le front de son bataillon et commande :

*Achtung, Gewehr auf Schulter (garde à vous, l'arme sur l'épaule)*.

### 2. FORMATION DE PARADE EN COLONNE.

Lorsqu'un général inspecte des masses de troupes considérables, celles-ci peuvent être disposées en colonnes formées de compagnies en ligne déployée ou en colonnes par pelotons la droite en tête.

**a) Formation de parade d'un bataillon disposé en colonne par compagnie en ligne.**

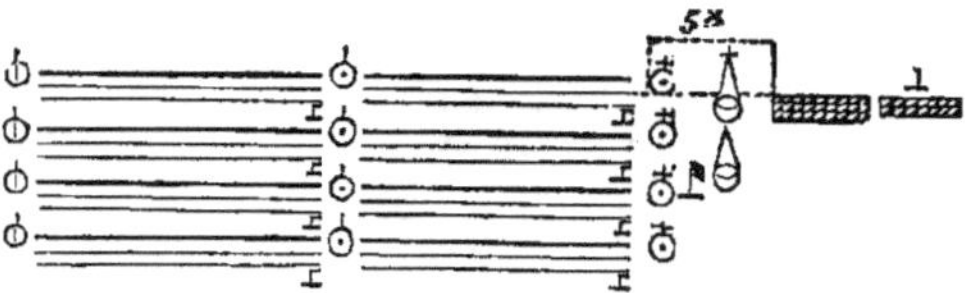

La distance entre les compagnies est la même que celle entre les pelotons dans la colonne par pelotons serrée en masse; le drapeau est placé à côté du chef du 5° peloton. Le guide de droite de chaque peloton se place derrière la file de droite de son peloton.

**b) Formation pour la revue d'un bataillon en colonne par pelotons.**

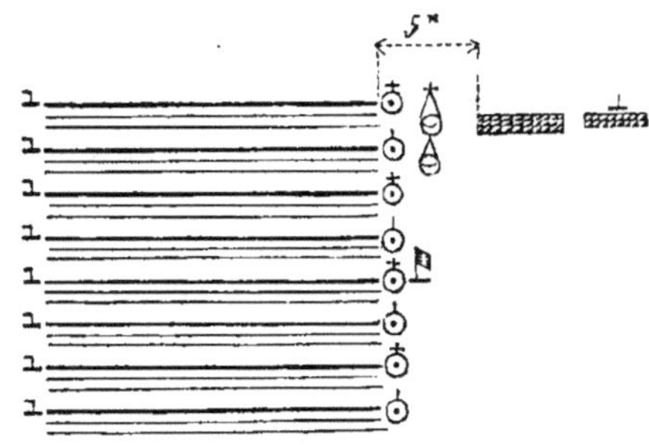

## B. Le défilé.

### 1. PAR PELOTONS.

**a) En partant de la colonne par pelotons, mouvement successif.**

Commandement : *Paradenmarsch zugweise angetretten (pour défiler en avant).*

Les musiciens se portent, en obliquant, à vingt-cinq pas en avant du premier peloton. Ils sont précédés immédiatement des tambours et des clairons.

Le chef du premier peloton se porte à deux pas devant le centre de son peloton et commande : *Erster zug, marsch (premier peloton, marche).*

Les pelotons suivants se mettent en marche au commandement de leur chef, dès qu'ils ont leur distance de peloton.

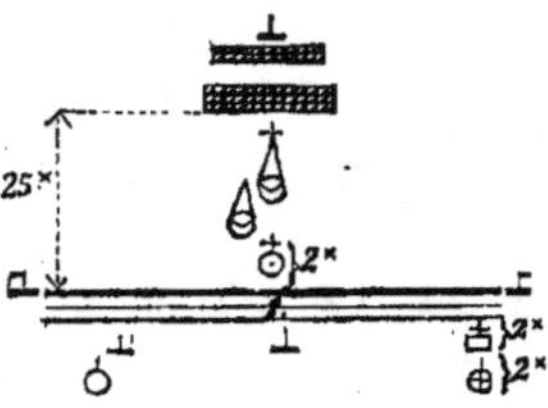

Lorsque les tambours et la musique sont près d'arriver à hauteur de la personne devant laquelle on défile; ils font à gauche, conversent ensuite par file à gauche et font front face à la personne à laquelle on rend les honneurs. Le chef de bataillon sort de la colonne par le flanc droit, l'adjudant par le flanc gauche; ils se portent le premier à la gauche et en arrière de la personne devant laquelle on défile, et le deuxième à la droite des tambours et clairons.

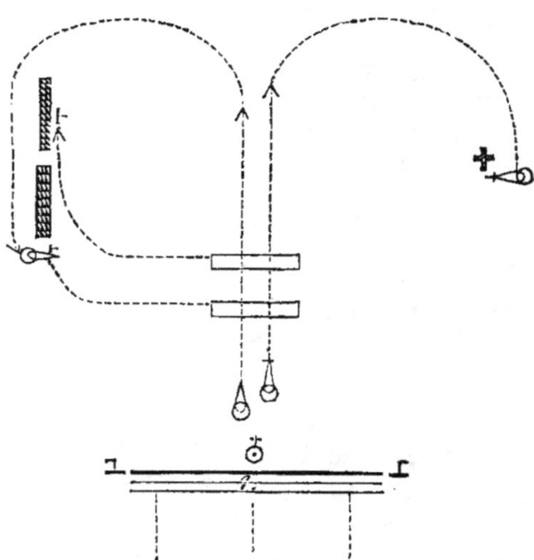

Dans les défilés de troupes plus considérables, les colonels et les généraux marchent devant la musique à la distance de dix pas les uns derrière les autres. Chacun est suivi de son adjudant.

Dans ce cas, les généraux et les colonels seuls déboitent pour se placer face au flanc droit de la colonne. Les guides de droite ainsi que les files de droite de chaque peloton regardent droit devant eux. Arrivées à quelques pas de la personne à laquelle on rend les honneurs, les troupes tournent la tête de son côté et la fixent, la tête haute, jusqu'à ce qu'elles l'aient dépassée.

### b) En partant de la ligne déployée.

En règle générale, le premier peloton se met en marche droit en avant, suivi successivement par les autres pelotons.

Le chef de bataillon :

*Paradenmarsch erster zug gerade aus (pour défiler, premier peloton en avant).*

Les tambours et la musique se portent devant le premier peloton, comme il est indiqué en *a*. Le chef de ce peloton se porte à deux pas devant le centre de son peloton.

Le chef de bataillon : *Mit zügen rechts schwenkt marsh, halt (par peloton à droite, marche, halte).*

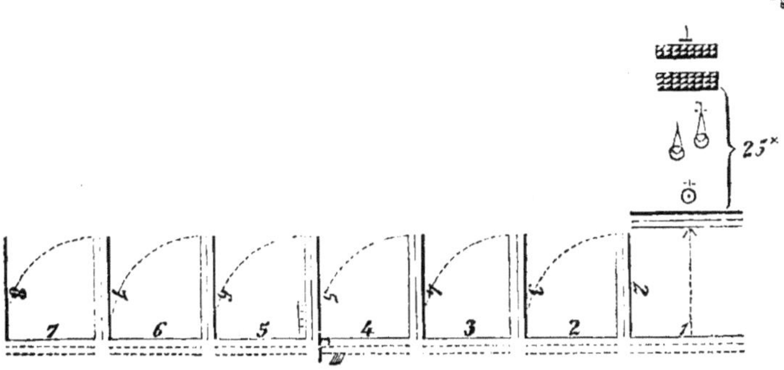

puis : *Bataillon, marsch.*

Le deuxième peloton change de direction de suite au commandement de son chef. Le mouvement s'exécute ensuite comme il est prescrit en *a*.

## 2. EN COLONNE PAR PELOTONS SERRÉE EN MASSE.

La colonne défile dans sa formation habituelle. Les tambours et clairons, formés sur deux rangs, marchent en tête. Si plusieurs bataillons du régiment défilent en même temps, ils sont formés sur trois rangs. Si les trois bataillons sont présents, les tambours et clairons du premier bataillon forment le premier rang, ceux du deuxième le deuxième rang et ceux du troisième le troisième rang.

Le drapeau marche à côté du chef du cinquième peloton. La distance entre les bataillons est de quarante pas.

## 3. PAR COMPAGNIES EN LIGNE.

Les compagnies se suivent à distance de peloton. Leur formation est la suivante :

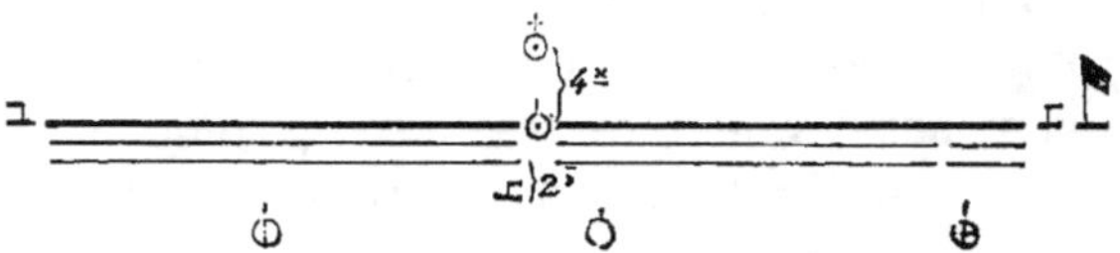

## 4. EN COLONNES DE RÉGIMENT.

Lorsqu'une brigade défile en colonnes de régiment, les tambours, les clairons et les musiciens se réunissent en tête du premier régiment de la brigade. La musique fait par le flanc gauche, converse par file à droite et s'aligne sur le flanc gauche du régiment, sa dernière file à hauteur du premier rang des tambours et clairons.

Les trois bataillons du régiment formés en colonne par pelotons la droite en tête défilent sur une même ligne, côte à côte sans intervalles. Les flancs gauches des pelotons (au moins ceux des trois pelotons de tête) sont encadrés par des officiers. Les drapeaux marchent à 8 pas devant le centre du deuxième bataillon ; ils sont encadrés par deux officiers placés l'un à droite et l'autre à gauche.

La figure ci-dessous indique la place des officiers généraux
et supérieurs et de leurs adjudants :

DÉFILÉ D'UNE BRIGADE D'INFANTERIE EN COLONNES DE RÉGIMENTS.

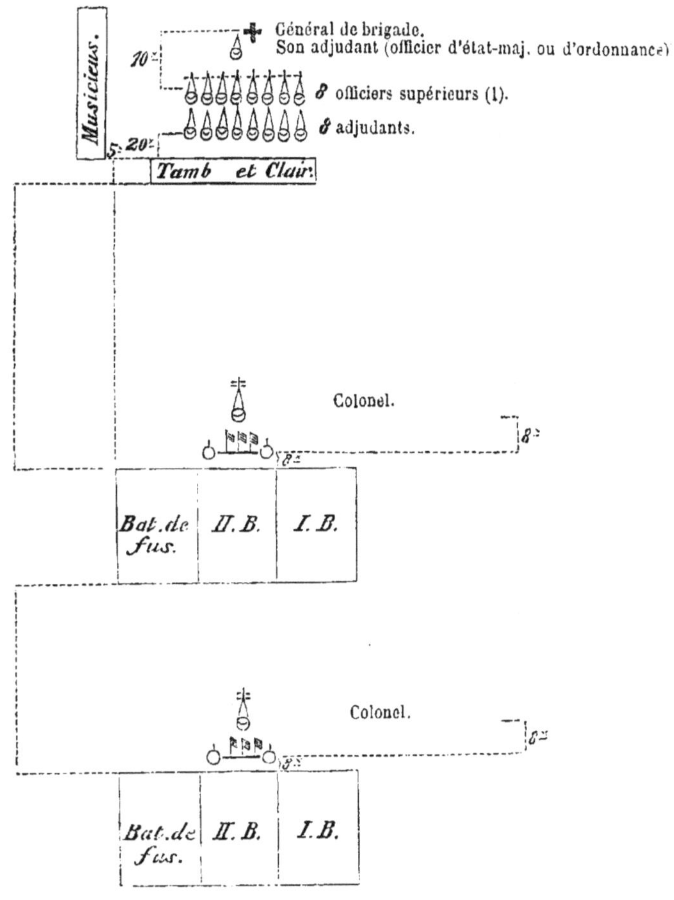


---

(1) Un régiment d'infanterie allemand compte : 1 officier supérieur
commandant le régiment (colonel ou lieutenant-colonel) ; 3 officiers
supérieurs (majors, commandant chacun un bataillon. 1 cinquième

DÉFILÉ D'UNE DIVISION D'INFANTERIE.

Chaque brigade prend la formation indiquée dans la figure ci-dessus. Le général de division, suivi de son état-major, marche à la distance de 10 pas devant le commandant de la première brigade.

---

## VI. Chercher et reconduire le drapeau.

Une compagnie entière est commandée à cet effet. Les quatre lieutenants sont présents. Les tambours et clairons du bataillon, ainsi que la musique, se joignent à cette compagnie. Un officier supérieur l'accompagne (cet officier, toutefois, ne commande point la compagnie).

Arrivée devant la maison dans laquelle se trouve le drapeau, la compagnie, après avoir porté les armes, se forme en ligne, vis-à-vis la porte d'entrée.

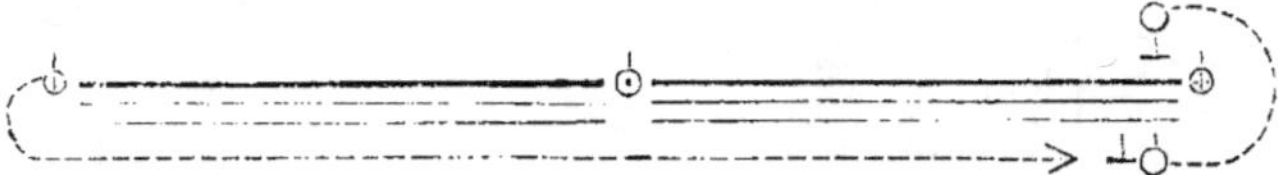

Au commandement de : *Fahnen unter offizier, marsch* (*Sous-officier porte-drapeau, marche*), l'officier le moins ancien de la compagnie et un sous-officier se portent devant l'aile droite de la compagnie. L'officier commande : *Marche*, et entre dans la maison dans laquelle attend le porte-drapeau.

---

officier supérieur (major). Les majors nouvellement nommés sont appelés cinquièmes. Ils commandent un bataillon quand un des autres chefs de bataillon quitte le régiment. Ordinairement le cinquième officier supérieur appelé aussi *Etats mässiger Stabsoffizier* (officier supérieur effectif) est chargé par le colonel de la surveillance administrative du régiment. Chaque régiment comprend en outre 1 second lieutenant adjudant du régiment et 3 seconds-lieutenants adjudants (1 par bataillon). Pour la compagnie, voir page 12.

Pendant ce temps, le troisième lieutenant se place derrière l'aile droite de la compagnie. Au commandement de *Achtung* (*garde à vous*), du chef de compagnie, il se porte devant le front, en avant de la section de droite.

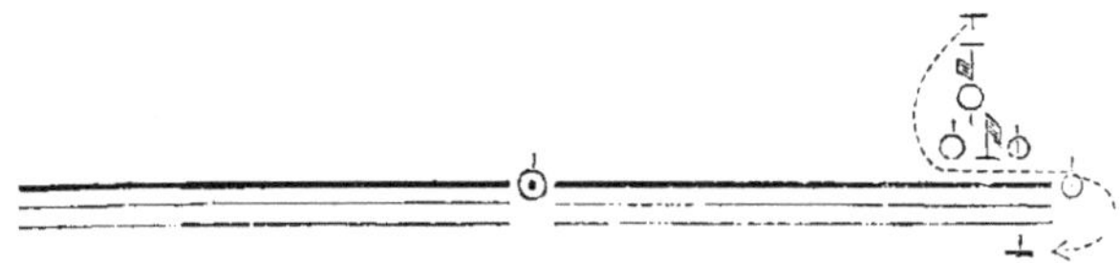

Lorsque le drapeau sort de la maison, le capitaine commande : *Achtung, präsentirt das Gewehr* (*garde à vous, présentez les armes*). Le quatrième lieutenant précède le porte-drapeau, suivi lui-même du sous-officier.

Le drapeau se porte à la gauche du troisième lieutenant, placé devant la section de droite ; le quatrième lieutenant se place à la gauche du drapeau. Le sous-officier reprend sa place en serre-file en passant derrière ces officiers.

Le capitaine commande ensuite : *Achtung, Gewehr auf Schulter* (*garde à vous, l'arme sur l'épaule*), fait rompre par section et met la colonne en marche.

La compagnie marche dans le même ordre pour reconduire le drapeau. Arrivée devant le logement du colonel, elle se forme en ligne.

Le capitaine commande : *Achtung, präsentirt das Gewehr* (*garde à vous, présentez les armes*).

Au commandement de *Achtung*, le quatrième lieutenant se place devant le drapeau ; le troisième lieutenant reprend sa place à la gauche de la compagnie, en passant derrière le troisième rang. Le sous-officier désigné pour accompagner le drapeau se porte de nouveau devant le front de la compagnie.

Immédiatement après le commandement du capitaine, le quatrième lieutenant commande : *Marche* et conduit le drapeau à l'entrée du logement. Arrivés à la porte, l'officier et le sous-officier s'arrêtent, laissent passer le drapeau et se portent ensuite à leur place de bataille, en passant par l'aile droite de la compagnie.

Le capitaine commande ensuite : *Achtung, Gewehr auf Schulter (garde à vous, l'arme sur l'épaule)*. La compagnie se met en marche sans attendre le porte-drapeau.

# CAVALERIE.

## I

### L'ESCADRON A PIED.

Les manœuvres de l'escadron à pied ne comportent que
les mouvements nécessaires pour mettre un escadron à
même de faire face aux revues à pied et au service de garni-
son.

### A. Formation et division de l'escadron.

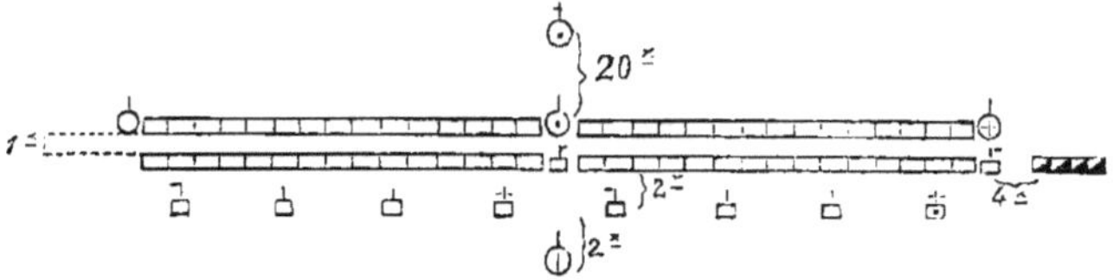

L'escadron, formé sur deux rangs, est divisé en deux pelotons, et chaque peloton en sections de trois files (*Ab
marche*). S'il reste deux files, la première section se compose
de deux files et d'un sous-officier; s'il n'en reste qu'une, la
dernière section compte quatre files.

Lorsque deux officiers sont en serre-file, le plus ancien
est placé derrière le centre du premier peloton, l'autre
derrière le centre du deuxième peloton.

SIGNES POUR FIGURER LES GRADÉS DANS LA FORMATION DE L'ESCADRON A PIED.

⚲ Capitai e (1).

⚲ Premier lieutenant.

⊕ Plus ancien second lieutenant.

⚲ Deuxième            —

⚲ Plus jeune            —

⚲ Maréchal des logis chef.

⚲ Enseigne ou vice-maréchal des logis chef.

⚲ Guide de droite.

⚲ Guide de gauche.

⚲ Sous-officier en serre-file.

▱ Trompettes.

## B. Manœuvres.

### 1. MARCHE DIRECTE EN BATAILLE.

Le capitaine : *Escadron vorwärts, marsch* (2) (*escadron en avant, marche*).

### 2. MARCHE EN RETRAITE.

Le capitaine : *Escadron kehrt, escadron vorwärts, marsch* (*escadron demi-tour, escadron en avant, marche*).

Les officiers et les sous-officiers restent aux places qui leur sont assignées pour la marche en avant.

### 3. APPUYER A DROITE (GAUCHE).

Le capitaine : *Escadron rechts (links) schliesst euch, marsch, und halt (Escadron à droite [à gauche] appuyez, marche et halte*).

Au commandement d'avertissement, les chefs de peloton se portent devant l'homme de droite de leur peloton ; l'officier de l'aile gauche se place devant l'homme de gauche du premier rang de l'escadron.

---

(1) Le capitaine de cavalerie porte encore les noms de *escadrons-chef* et de *rittmeister*, ce qui veut dire chef de l'escadron et capitaine de troupes à cheval.

(2) Les commandements sont traduits littéralement autant que possible.

Dans le cas où l'escadron n'appuie pas sur une subdivision voisine, le point d'appui est indiqué par un sous-officier des serre-files placé sur l'alignement des chefs de peloton.

Au commandement de : *Eingetreten (rentrez)*, les chefs de peloton, l'officier de l'aile gauche et le sous-officier placé au point d'appui reprennent leur place de bataille.

### 4. MARCHER OBLIQUEMENT.

Le capitaine : *Escadron halbrechts (halblinks), marsch (escadron, oblique à droite [gauche], en avant, marche).*

L'escadron se porte obliquement en avant, sous un angle de 45°.

### 5. MARCHER PAR LE FLANC.

Le capitaine : *Rechts (links), um, vorwärts, marsch (par le flanc droit [gauche], en avant, marche).*

Les deux rangs partent en même temps ; les files prennent peu à peu la distance de un pas.

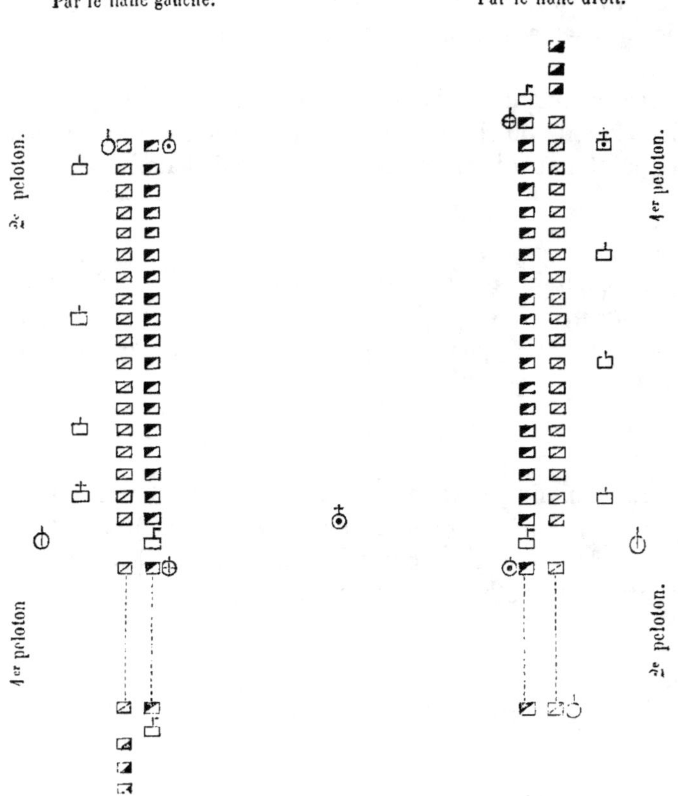


Les officiers et les sous-officiers en serre-files marchent à hauteur de leur place de bataille.

Le changement de direction de la colonne marchant par le flanc et de la colonne par trois se fait au commandement de *Tête rechts (links) schwenkt, marsch, gerade aus* (*tête de colonne, tournez à droite* [*gauche*], *marche, en avant*). La file de tête change de direction de suite ; toutes les autres files viennent successivement converser à la même place que la première.

### 6. REFORMER L'ESCADRON EN LIGNE.

#### a) Par les mouvements de flanc.

Le capitaine : *H-a-l-t* (*h-a-l-te*).

Les files serrent à leur distance sur la file de tête, qui s'est arrêtée. Le capitaine commande ensuite : *Front*.

#### b) En se formant en avant en bataille.

Le capitaine : *Escadron links* (*rechts*) *marschirt auf, marsch;* et, si l'escadron est en marche : *Tete halt* (*escadron, vers la gauche* [*droite*] *en avant en bataille. — Tête halte*). Si l'on veut reformer la colonne par pelotons, le capitaine commande : *Escadron in Züge links* (*rechts*) *marschirt auf, marsch, têten halt* (*escadron, vers la gauche* [*droite*], *formez les pelotons, marche*) et, lorsque les pelotons sont formés *têtes de colonne, halte* et de suite *serrez*. Le chef du 2e peloton commande : *En avant, marche, et halte,* lorsqu'il est arrivé à sa distance du peloton de tête.

### 7. CONVERSION DE PIED FERME.

#### a) Rompre par pelotons à droite et reformer la ligne.

Le capitaine : *Escadron mit Zügen rechts* (*links*) *schwenkt, marsch, halt* ou, selon le cas, *gerade aus* (*par pelotons à droite* [*gauche*], *marche, halte* ou *en avant*).

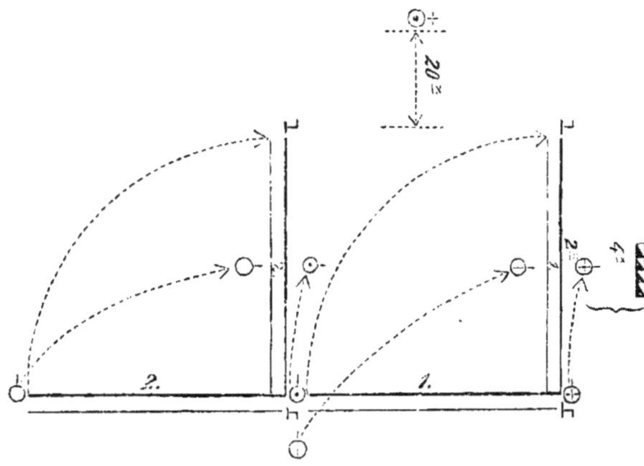

#### b) **Rompre par trois par les conversions.**

Le capitaine : *Escadron zu dreien rechts (links) schwenkt, marsch, halt* ou *gerade aus* (*escadron, à droite par trois, marche, halte* ou *en avant*).

Après la conversion, si l'on se porte en avant, les rangs de trois se mettent en marche successivement, comme dans la marche de flanc.

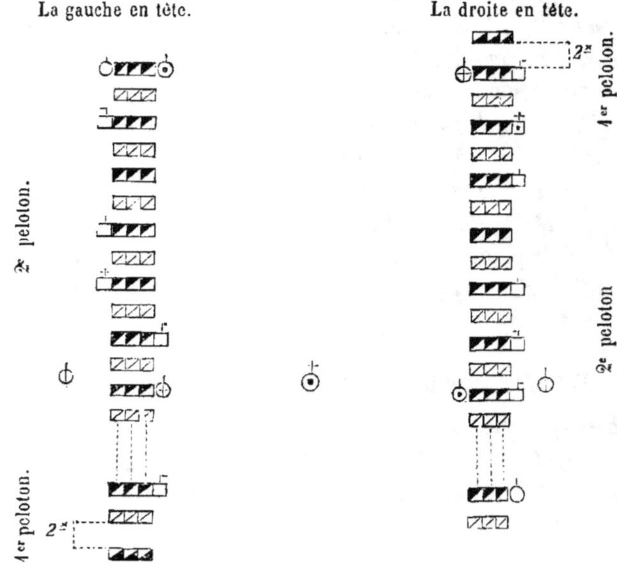


8. CONVERSIONS EN MARCHANT.

#### a) **En colonne par pelotons à distance entière.**

Le capitaine : *Tete rechts (links) schwenken* (*tête de colonne à droite [à gauche], conversion*).

Le premier chef de peloton : *Rechts (links) schwenkt, marsch, gerade aus* (*tournez à droite [à gauche], marche, en avant*).

Le deuxième chef de peloton : *Schwenkt, marsch, gerade aus* (*tournez, marche, en avant*).

**b) Passer de la colonne par trois à la formation en ligne au moyen d'une conversion à gauche ou à droite.**

Commandement : *Escadron zu dreien links (rechts schwenkt, marsch und halt (escadron, à gauche [droite], par trois, marche et halte).*

Si l'escadron est en marche, le commandement ci-dessus est précédé de celui de : *H-a-l-t-e.* A ce commandement, on serre les distances.

**9. PASSER DE LA COLONNE PAR PELOTONS OU DE LA COLONNE PAR TROIS A LA FORMATION EN LIGNE.**

**a) L'escadron étant en colonne par pelotons.**

Le capitaine : *Escadron links (rechts) marchirt auf, marsch (escadron, vers la gauche [la droite], en avant en bataille, marche).*

Le chef du peloton de tête commande : *Gerade aus (droit devant vous)* et, lorsque le peloton a gagné en avant un espace égal à son front, son chef l'arrête par le commandement de *Halte.* Si l'escadron se forme vers la droite en ligne, il commande, en outre : *Augen links (Les yeux à gauche).*

Le chef du peloton de queue commande : *Halb links (halb rechts), marsch, gerade aus* et éventuellement *Augen links (oblique à gauche [à droite], marche, en avant* et éventuellement *les yeux à gauche).* Le peloton de queue étant arrivé à hauteur du second rang du peloton déjà arrêté, son chef commande : *halt, richt euch (halte, à droite [à gauche] alignement).* Le peloton s'arrête et s'aligne.

Si l'escadron s'est formé vers la droite en ligne, le capitaine commande, le mouvement terminé : *Augen rechts (les yeux à droite)* (1).

---

(1) Ce qui équivaut à notre commandement *fixe*, mais en remarquant que le commandement indique de plus le côté vers lequel doivent être repris le guide, le tact des coudes et l'alignement. *Augen links* pour l'exécution du mouvement, puis *Augen rechts* par opposition à *links*.

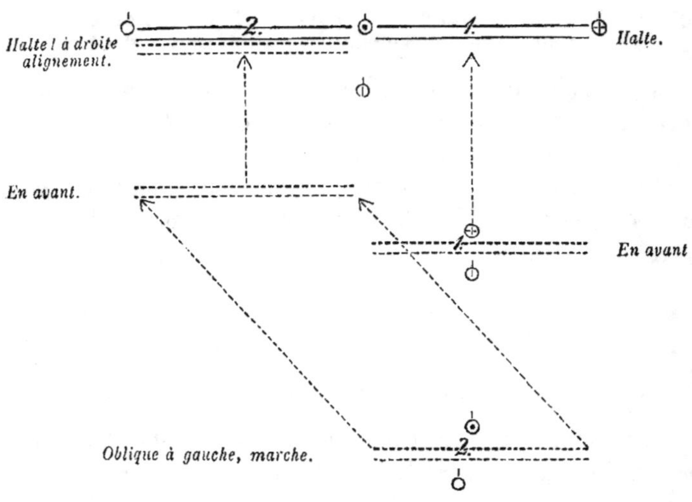


## b) L'escadron étant en colonne par trois.

Le capitaine : *Escadron links (rechts) marchirt auf, marsch*, et si la colonne est en marche : *Tete halt*, (escadron vers la gauche [la droite] en avant en bataille, marche, et, si la colonne est en marche, tête de colonne, halte). Si l'escadron est de pied ferme, la section de tête (rangs de trois files) gagne en avant un espace égal à son front et s'arrête. Les autres sections de trois files font demi-à-gauche (demi-à-droite) sans commandement, se portent en ligne et s'alignent du côté de la section déjà établie.

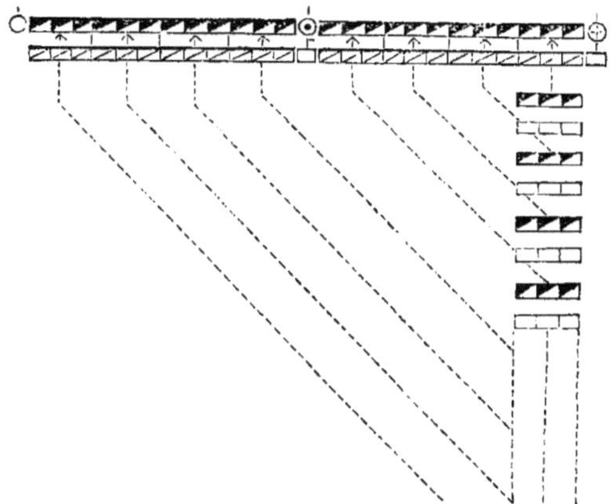

### c) Étant en colonne par trois, former l'escadron par pelotons en ligne.

Le capitaine : *In Züge links (rechts) marchirt auf, marsch,* et si l'escadron est en marche *Teten halt (escadron vers la gauche [la droite] formez les pelotons, marche,* et si l'escadron est en marche *têtes de pelotons, halte).*

Si l'escadron est de pied ferme, la section de tête de chaque peloton gagne en avant un espace égal à son front et s'arrête. Le mouvement s'achève dans chaque peloton comme il est dit en *b* pour l'escadron.

### 10. FORMATION DE LA COLONNE PAR PELOTONS SERRÉE EN MASSE.

#### a) Passer de la formation en ligne à la formation en colonne serrée.

Le capitaine : *Escadron rechts in colonne in Zügen rechts um, vorwärts, marsch (escadron, sur le peloton de droite en colonne par pelotons, par le flanc droit, en avant, marche).*

Le peloton de tête ne bouge pas ; le deuxième fait par le flanc et se met en marche au commandement de *Marche.* Le chef de peloton conduit son peloton et lorsque sa file de droite est arrivée derrière la file de droite du peloton de tête, il commande : *H-a-l-te, front.*

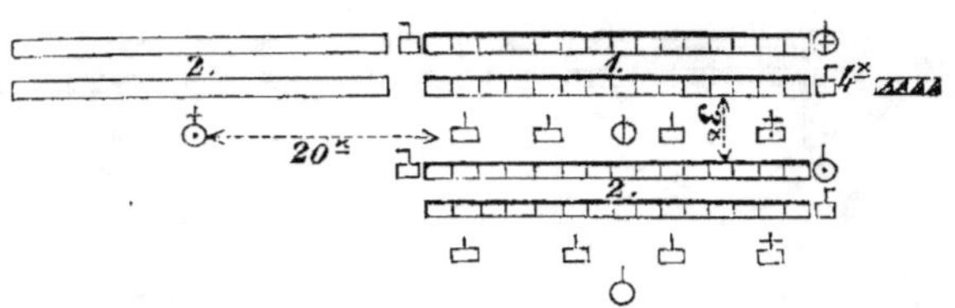

### b) **Passer de la colonne à distance entière à la colonne serrée en masse.**

##### LA COLONNE ÉTANT DE PIED FERME.

Le capitaine : *Aufgeschlossen (serrez)*.

Le peloton de tête ne bouge pas, celui du deuxième commande : *Vorwärts, marsch (en avant, marche)*, et lorsque son peloton est arrivé à 3 pas de celui de tête, il commande: *Halt (halte)*.

##### LA COLONNE ÉTANT EN MARCHE.

Le capitaine : *Aufgeschlossen (serrez)*.

Le chef du peloton de tête : *Halte*.

Le chef du deuxième peloton : *Halte*, lorsqu'il est arrivé à trois pas du premier.

##### 11. PASSER DE LA COLONNE SERRÉE A LA COLONNE A DISTANCE ENTIÈRE.

Le capitaine : *Distancen genommen (prenez les distances)*.

Le chef du peloton de tête : *Vorwärts marsch (en avant marche)*.

Le chef du peloton de queue: *Vorwärts marsch (en avant, marche)*, lorsqu'il a sa distance.

##### 12. CHANGEMENTS DE DIRECTION DE LA COLONNE PAR PELOTON SERRÉE EN MASSE.

Le capitaine : *Escadron in Colonne rechts (links) schwenkt, marsch (escadron en colonne tournez à droite [à gauche], marche)*.

Le peloton de tête converse comme s'il était isolé. Le deuxième peloton appuie à gauche (à droite), pendant le mouvement, jusqu'à ce que son guide couvre celui de la section de tête.

Lorsque le peloton de tête a achevé son changement de direction, le capitaine commande : *Gerade aus (en avant)*. Le peloton suivant ne se porte en avant que lorsqu'il est arrivé dans la nouvelle direction.

### 13. CHERCHER ET RECONDUIRE L'ÉTENDARD (A PIED).

L'escadron est au complet.

Il se met en bataille devant le logement du commandant du régiment.

Au commandement de : *Standarten, Unteroffizier, marsch (sous-officier, porte-étendard, marche)*, l'officier le moins ancien de l'escadron se porte devant le sous-officier porte-étendard, placé lui-même devant un autre sous-officier et entre dans la maison. On présente les armes quand le drapeau sort de la maison.

 ⊤ sous-officier.

 ⍦ étendard.

 ♀ officier.

Le porte-étendard se porte devant l'aile droite de l'escadron, le plus jeune officier se place à sa gauche, et le deuxième moins ancien à sa droite. Le sous-officier se porte à sa place en serre-file en passant par la droite de l'escadron. Le départ a lieu dans l'ordre suivant :

On reporte l'étendard de la même manière.

On se forme en bataille et on présente les armes.

Pendant qu'on est dans la position de présenter les armes

l'officier le moins ancien se porte devant l'étendard et commande : *Vorwärts, marsch (en avant, marche)*, un sous-officier se porte derrière l'étendard. L'officier deuxième moins ancien reprend sa place. L'escadron se met en marche sans attendre le retour du porte-étendard.

# LE RÉGIMENT A PIED.

## A. Formation.

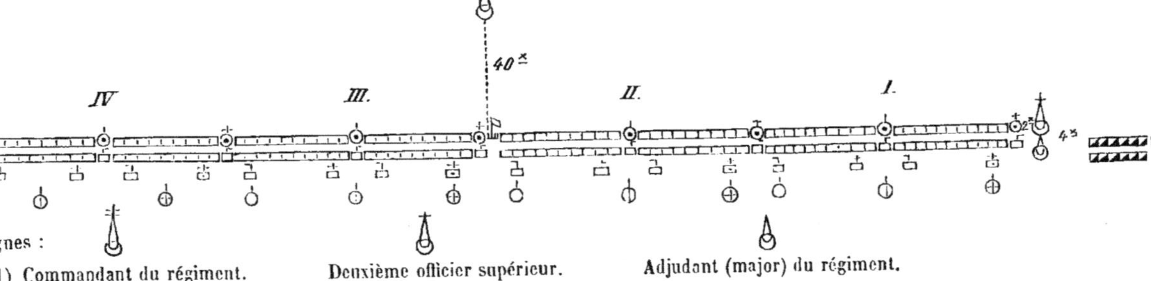


Signes :

(1) Commandant du régiment.     Deuxième officier supérieur.     Adjudant (major) du régiment.

1. Il n'existe point d'intervalles entre les escadrons.

2. Les capitaines sont dans le rang.

3. Alignement du régiment. Au commandement de : *Points ror (guides sur la ligne)* le porte-étendard, les officiers d'encadrement de droite et de gauche du régiment se portent un pas en avant, à moins que le commandant du régiment n'indique un plus grand nombre de pas.

Au commandement de *Vorwärts (en avant)*, tous les chefs de peloton se portent sur la ligne et s'alignent sur l'étendard. Au commandement de *Richt euch (alignement)*, le régiment se porte sur la ligne.

_________________________________________________

(1) Un régiment de cavalerie sur le pied de guerre compte : 1 officier supérieur commandant le régiment ; 1 deuxième officier supérieur (chargé de remplacer le commandant du régiment en cas d'absence); 4 capitaines (1 par escadron); 4 premiers lieutenants (1 par escadron); 12 seconds lieutenants (3 par escadron) ; 1 second lieutenant adjudant (major) du régiment.

## B. Manœuvres.

Outre les mouvements indiqués pour les manœuvres de l'escadron, le régiment peut encore, pour les parades (revues) se former en colonne serrée par escadrons.

Commandement : *Regiment rechts in Colonne in Escadrons, rechts um, vorwärts, marsch* (*régiment sur la droite en colonne, par escadron, par le flanc droit, en avant, marche*).

Les escadrons exécutent le mouvement, comme il est prescrit pour les pelotons lorsque l'escadron se forme en colonne serrée par pelotons.

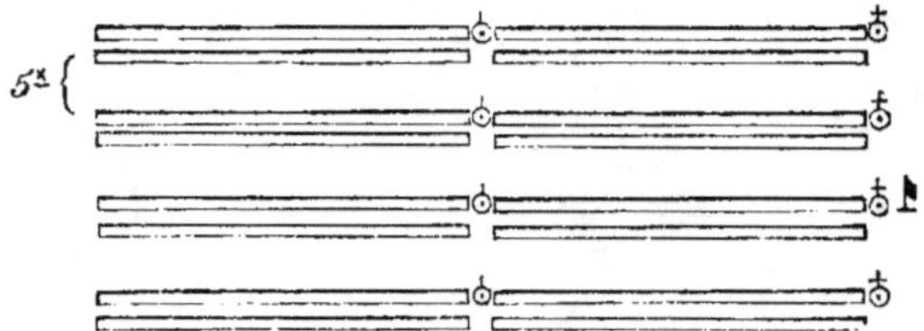

## III

## REVUES ET DÉFILÉS.

### A. Formation d'un escadron pour les revues.

Commandement : *Parade Aufstellung (formation de parade)*.

La formation est la même que celle indiquée page 117. Dans l'escadron où se trouve l'étendard, celui-ci se place entre le premier et le deuxième peloton.

Le capitaine commande : *Achtung, präsentirt das Gewehr*, event. *Augen links (garde-à-vous, présentez vos armes, et s'il y a lieu, les yeux à gauche)*.

#### Défilé.

L'escadron se forme en colonne serrée par pelotons.

Commandement : *Parade Marsch (pour défiler)*. Les trompettes font demi-à-gauche et se portent à 25 pas devant le centre du premier peloton ; les chefs de peloton se portent à 2 pas devant le centre de leur peloton.

Le capitaine commande ensuite : *Distancen genommen (prenez des distances)*.

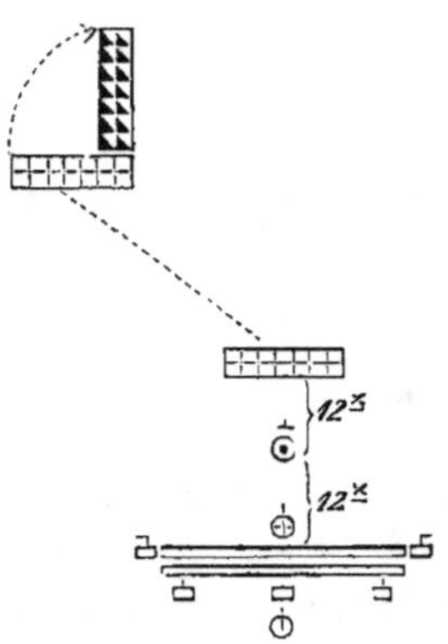

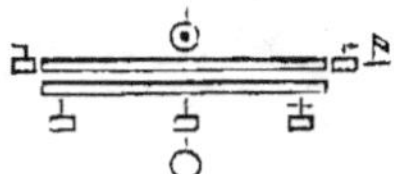

## B. Parade (revue) d'un ou de plusieurs régiments.

### 1. FORMATION EN LIGNE.

Comme il est indiqué page 129.

Lorsque plusieurs régiments sont formés sur une même ligne, ils sont séparés par un intervalle de 12 pas, à compter de l'aile gauche d'un régiment au trompette d'état-major (brigad. tromp.) de l'autre.

### 2. FORMATION EN COLONNE.

Lorsque plusieurs régiments sont passés en revue, ils peuvent être formés en colonne par escadrons, comme il est dit page 130.

### 3. LE DÉFILÉ.

#### a) En colonne par pelotons.

Comme il est prescrit pour l'escadron isolé.

Le commandant du régiment marche à 12 pas devant le peloton de tête, le second officier supérieur à 2 pas derrière lui ; l'adjudant (major) à 2 pas en arrière et à la gauche du commandant du régiment.

b) En colonne par escadrons en ligne.

Le capitaine marche à 4 pas devant le centre de son escadron. Le guide de droite le remplace à la droite du premier rang. Les escadrons se suivent à distance de peloton.

# IV

## L'ESCADRON A CHEVAL.

### A. Formation et division de l'escadron.

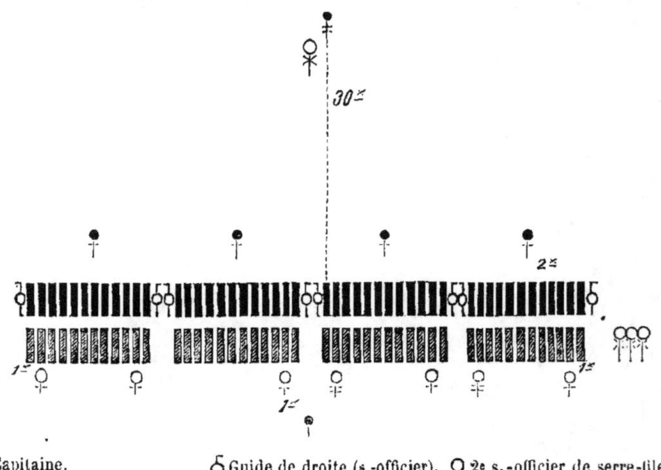



| | | |
|---|---|---|
| ♂ Capitaine. | ♂ Guide de droite (s.-officier). | ♀ 2e s.-officier de serre-file. |
| ♂ Chef de peloton. | ♂ Guide de gauche. (*Idem*). | ♀ Maréchal des logis chef. |
| ♂ Officier en serre-file. | ♀ 1er sous-offic. de serre-file. | ♀ Trompette. |

*Division*. — L'escadron est divisé en 4 pelotons composés d'un nombre égal de files. Chaque peloton doit compter dix files au moins; si l'effectif de l'escadron ne le permet, le nombre des pelotons est diminué.

Chaque peloton est commandé par un officier désigné par le capitaine.

Chaque peloton a un guide de droite, un guide de gauche et au moins un sous-officier en serre-file. Les pelotons sont subdivisés en sections de trois files (*Abmärsche*). Si le nombre des files n'est pas divisible par 3, la dernière section est composée de deux ou de quatre files.

Les files creuses sont placées aux ailes du peloton ; d'abord à l'aile gauche, après seulement à l'aile droite.

Plusieurs files creuses peuvent se trouver dans le peloton.

Le peloton divisé en sections de trois files :

Par exemple :

Pour monter à cheval et mettre pied à terre, les pelotons sont en outre divisés par deux files, numéro 1 et 2, comme l'indique la figure ci-dessous :

Par exemple :

Les cavaliers sont placés botte à botte. Ils *sentent la botte* du côté du centre si l'escadron est en ligne ou en colonne par pelotons ; *le tact des bottes* se trouve du côté du chef de peloton dans les subdivisions plus petites.

La direction se prend du même côté que le *tact des bottes*, excepté pour les changements de direction, les mouvements de flanc et la marche oblique.

Le troisième peloton sert toujours de peloton de direction, s'il n'en est pas ordonné autrement.

### METTRE PIED A TERRE ET MONTER A CHEVAL.

Commandement : *Fertig zum Absistzen* (*préparez-vous à mettre pied à terre*). Les chefs de peloton, les numéros 1 du premier rang et les guides de gauche de chaque peloton se portent à deux longueurs de cheval en avant. Les chefs de peloton font ensuite demi-tour à droite, face à leur peloton. Les guides de droite, les numéros 2 du premier rang et les numéros 1 du second rang se portent en même temps à une longueur de cheval en avant. Les officiers et les sous-officiers en serre-file, ainsi que les numéros 2 du deuxième rang restent en place. Les trompettes, numérotés comme l'escadron, se conforment au mouvement du deuxième rang.

Commandement : *Abgesessen (pied à terre)*. Les officiers, le maréchal des logis chef et les sous-officiers qui commandent des pelotons, restent à cheval. (*Richt euch (à droite, alignement*), pour reformer l'escadron sur deux rangs ouverts. Les guides de droite et les numéros 2 des deux rangs rentrent dans les intervalles à côté des numéros 1 de leur rang respectif. La distance entre les deux rangs est alors de quatre pas.

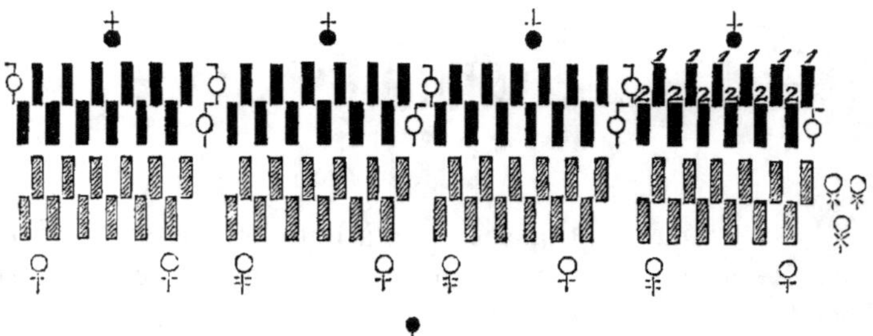

Au commandement de : *Rührt euch (repos)*, les officiers sont libres de rester à cheval; les sous-officiers qui commandent des pelotons mettent pied à terre.

MONTER A CHEVAL.

Commandement : *An die Pferde (à vos chevaux)*. Les officiers, le maréchal des logis chef et les sous-officiers qui commandent des pelotons montent à cheval.

Au commandement de : *Fertig zum Aufsitzen (préparez-vous pour monter à cheval)*, les guides de gauche et les numéros 1 de chaque rang, si l'escadron est formé sur deux rangs, se portent en avant d'une longueur de cheval.

Au commandement de : *Aufgesessen (à cheval)*, tous les cavaliers montent à cheval.

Au commandement de : *Richt euch (alignement)*, fait immédiatement après, les numéros 2 de chaque rang rentrent aussitôt dans leurs intervalles à côté des numéros 1 de leur rang respectif. Le deuxième rang serre à 1 pas du premier ; les chefs de peloton se remettent face en avant.

## B. Manœuvres de l'escadron.

### a) En ligne.

#### 1. MARCHE DIRECTE EN BATAILLE.

Le chef du peloton de direction indique l'allure et la direction.

Dans la marche oblique la direction est du côté vers lequel on oblique. Les hommes marchent botte à botte.

#### 2. MARCHE EN ARRIÈRE.

a) *Au moyen des conversions par peloton.*

Commandement : *Escadron mit Zügen rechts (links) um, kehrt schwenkt, (Gangart)*. Dann : *gerade aus (Escadron par peloton demi-tour à droite (ou à gauche) conversion, marche, allure)*.

Puis : *En avant.*

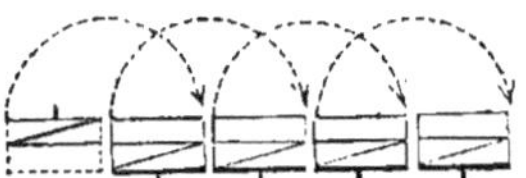

b) *Au moyen du demi-tour.*

Au commandement de : *Escadron kehrt, marsch (escadron demi-tour, marche)*, le n° 1 de chaque rang exécute un demi-tour à droite sur place en évitant de reculer ; les numéros 2 et 3 conversent autour du numéro 1 jusqu'à achèvement du demi-tour. Le numéro 1 de la section d'une aile composée de quatre files appuie d'un pas à droite après l'exécution du demi-tour.

Les trompettes, formant une section, exécutent également le demi-tour à droite.

La figure ci-dessous indique le changement de place des gradés.

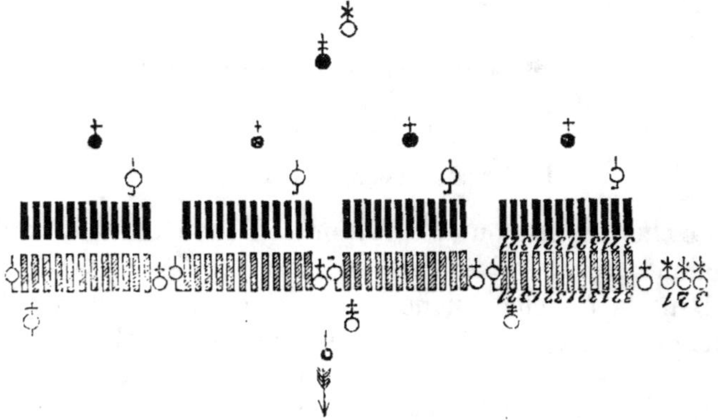

Au commandement ou à la sonnerie de : *Escadron front*, l'escadron se remet face en tête ; à cet effet, chaque section de trois cavaliers par rang exécute le demi-tour comme il est prescrit ci-dessus.

## b) Passer de la formation en ligne, à la formation en colonne.

### 1. FORMATION DE LA COLONNE PAR PELOTONS.

Formation proprement dite de manœuvre de l'escadron ).

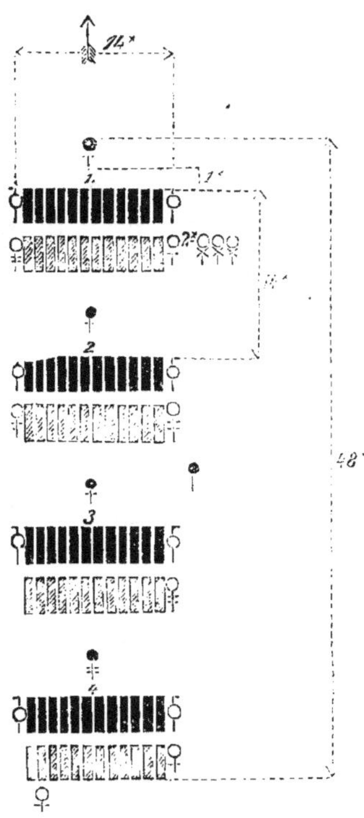

Si le terrain n'offre point assez de place, les trompettes se portent à la queue de la colonne.

Les sous-officiers en serre-file se placent aux flancs droit et gauche des seconds rangs.

Les chefs de peloton se placent à un pas devant le centre de leur peloton.

On passe de la formation en ligne à la formation en colonne de la manière suivante :

aa) *En conversant par peloton.*

Le capitaine : *Escadron mit Zügen rechts (links) schwenkt, (Gangart), halt oder gerade aus (escadron, par peloton à droite [à gauche] (allure).*

*Halte* ou *En avant.*

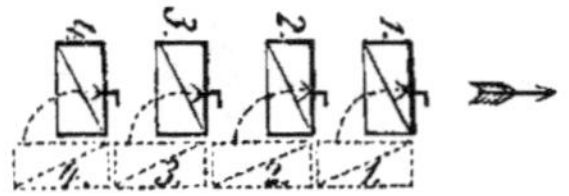

Si l'on veut former la colonne à distance entière en avant de son front, le capitaine commande : *Escadron mit Zügen rechts (links) schwenkt, der $n^{te}$ Zug gerade aus, (Gangart) (escadron par peloton à droite [à gauche], tel peloton droit en avant) (allure).*

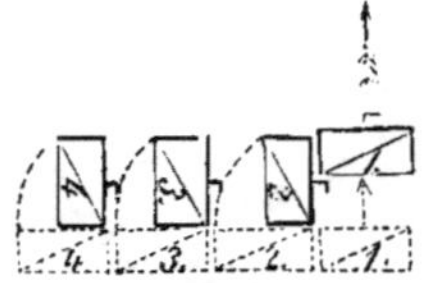

Le peloton de droite se porte en avant. Arrivés au point où le changement de direction doit commencer, les chefs des 2e, 3e et 4e pelotons commandent successivement : *Tournez, marche, en avant*, et suivent le mouvement du peloton de droite.

b b). *En rompant par peloton.*

De pied ferme.

Le capitaine : *Escadron mit Zügen rechts (links) brecht ab, (Gangart) (escadron par peloton en avant par la droite [gauche]) (allure).*

Le chef du peloton de l'aile désignée : *Gerade aus (en avant).* Le capitaine indique ensuite l'allure ; cette indication est répétée par le chef de peloton désigné. Les chefs de peloton suivants commandent successivement : *Halbrechts (halblinks), (Gangart) (oblique à droite [oblique à gauche]* et indiquent l'allure, lorsque le second rang du peloton voisin a dépassé le premier rang de leur peloton. Dès que la droite de chaque peloton arrive derrière celle du peloton précédent, son chef commande : *Gerade aus (en avant)*.

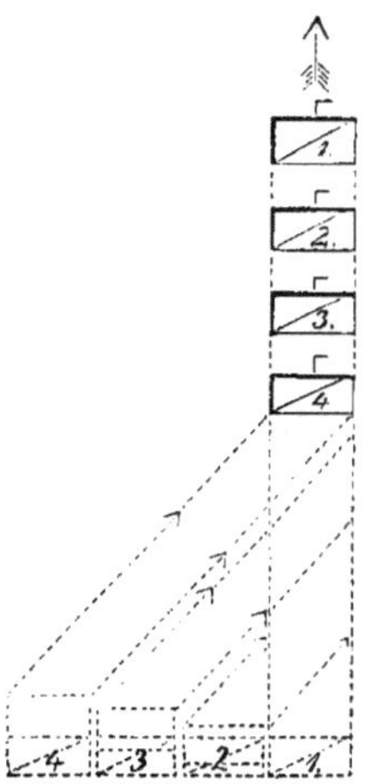

Pour rompre par peloton en avant, l'escadron étant en marche, le chef du peloton de l'aile commande : *En avant*, et répète l'indication de l'allure. Les autres chefs de peloton commandent immédiatement : *Schritt (au pas)* et ensuite successivement : *Halbrechts (halblinks), (Gangart)* und *gerade aus (oblique à droite [oblique à gauche] (l'allure)* et *en avant)*.

L'escadron étant au pas, si l'on veut rompre sans changer l'allure, les chefs des pelotons de queue commandent : *Halte*, etc., etc.

Les pelotons commencent à obliquer lorsque le peloton qui a rompu a gagné en avant une longueur de cheval.

2. FORMATION DE LA DEMI-COLONNE (*Halbcolonne*).

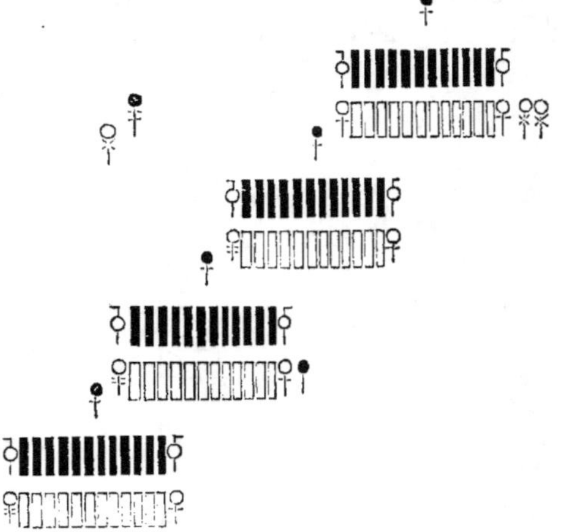

Cette colonne est formée de plusieurs manières :

aa). Au moyen de 1/8 de conversion par peloton.

Le capitaine : *Escadron mit Zügen halbrechts (halblinks) schwenkt, (Gangart)*, dann : *halt oder gerade aus (escadron par peloton demi-à-droite [à gauche] conversion (l'allure), puis : halte ou en avant).*

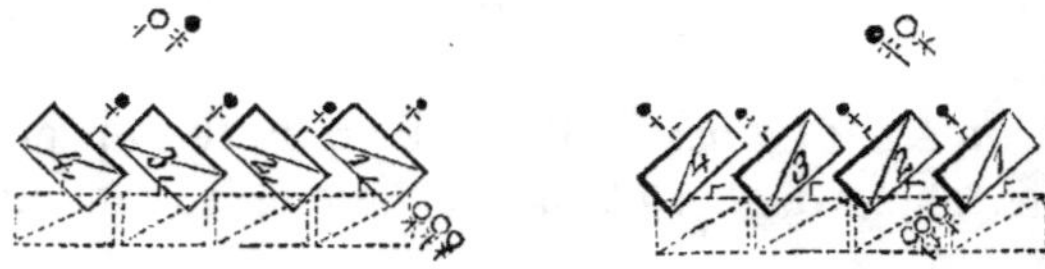

bb) *Au moyen de 3/8 de conversion par peloton.*

Commandement : *Escadron mit Zügen dreiachtel rechts links (schwenkt), (Gangart), und, gerade aus, oder halt (Escadron par pelotons, trois huitièmes à droite [gauche] conversion (l'allure), en avant ou halte.*

cc) *En rompant par pelotons.*

Le mouvement s'exécute par les commandements et d'après les principes prescrits pour la formation de la colonne par pelotons, en avant de son front, mais les pelotons ne se portent pas autant à droite (gauche).

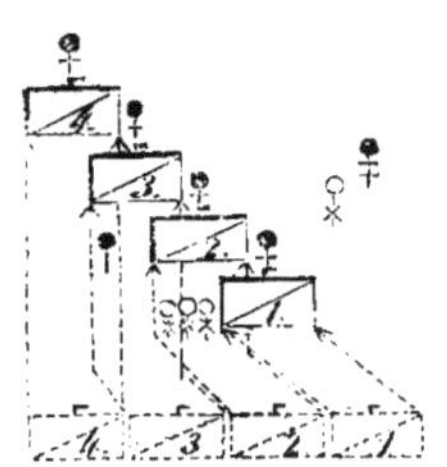

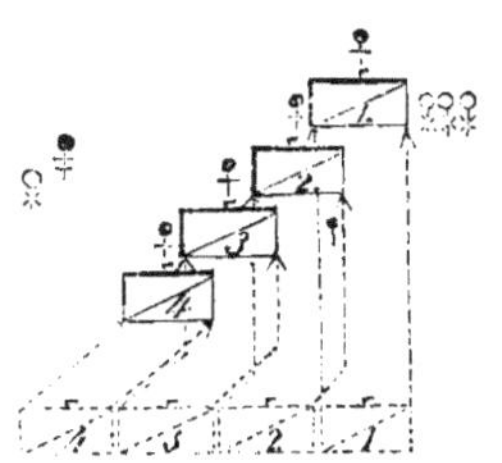

**3.** FORMATION DE LA COLONNE PAR LE FLANC (*Wendungscolonne*).

(Employée seulement pour porter l'escadron à peu de distance à droite ou à gauche).

Le capitaine commande : *Escadron rechts (links) um, marsch (escadron par le flanc droit [gauche], marche).*

Si l'escadron fait par le flanc droit, le numéro 1 de chaque section de 3 files, tourne à droite sur place, les numéros 2 et 3 conversent à droite autour de lui. Si l'on fait par le flanc gauche, le numéro 3 tourne à gauche sur place et les numéros 2 et 1 conversent à gauche autour de lui.

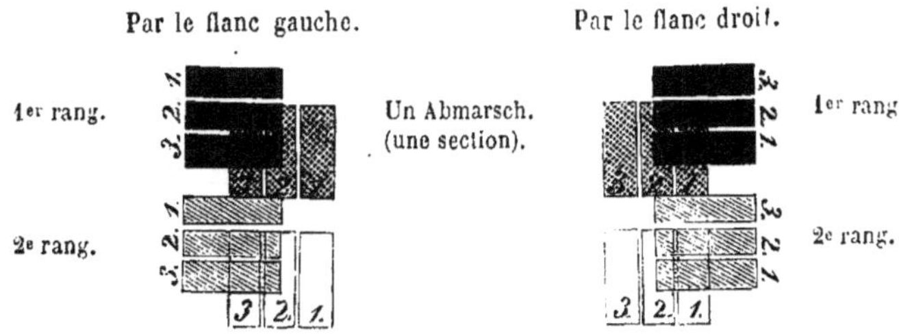

L'escadron ayant fait par le flanc droit ou gauche, si son chef commande *halte*, les hommes de chaque section s'alignent sur ceux de la section placée devant eux ; s'il commande *en avant*, les cavaliers des sections paires, si l'escadron a fait par le flanc droit, appuient à droite et se placent en arrière des intervalles des sections impaires ; s'il a fait par le flanc gauche, les cavaliers des sections impaires appuient à gauche pour se placer derrière les intervalles des sections paires.

Les sections composées de 4 ou 5 files, y compris les guides, se tiennent à 1 ou 2 pas de distance des autres sections.

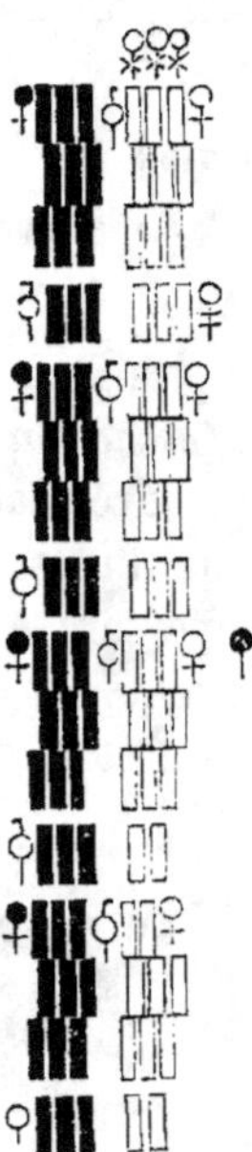

L'escadron en marche<br>
par le *flanc gauche*<br>
(Direction à droite).

L'escadron en marche<br>
par le *flanc droit*<br>
(Direction à gauche).

Les sous-officiers se placent dans cette colonne comme dans la colonne par 3, d'après les règles suivantes :

Les guides marchent toujours à côté de leur file respective. Si l'escadron marche par le flanc droit, les sous-officiers en serre-file marchent à côté du numéro 1 de la section de l'aile derrière laquelle ils sont placés en bataille ; s'il marche par le flanc gauche, le premier sous-officier des serre-files marche à côté de la section de l'aile droite et le deuxième sous-officier des serre-files à côté du numéro 3 de la section de l'aile gauche.

### 4. FORMATION DE LA COLONNE PAR TROIS.

L'escadron étant en ligne ou en colonne par pelotons, au commandement : *par trois, marche*, les trois files de droite (gauche) se portent droit devant elles ; elles sont suivies par les autres sections (fractions de trois) qui obliquent à droite (à gauche) et prennent rang dans la colonne en se redressant.

Escadron en colonne par trois
la *gauche en tête*
les 4e et 3e pelotons · de 10 files

Escadron en colonne par trois
la *droite en tête*
les 1er et 2e pelotons.

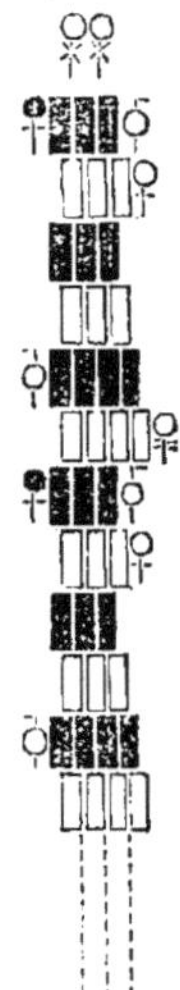

La colonne par trois est la principale formation de marche de la cavalerie.

5. FORMATION DE LA COLONNE PAR DEUX.

Les 4e et 3e pelotons d'un escadron
en colonne par deux
*a* marchant la *gauche en tête*.

Les 1er et 2e pelotons d'un escadron
en colonne par deux
*b* marchant la *droite en tête*.

La colonne par deux est employée comme formation de marche pour franchir les défilés.

c) **Mouvements de l'escadron en colonne.**

1. LES CONVERSIONS.

aa) Changement de direction de la colonne par pelotons :

Le capitaine commande : *Tête rechts (links) oder halb-rechts (halblinks) schwenken (tête de colonne à droite, (à gauche) ou demi-à-droite (demi-à-gauche), conversion).*

Le chef du peloton de tête : *Rechts (links) oder halbrechts, (halblinks) schwenkt, marsch, gerade aus (tournez à droite, (à gauche), demi-à-droite, (demi-à-gauche), marche, en avant).*

Les chefs des autres pelotons commandent successivement : *Schwenkt, marsch, gerade aus (tournez, marche, en avant).*

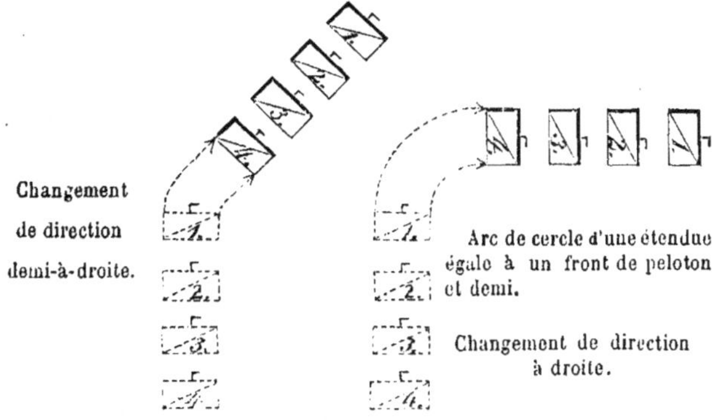


bb) Changement de direction des colonnes par 3 et par 2 marchant la droite en tête.

Le capitaine commande : *Tête rechts, (links), schwenkt, marsch, gerade aus (tête de colonne, tournez à droite (gauche), marche, en avant).*

La première file change de direction et les autres viennent successivement converser à la même place sans commandement des chefs de peloton.

2. ROMPRE EN ARRIÈRE PAR LES AILES (*Flügelabbrechen*).

Lorsque la colonne rencontre un défilé qui ne permet point de passer sur un front de peloton, on commande : *Flügel abbrechen (rompez en arrière par les ailes).* Au commandement qui est fait avant d'arriver au défilé, on porte successivement en arrière autant de files qu'il est nécessaire ; ces files se placent à côté du chef du peloton suivant. Le défilé franchi, les cavaliers qui ont rompu se portent en ligne sans commandement. Toutefois, s'il est nécessaire, le chef de peloton commande : *Aufmarschiren (en ligne)*.

### 3. PASSER D'UNE FORMATION EN COLONNE A UNE AUTRE FORMATION EN COLONNE.

aa) Passer de la colonne par pelotons à la **demi-co-lonne**.

1. En déboîtant de la colonne par pelotons par la marche oblique.

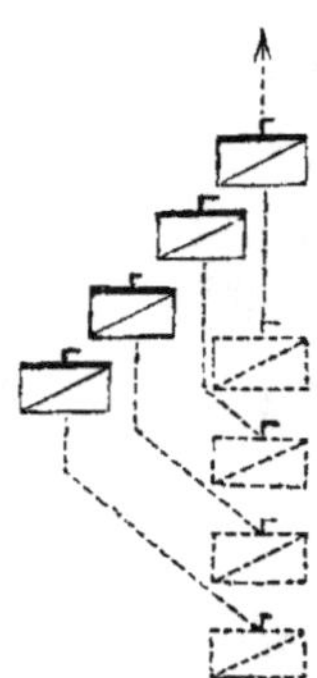

Commandement : *Escadron in Halbcolonne, halbrechts (halblinks), Gangart (escadron, formez la demi-colonne, oblique à droite (oblique à gauche), [l'allure]*.

Le chef du peloton de tête : *Gerade aus (en avant)*.

Les chefs des autres pelotons : *Halbrechts, (halblinks), (Gangart), gerade aus (oblique à droite, (oblique à gauche) [l'allure] en avant)*.

2. Au moyen des conversions de un 1/8 et de 3/8.

Conversion de 1/8.        Conversion de 3/8.

Commandement : *Escadron mit Zügen 1/8, (1/8) rechts (links) schwenkt, (Gangart) (escadron par pelotons 1/8, (3/8) à droite (à gauche) [l'allure].)*

bb) *Passer de la demi-colonne à la colonne par pelotons.*

1. En prenant la direction du peloton de tête.

Commandement : *Escadron auf Vorderrichtung*, (*Gangart*) (*escadron, direction sur le peloton tête [l'allure]*).

Le chef du peloton de tête : *Gerade aus* (*en avant*).

Les autres chefs de peloton : *Halbrechts.* (*halblinks*) (*Gangart*), *gerade aus* (*oblique à droite*, (*oblique à gauche*) [*l'allure*] *en avant*).

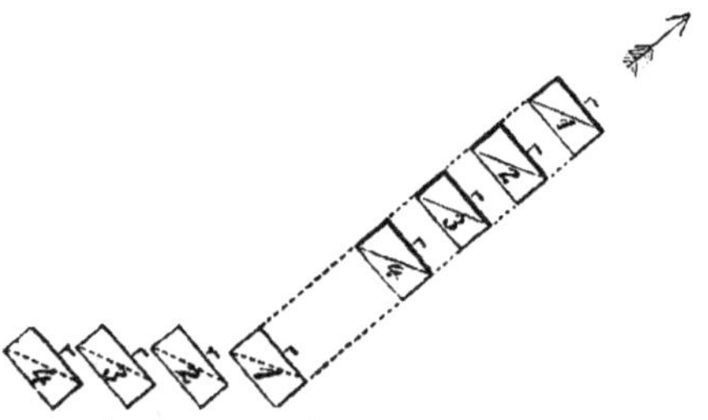

## 2. Au moyen des conversions.

**En changeant la direction primitive.**

**En conservant la direction primitive.**

 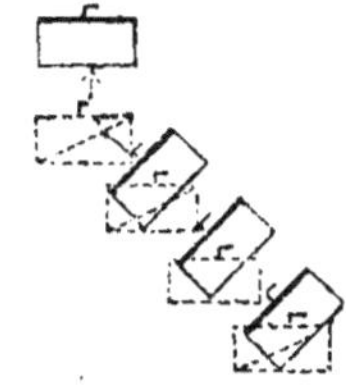

*cc) Passer de la colonne par pelotons à la colonne de route.*

Commandement : *Escadron zugweise zu dreien (zweien) rechts (links) abbrechen* (*escadron par la droite (gauche) par trois (deux), rompez les pelotons successivement*).

Le chef du peloton de tête commande : *Par la droite (gauche) par trois deux (deux), rompez* [*l'allure*].

Les autres chefs de peloton font successivement le même commandement.

1. Passer de la colonne par pelotons à la colonne de route par trois :

Les trois files (section) de l'aile désignée se portent droit devant elles; les autres sections suivent successivement en obliquant à droite (à gauche) et se dirigent derrière les intervalles.

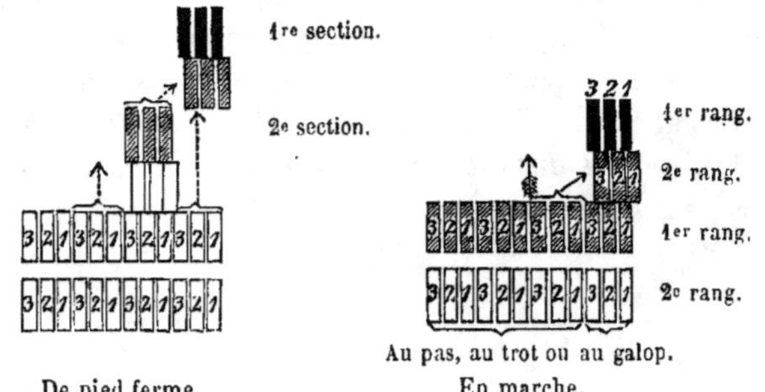



Si le mouvement s'exécute au pas et si l'on veut conserver cette allure, la première section se porte droit devant elle et les autres s'arrêtent; s'il s'exécute à une allure plus vive les sections se mettent d'abord au pas et prennent ensuite l'allure de la tête.

2. A la colonne de route par deux :

Le guide de droite (gauche) se porte droit devant lui suivi du premier rang; le sous-officier en serre-file se porte à côté et à la droite du guide de droite et est suivi du deuxième rang. Les cavaliers marchent derrière les intervalles de la file qui les précède.

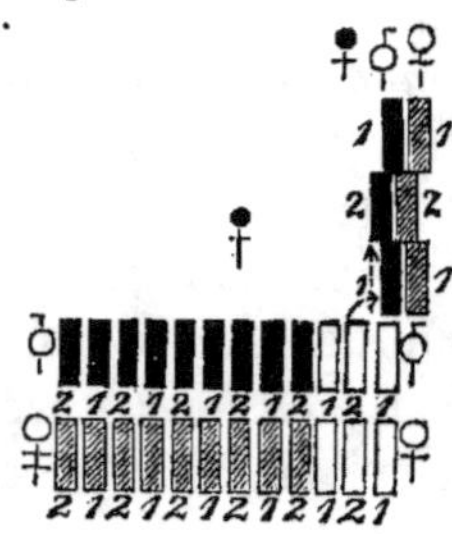



dd) *Passer de la colonne par trois (deux) à la colonne par pelotons.*

*Déploiement simultané.*

Le capitaine commande: *Escadron in Züge links (rechts), marschirt auf (Gangart) (escadron vers la gauche (la droite), formez les pelotons [l'allure].*

Si l'escadron est de pied ferme, la section de tête (trois files) de chaque peloton se porte en avant à une distance égale à son front et s'arrête. Les autres sections (fractions de trois) font simultanément exécuter à leurs chevaux un demi-à-gauche (demi-à-droite), marchent ensuite droit pour se porter à la place qu'elles doivent occuper dans chaque peloton.

L'escadron étant en marche, la tête conserve son allure si le mouvement s'exécute à une allure plus vive ; elle passe à l'allure immédiatement inférieure, si le déploiement se fait sans changer l'allure. Au commandement de leur chef les pelotons prennent leur distance.

*Déploiement successif.*

Le capitaine commande : *Escadron zugweise aufmarschiren* (*escadron, vers la gauche formez les pelotons* (*mouvement successif*).

Si l'escadron marche au pas, le chef du peloton de tête commande ensuite : *Links* (*rechts*), *marchirt auf* (*Gangart*) (*vers la gauche* (*la droite*), *formez les pelotons* [*l'allure*].

Les chefs des autres pelotons font successivement le même commandement.

Ce mouvement est employé lorsque l'escadron se forme par pelotons en ligne immédiatement après le passage d'un défilé.

ee) *Passer de la colonne par le flanc à la colonne par trois.*

Commandement : *Escadron zu dreien* (*Gangart*) (*Escadron, par trois* [*l'allure*]).

Le premier rang de la section de tête se porte droit en avant ; le deuxième rang se place derrière et vis-à-vis des intervalles du premier rang. Si la colonne est en marche, toutes les sections, à l'exception des sections de tête, passent au pas et reprennent le trot dès qu'elles ont gagné l'espace nécessaire pour rompre.

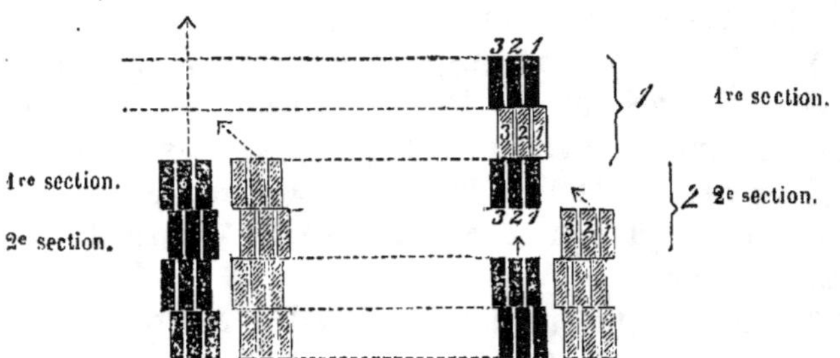



ff) *Passer de la colonne par trois à la colonne par le flanc.*

Le capitaine commande : *Escadron in rechts (links) umgesetzt, Gangart (Escadron, à droite (gauche), doublez, [l'allure moins vive que le galop]).*

1. L'escadron étant de pied ferme :

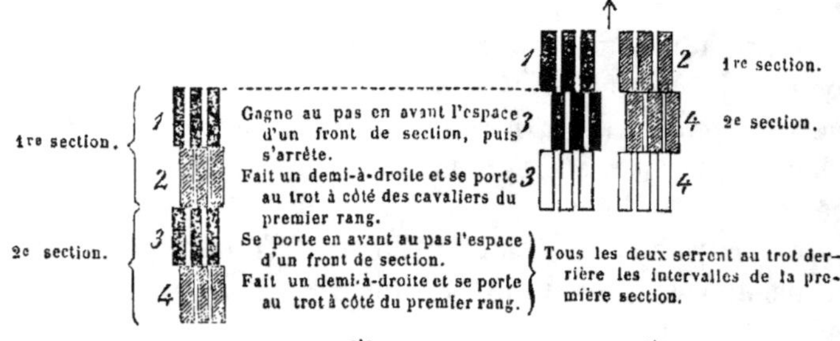



2. L'escadron étant en marche :

Les cavaliers du premier rang de chaque section continuent à marcher sans changer l'allure ; les cavaliers du deuxième rang passent à l'allure prescrite par le commandement et se portent à côté et à la droite de ceux du premier rang. Toutes les sections, à l'exception des sections de tête, passent à l'allure prescrite et serrent sur celles-ci.

Si l'on veut exécuter ce mouvement, l'escadron étant au trot, sans changer l'allure, au commandement d'exécution de *marche*, les premiers rangs de chaque section passent au pas et le mouvement s'achève comme ci-dessus.

gg) *Passer de la colonne par trois à la colonne par deux.*

Le capitaine commande : *Escadron zu sweien rechts (links) brecht ab (Gangart) (escadron par la droite (gauche), par deux, rompez [l'allure].*

<table>
<tr><td align="center">La gauche en tête.</td><td align="center">La droite en tête.</td></tr>
<tr><td align="center">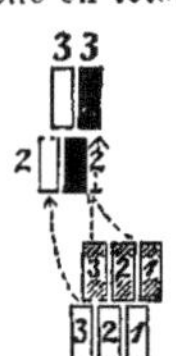</td><td align="center">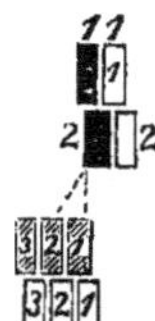</td></tr>
</table>

Les numéros 1 (3) marchent droit en avant, le guide se place devant eux.

hh) *Passer de la colonne par deux à la colonne par trois.*

Le capitaine commande : *Escadron zu dreien (Gangart) (escadron, par trois [l'allure] non supérieure au trot]).*

1. La colonne étant de pied ferme :

<table>
<tr><td align="center">La gauche en tête.</td><td align="center">La droite en tête.</td></tr>
<tr>
<td>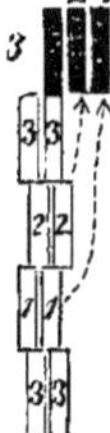</td>
<td>Le nº 3 du premier rang se porte au pas en avant d'une longueur de cheval ; le nº 3 du deuxième rang se place derrière lui ; les nᵒˢ 2 et 1 déboîtent à droite de la colonne et se portent, au trot, à côté du nº 3.</td>
<td>Le nº 1 du premier rang se porte au pas en avant d'une longueur de cheval ; le nº 1 du deuxième rang se place derrière lui. Les nᵒˢ 2 et 3 déboîtent à gauche de la colonne et se portent, au trot, à côté du nº 1.</td>
<td>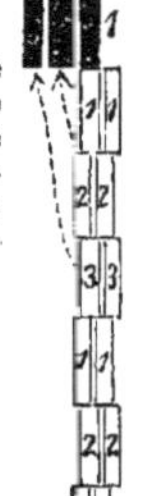</td>
</tr>
</table>

Les sections suivantes exécutent le même mouvement sans s'arrêter. Dès que toutes les sections sont formées, elles passent au trot et se portent en arrière des intervalles des sections qui les précèdent.

2. La colonne étant en marche :

Comme ci-dessus : Les numéros 1 (3) ne changent point l'allure pour se porter en avant ; les deux autres numéros passent à l'allure plus vive prescrite pour se porter à côté des numéros 1 (3).

ii) *Passer de la colonne la droite en tête à la colonne la gauche en tête.*

*a)* Etant *en colonne par pelotons :*

Le capitaine commande : *Mit Zügen rechts (links) um kehrt schwenkt Trab (par peloton, demi-tour à droite (gauche), tournez).*

*b) L'escadron marchant par le flanc :*

Le capitaine commande : *Escadron kehrt marsch (Schritt) (escadron, demi-tour, marche [au pas]).*

Le mouvement s'exécute d'après les principes prescrits pour le demi-tour, page 137.

*c) L'escadron étant en colonne par trois :*

Le capitaine commande : *Escadron zu dreien rechts zum kehrt schwenkt Marsch (Schritt) (escadron par trois, demi-tour à droite, marche [au pas]).*

Comme il est dit page 137.

*c) L'escadron étant en colonne par deux :*

Le capitaine commande : *Escadron, zu einem kehrt, marsch (Schritt) (escadron par cavalier, demi-tour, marche [au pas]).*

Chaque cavalier fait face en arrière en exécutant un demi-tour vers le flanc de la colonne.

#### d) Passer de la formation en colonne à la formation en ligne.

**1.** PASSER DE LA COLONNE PAR PELOTONS A LA LIGNE DÉPLOYÉE.

aa) *Déployer en avant en bataille.*
*De pied ferme :*

Le capitaine commande : *Escadron links (rechts), marschirt auf (escadron, vers la gauche (la droite) en avant en bataille).*

Le chef du peloton de tête commande : *Gerade aus (droit en avant).*

Les chef des autres pelotons commandent : *Halblinks (halbrechts) (oblique à gauche, (à droite).*

Le capitaine commande : *L'allure*. Tous les chefs de peloton répètent : *L'allure*.

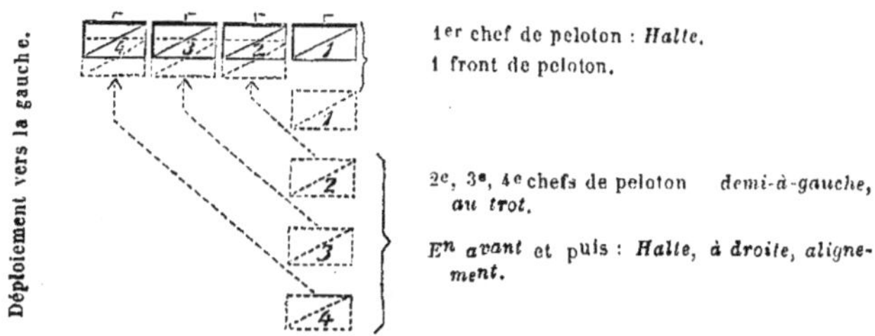


L'escadron se déploie en avant vers la droite d'après les mêmes principes.

*La colonne étant en marche :*

Le capitaine indique dans le commandement l'allure plus vive pour l'exécution du mouvement; cette indication est répétée par les chefs de pelotons qu'elle concerne. Le peloton de tête continue à marcher à son allure. Les autres pelotons passent à l'allure prescrite, dépassent la ligne d'une longueur de cheval et prennent ensuite l'allure du peloton de tête au commandement de leur chef. Si le mouvement s'exécute sans changer l'allure, le chef du peloton de tête, après avoir gagné en avant l'espace d'un front de peloton, commande l'allure immédiatement inférieure.

bb) *Vers les flancs de la colonne par les conversions par pelotons.*

1. Au moyen des conversions :

Le capitaine commande : *Escadron, mit Zügen links (rechts) schwenkt, Trab* oder, *marsch* (oder signal : *front*) (*escadron par peloton à gauche (droite) conversion, au trot*, ou *marche* (ou la sonnerie : *front*), puis : *halte* ou *en avant*, ou encore le commandement ou la sonnerie pour changer l'allure.

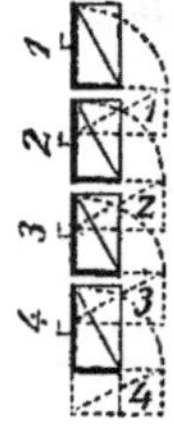

Par exemple :

**2. En passant de la demi-colonne à la ligne déployée.**

a) Au moyen du déploiement, comme pour le déploiement de la colonne par pelotons.

b) Au moyen de la conversion par pelotons (1/8 et 3/8 de conversion).

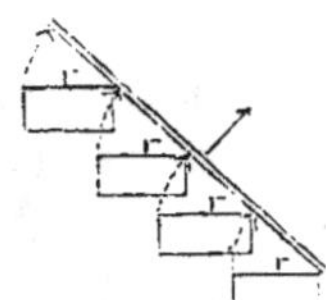

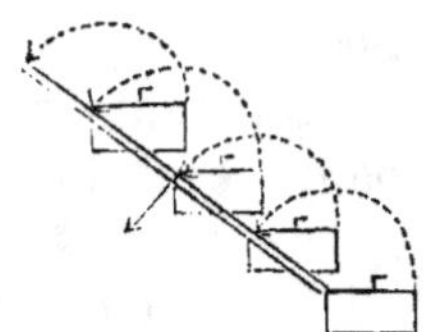

**2. L'ESCADRON MARCHANT EN COLONNE PAR LE FLANC (*Wendungskolonne*), LE REMETTRE EN BATAILLE.**

Au moyen *d'un à gauche* (*à droite*) (*Frontwendung*).

Le capitaine commande : *Escadron, front* (*ou la sonnerie*). Après l'exécution du mouvement, il commande *halte*, ou *en avant*, ou fait faire la sonnerie d'une allure plus vive.

L'escadron étant en colonne
par le flanc gauche.

L'escadron étant en colonne
par le flanc droit.

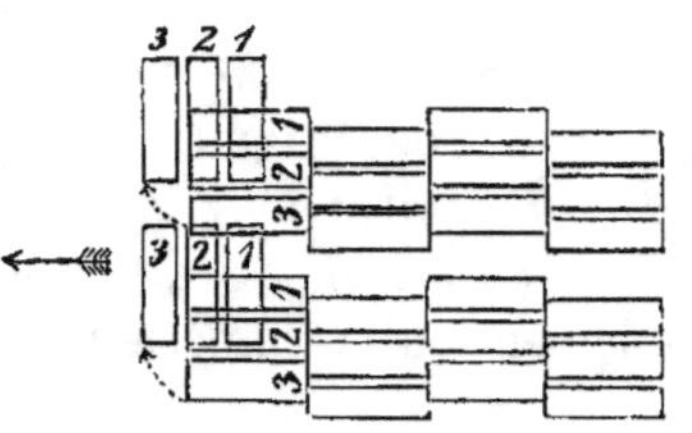

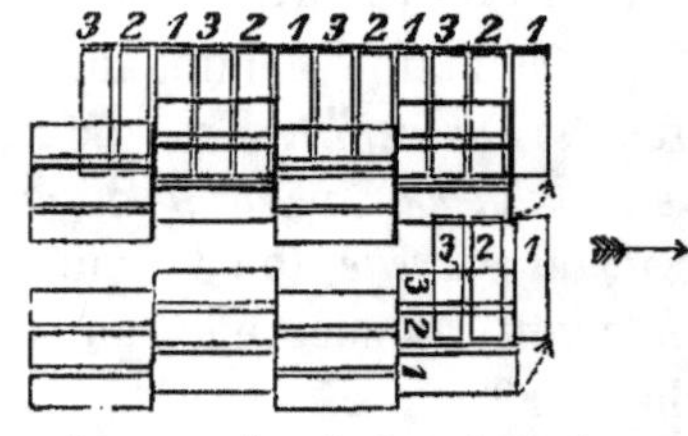

La conversion s'exécute à droite
autour du n° 4.

La conversion s'exécute à gauche
autour du n° 3.

### Observation.

L'escadron étant en colonne par trois, on peut également le remettre en bataille au moyen des à gauche (à droite). Les sections conversent et se reforment en même temps sur deux rangs en appuyant vers le centre.

## C. Offensive de l'escadron.

### 1. EN ORDRE SERRÉ.

*Offensive en ligne déployée.*

L'escadron est formé comme il est dit page 134. Le deuxième rang, en se mettant en marche, se place à 2 pas du premier rang (les uhlans à 3 pas). Dans chaque peloton deux cavaliers sont désignés pour servir d'éclaireurs ; au commandement du capitaine, ils se portent en avant.

Le capitaine commande : *Escadron zur Attaque (Lanzengefällt), vorwärts, marsch,* dann *Trab, Galopp* und *marsch, marsch (escadron pour charger [croisez la lance]. En avant marche,* puis *au trot, au galop et au galop de charge.*

(Si l'escadron est en marche, le capitaine commande : *Zur Attake (pour charger).*

### 2. EN ORDRE DISPERSÉ.

L'escadron peut exécuter la charge en ordre dispersé isolément. Il peut aussi concourir à une charge en se ralliant aux ailes d'une colonne d'attaque en ordre serré.

a) *Déploiement d'un peloton en fourrageurs.*

Le capitaine commande : *Der N^{te} Zug fall aus (tel peloton en avant).*

Le chef de peloton commande : *Auseinander, marsch, marsch (en fourrageurs au galop).*

On emploie ce mouvement : 1° pour poursuivre l'ennemi qui ne veut pas accepter le combat ; 2° pour charger en four-

rageurs contre une batterie ou contre une troupe d'infanterie déjà ébranlée. Le peloton peut également se porter en
avant en ordre serré. Dans ce cas lorsqu'il arrive près de
l'objectif il se déploie au commandement de : *marsch,
marsch (au galop)*.

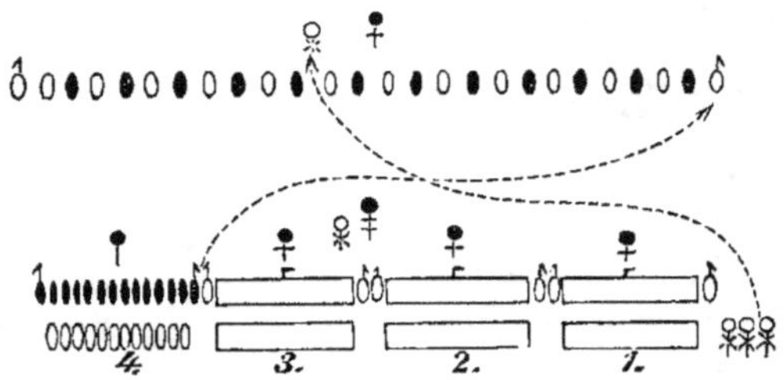

Le peloton se déploie de manière que les cavaliers du
deuxième rang puissent se porter à la gauche de leur chef
de file. L'escadron peut, ou suivre le peloton ou se porter en
avant dans une autre direction. Pour rallier les tirailleurs,
le chef de peloton fait faire la sonnerie de *Appel*. A cette
sonnerie chaque cavalier exécute un demi-tour à gauche,
fait face en arrière et se dirige au galop de charge sur
l'aile la plus rapprochée de l'escadron. Si le peloton doit se
reformer sans rallier l'escadron, le chef fait faire la sonnerie
de *halte*. Le peloton se forme en arrière de son chef; celui-
ci prend alors les dispositions nécessaires pour faire faire à
sa troupe le service d'éclaireurs.

b) *Déploiement d'un escadron* en fourrageurs. Ce mouvement a lieu pour exécuter des charges contre les tirailleurs
ou contre l'artillerie, ou bien encore dans un but de poursuite. Lorsque les circonstances l'exigent l'escadron peut
passer de l'attaque en ordre serré à la charge en ordre
dispersé.

Le capitaine commande : *Auseinander, marsch, marsch
(en fourrageurs, au galop)*.

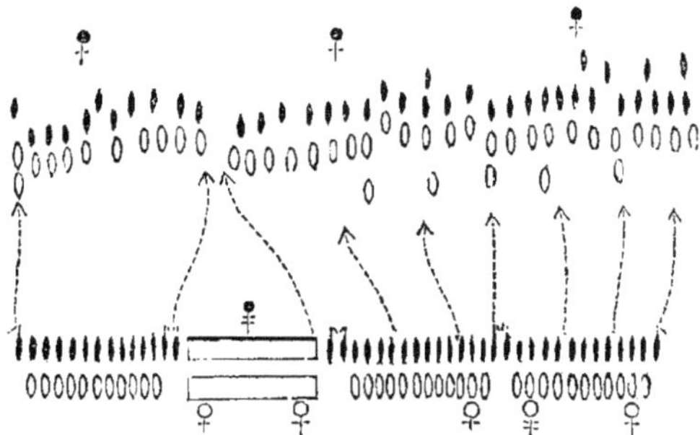

Le peloton de direction reste en ordre serré, il suit au trot comme soutien les mouvements de l'escadron déployé en fourrageurs.

A la sonnerie de *halte* et de *Escadrons-Ruf* (*escadron, ralliez*) tout le monde se rassemble derrière le capitaine, lequel désigne de suite un peloton de direction; le peloton de soutien sé porte au galop vers l'une des ailes de l'escadron.

A la sonnerie de *Appel* chaque cavalier exécute un demi-tour à gauche et se porte en arrière dans la direction suivie par l'escadron. Le soutien passe au trot et se porte à leur rencontre. A la sonnerie de *front* chaque cavalier fait face à l'ennemi en exécutant un demi-tour à gauche et tout l'escadron se rassemble derrière son chef.

ROLE DE L'ESCADRON APRÈS L'EXÉCUTION DE LA CHARGE.

La mêlée est représentée sur le terrain de manœuvre au commandement de : *Zum Einzelgefecht auseinandez* (*disposez-vous pour le combat isolé*). La poursuite est ordonnée ensuite par la sonnerie *au trot*. L'escadron se déploie, le peloton de direction se rassemble derrière son chef. Le reste de la manœuvre s'exécute ensuite comme il est dit pour le déploiement de l'escadron. Si malgré le succès de la charge on ne veut pas poursuivre l'ennemi, le capitaine fait faire la sonnerie *Escadrons-Ruf* (*escadron, ralliez*).

A ce signal l'escadron se rassemble rapidement derrière son chef en faisant face du côté indiqué par celui-ci.

Si la charge est repoussée, le capitaine fait faire la sonnerie de *Appel*. A ce signal, les cavaliers font demi-tour, passent au trot et se dirigent droit en arrière en conservant l'ordre dispersé. A la sonnerie de *front*, les chefs de peloton commandent *front*, et les cavaliers se forment en ligne derrière le chef de l'escadron.

### D. Eclairer l'escadron.

Les éclaireurs doivent reconnaître l'ennemi et tenir ses vedettes et ses reconnaissances aussi éloignées que possible.

Le capitaine désigne un peloton pour ce service.

1. L'ESCADRON ÉTANT EN LIGNE DÉPLOYÉE DE PIED FERME.

Le capitaine fait faire la sonnerie de *en avant* (1).

Au signal le chef du peloton de l'aile gauche commande : *N^{ter} Zug Trab Galopp* dann *halb rechts schwenkt, marsch, Gerade aus, halb links schwenkt, marsch, Gerade aus, halt*, et enfin : *Flankeurs vor (tel peloton, au trot [galop]*, puis : *Tournez, demi-à-droite, marche, en avant, tournez, demi-à-gauche, marche, en avant halte*, et enfin : *Eclaireurs en avant*).

---

(1) L'escadron étant en bataille, le peloton de l'aile gauche se porte en avant lorsqu'aucun peloton n'est désigné spécialement par le capitaine.

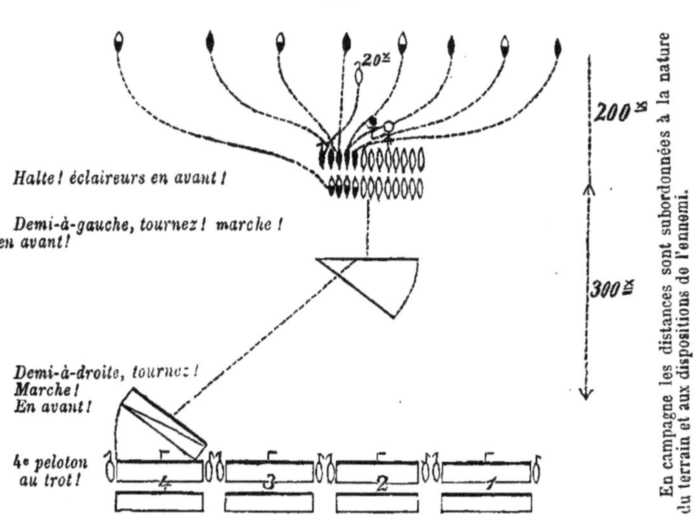



A la sonnerie de *appel*, les éclaireurs se rassemblent. A cet effet ils exécutent un demi-tour à gauche et se dirigent au galop de charge droit sur leur peloton. Le peloton d'éclaireurs étant reformé il se porte par le chemin le plus court vers l'aile là plus rapprochée de l'escadron.

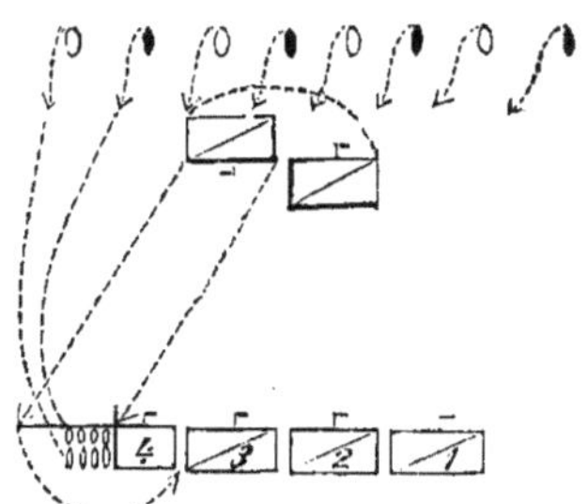

## 2. L'escadron étant en marche en ligne déployée.

Le mouvement s'exécute comme il est dit en 1, mais à l'allure immédiatement supérieure.

## 3. L'escadron en ligne déployée marchant en retraite.

Le chef de peloton : *Tel peloton halte, demi-tour-à gauche, au trot.* Le reste du mouvement s'exécute également comme il est dit en 1.

#### 4. L'ESCADRON ÉTANT EN COLONNE PAR PELOTONS DE PIED FERME OU EN MARCHE.

Dans ce cas, c'est toujours le peloton qui se trouve le plus près de l'ennemi qui se porte en éclaireurs.

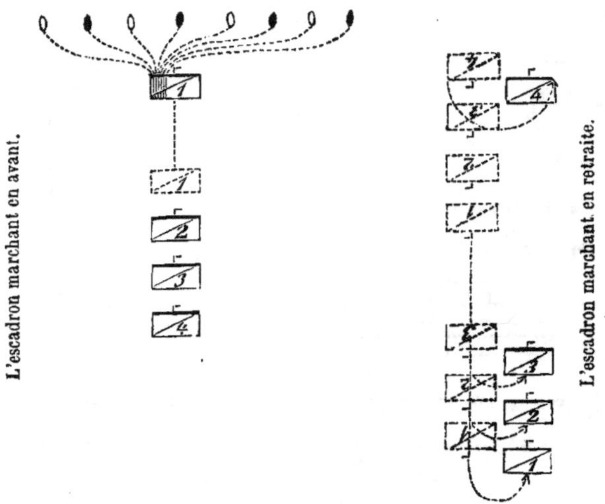


## E. Le combat à pied.

Le capitaine commande : *N^{ter} Zug zum Gefecht zu Fuss absitzen* (*tel peloton, pour le combat à pied, pied à terre*).

Le chef de peloton commande : *N^{ter} Zug Gewehr ein, zum Gefecht zu Fuss fertig zum absitzen, abgesessen* (*tel peloton, remettez sabre, pour le combat à pied, préparez-vous à mettre pied à terre, pied à terre*).

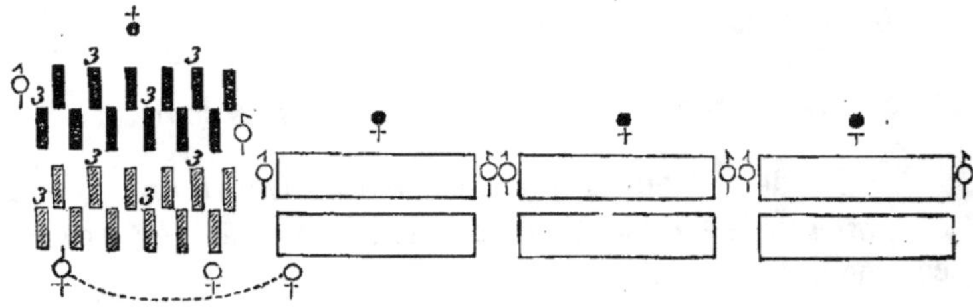

Les numéros trois restent à cheval et tiennent les chevaux des numéros un et deux qui mettent pied à terre et se forment par peloton sur deux rangs devant l'escadron déployé en ligne; si l'escadron est en colonne ils se forment à côté de lui. On peut faire mettre pied à terre pour le combat à tout l'escadron à la fois ou à des pelotons isolés. Dans ce cas la troupe qui doit combattre à pied se subdivise en trois fractions : 1° les tirailleurs à pied, 2° les réserves à cheval et 3° les chevaux tenus par les numéros trois.

Dans les régiments de dragons et de hussards, les tirailleurs des premier et deuxième pelotons forment le premier peloton de tirailleurs; ceux des deux autres pelotons constituent le deuxième ; chaque peloton de l'escadron compte deux groupes numérotés de la droite à la gauche de l'escadron (de 1 à 8). En conséquence les pelotons de tirailleurs sont composés de quatre groupes.

Dans les régiments de uhlans, les tirailleurs sont répartis également au second rang de chaque peloton et forment un groupe par peloton (1 à 4). Lorsqu'un escadron de uhlans veut prendre la formation de combat en tirailleurs, il déploie ses pelotons sur une ligne avec intervalle de peloton.

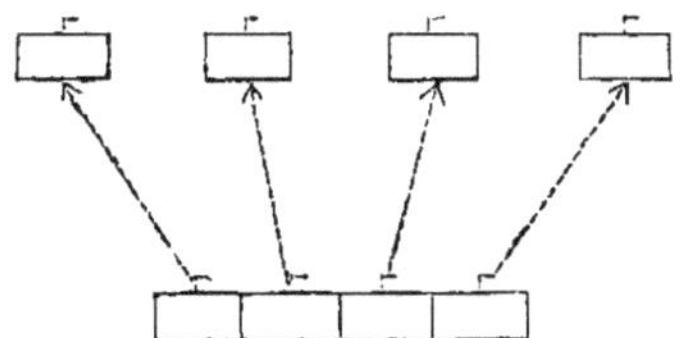

Les subdivisions désignées pour le combat de tirailleurs étant en position, les officiers qui les commandent font les commandements prescrits.

# V

## LE RÉGIMENT A CHEVAL.

### A. Sa formation en ligne.

Les quatre escadrons (1) formés chacun, comme il est dit page 134, sont placés sur la même ligne dans l'ordre de leurs numéros, séparés l'un de l'autre par un intervalle de 6 pas. L'étendard est placé à l'aile droite du troisième escadron.

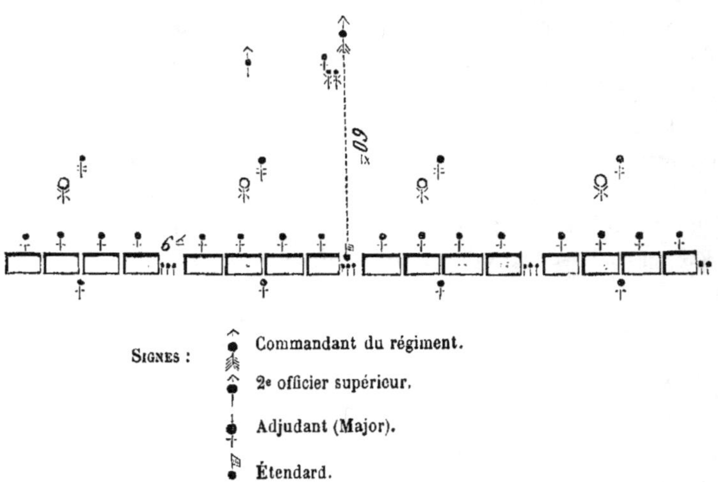

SIGNES :  Commandant du régiment.

2e officier supérieur.

Adjudant (Major).

Étendard.

## B. Formation des différentes colonnes.

**a) Formation du régiment en ligne de colonnes d'escadron.**

1. LIGNE DE COLONNES D'ESCADRON FACE EN AVANT.

Les escadrons formés en colonne par pelotons et ayant

---

(1) Pour les formations et les manœuvres on suppose le régiment à 4 escadrons.

leur tête à la même hauteur, sont séparés l'un de l'autre par un intervalle de déploiement égal au front de trois pelotons plus 6 pas.

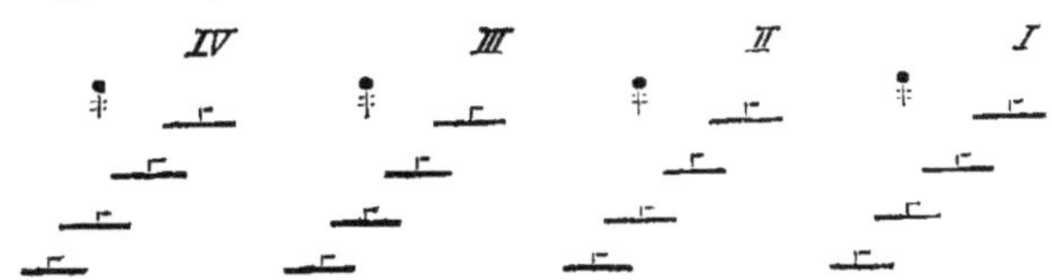

Cette formation constitue la formation normale de manœuvres du régiment. Elle sert de base à toutes les autres.

2. Les autres formations en colonnes d'escadron sont :

aa) Les colonnes d'escadron en demi-colonnes par la droite (gauche).

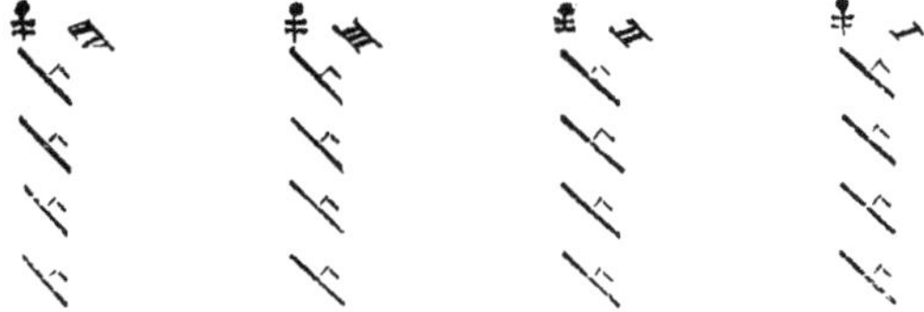

bb) La ligne de colonnes d'escadron ayant exécuté par peloton une demi-conversion à droite.

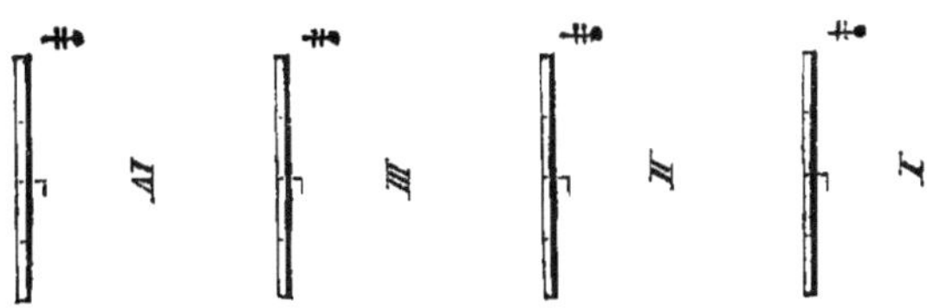

cc) La ligne de colonnes ayant exécuté par peloton une conversion à droite (à gauche).

### 3. COLONNES D'ESCADRON DISPOSÉES EN ÉCHELONS.

Dans ce cas les escadrons sont disposés en échelons les uns par rapport aux autres ; les escadrons sont en colonne par pelotons (*échelons par les têtes des colonnes*) ou en ligne (*échelons d'escadron*).

aa) Colonnes d'escadron en *échelons par les têtes des colonnes* demi-à-droite :

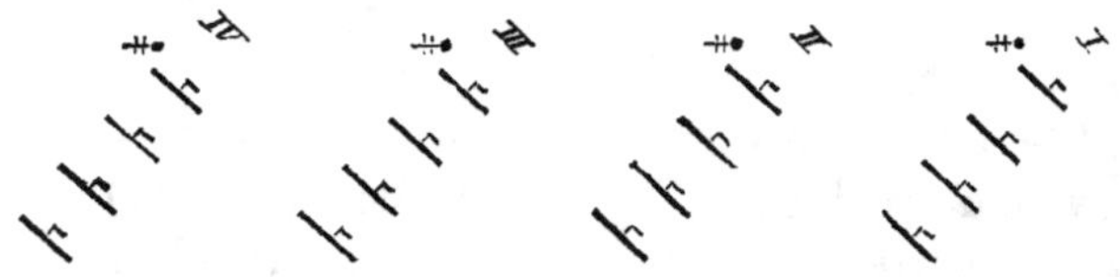

bb) Colonnes d'escadron en *échelons d'escadron* demi-à-droite.

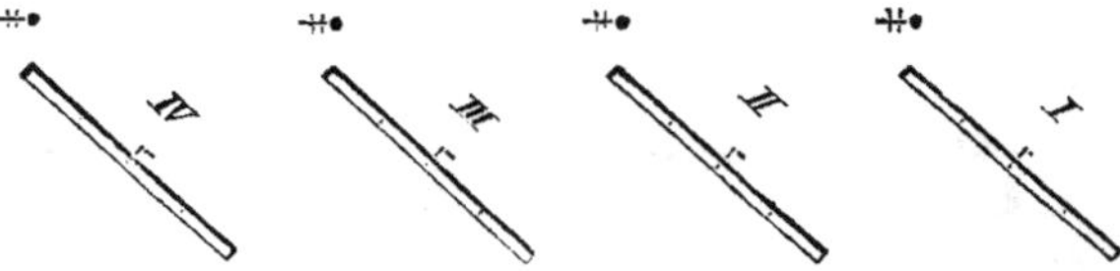

**b) Formation de la colonne de régiment.**
(Former la masse.)

1. Face en avant.

Les colonnes d'escadron, ayant leur tête à la même hauteur, sont séparées l'une de l'autre par un intervalle de 6 pas.

2. Les pelotons de chaque colonne ont exécuté une demi-conversion à-droite (pour l'exécution des mouvements obliques en avant).

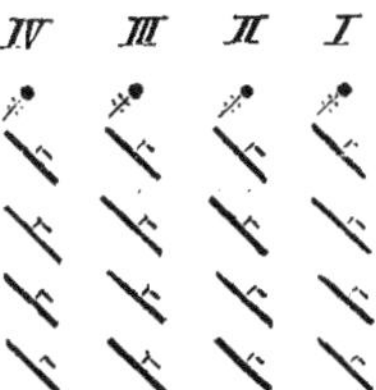

3. Les pelotons de chaque colonne ont exécuté une conversion à-droite. (Pour gagner du terrain vers un des flancs).

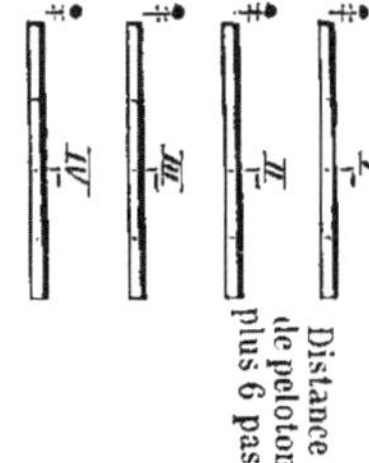

**c) Le régiment en colonne par pelotons** (Colonne avec distance).

Les escadrons en colonne par pelotons sont placés les uns derrière les autres.

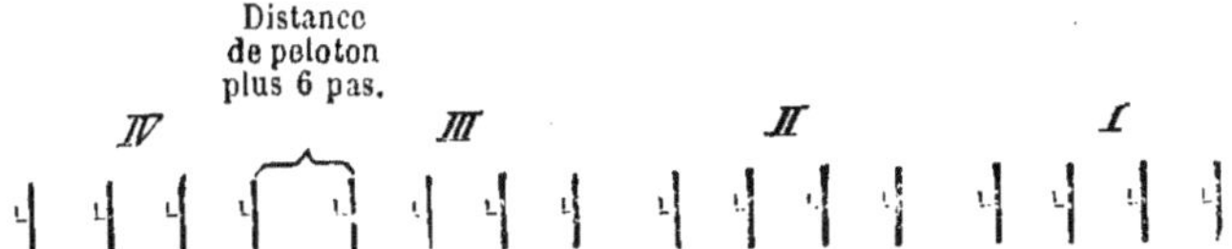

**d) Le régiment en demi-colonne.**

Les escadrons disposés en demi-colonne sont placés les uns derrière les autres.

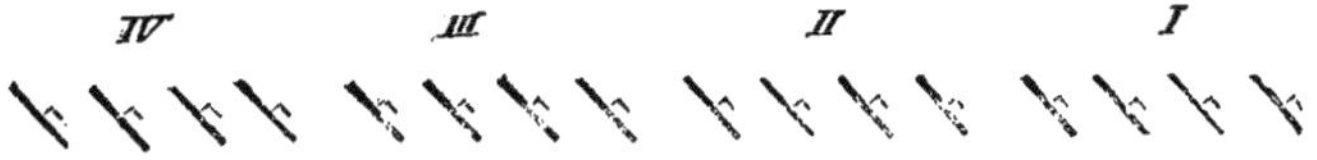

**e) Le régiment en colonne de route.**

Formation identique à celle indiquée pour l'escadron.

## C. Manœuvres du régiment.

### a) En ligne.

**1.** CHANGEMENT DE FRONT OBLIQUE EN AVANT VERS LA DROITE.

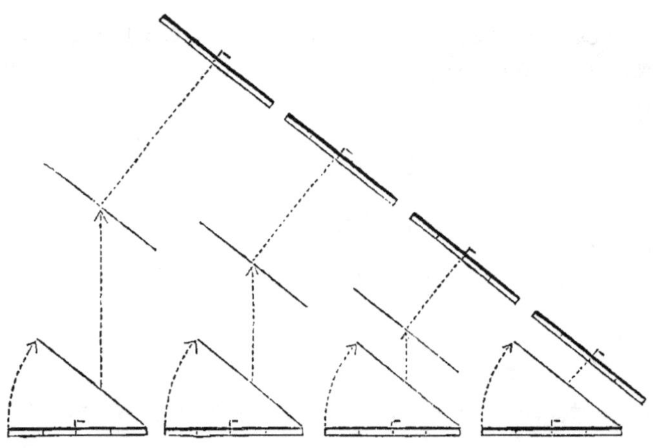

**2.** CHANGEMENT DE FRONT EN AVANT SUR LA DROITE.

Les 3e et 4e escadrons exécutent le mouvement de la même manière que le deuxième.

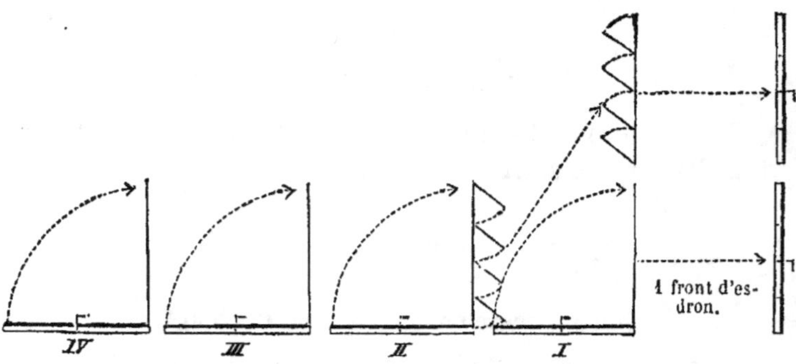

### Observation.

Le changement de front peut être exécuté encore en portant les pelotons en ligne à la droite et à la gauche du premier peloton.

Dans le mouvement ci-dessus, par exemple, les 3ᵉ et 4ᵉ escadrons manœuvreraient alors comme il est indiqué ci-après :

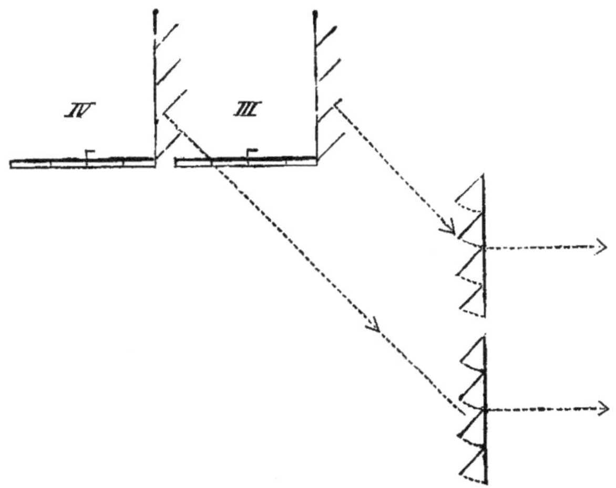


### b) Passer de la formation en ligne à la formation en colonne.

#### 1. A LA COLONNE PAR PELOTONS :

En conversant par peloton. Lorsqu'on ne veut pas changer la direction suivie par la ligne, le peloton de l'aile désignée se dirige droit en avant, comme il est dit pour l'escadron, page 140.

#### 2. A LA DEMI-COLONNE.

Au moyen de un huitième ou trois huitièmes de conversion, comme il est dit pour l'escadron, page 142.

#### 3. PASSER DE LA LIGNE DÉPLOYÉE A LA LIGNE DE COLONNES D'ESCADRON.

En rompant par la droite de chaque escadron.

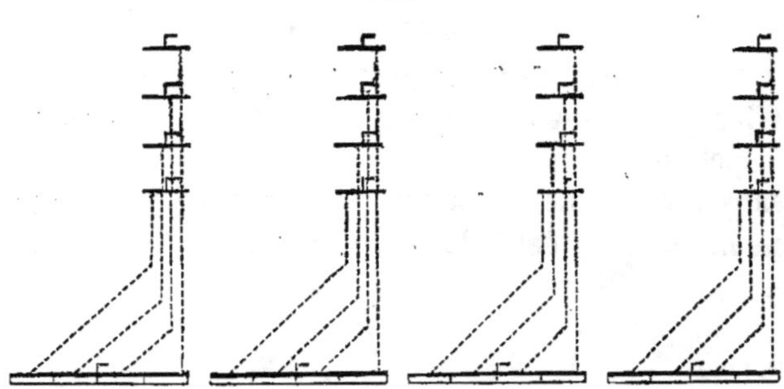

Chaque escadron se forme en colonne par pelotons comme s'il était isolé.

**4.** PASSER DE LA LIGNE DÉPLOYÉE A LA COLONNE PAR ESCADRONS A DROITE OU A GAUCHE.

Les escadrons en ligne conversent vers le flanc indiqué.

**5.** PASSER DE LA LIGNE DÉPLOYÉE A LA COLONNE PAR ESCADRONS DISPOSÉS EN ÉCHELONS.

Chaque escadron en ligne exécute une demi-conversion vers le flanc indiqué comme s'il était isolé.

### c) **Passer d'une formation en colonne à une autre formation en colonne** (1).

**1.** PASSER DE LA LIGNE DE COLONNES D'ESCADRON A LA COLONNE DE RÉGIMENT (Former la masse étant en ligne de colonne).

Le mouvement s'exécute sur l'escadron de direction ou sur une autre désigné à cet effet.

Le régiment étant *en marche :*

L'escadron de direction marche droit devant lui.

---

(1) Ces mouvements étant fort nombreux, il n'est fait mention ici que des plus importants.

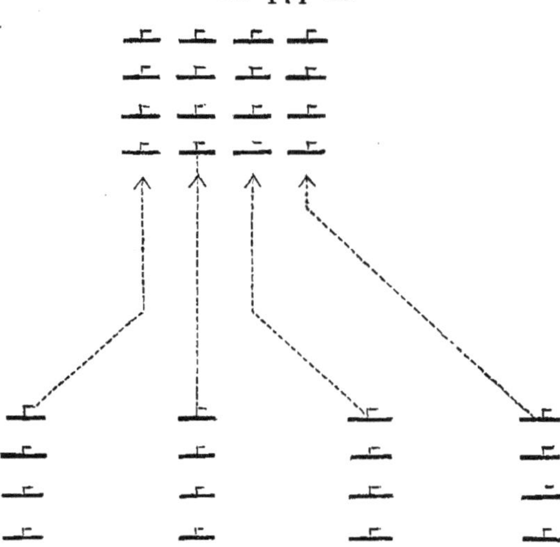

Le régiment *étant de pied ferme.*

L'escadron de direction gagne au trot en avant un front de peloton plus 6 pas; les autres escadrons conversent par peloton et se dirigent au trot sur l'escadron de direction; les pelotons dans chaque escadron conversent ensuite vers le front de la colonne, prennent leurs 6 pas d'intervalle et s'alignent sur les pelotons de l'escadron de direction.

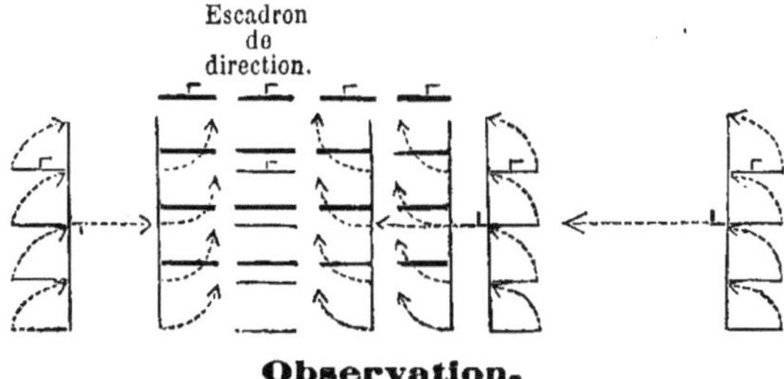


## Observation.

On passe de la colonne de régiment à la ligne de colonnes (déployer la masse) par les moyens inverses.

**2.** LE RÉGIMENT ÉTANT EN LIGNE DE COLONNES D'ESCADRON FORMER LES ÉCHELONS PAR LES TETES DES COLONNES.

En avant :

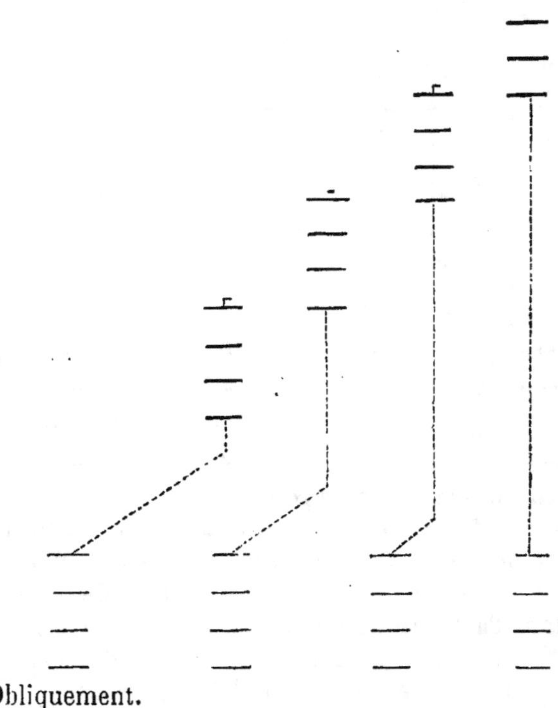

Obliquement.

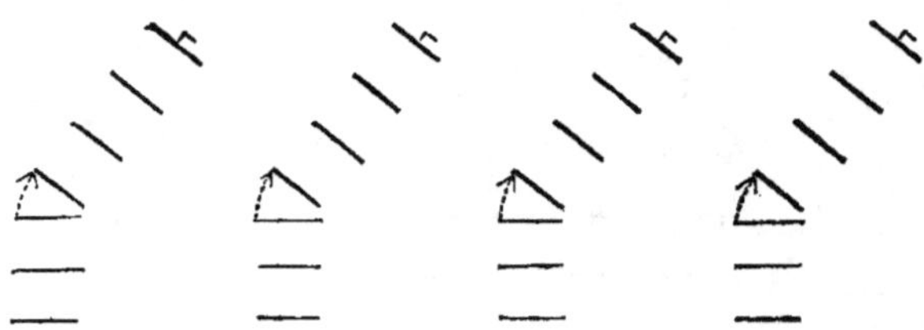

### 3. PASSER DE LA LIGNE DE COLONNES OBLIQUES A LA COLONNE DE RÉGIMENT.

Lorsque le mouvement s'exécute en marchant, l'escadron de tête s'arrête, les autres serrent à la distance d'un front de peloton plus 6 pas.

Si le mouvement s'exécute de pied ferme, l'escadron de

â tête ne bouge pas, les autres se conforment à ce qui est dit
ic ci-dessus.

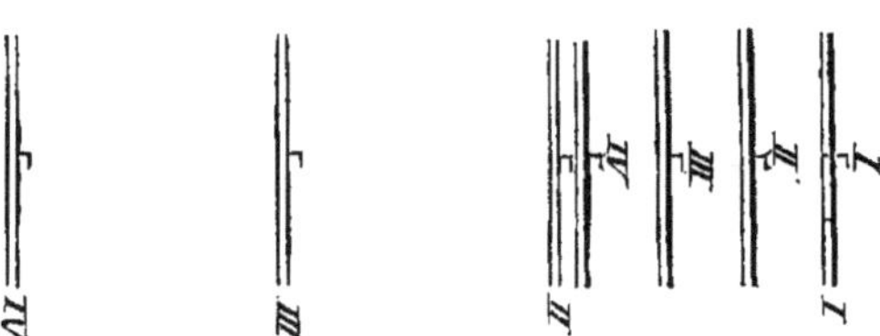

On passe de la colonne de régiment à la ligne de colonnes
obliques par les moyens inverses. Les escadrons prennent
successivement leurs distances par la tête.

4. PASSER DE LA LIGNE DE COLONNES D'ESCADRON A LA COLONNE
PAR PELOTONS.

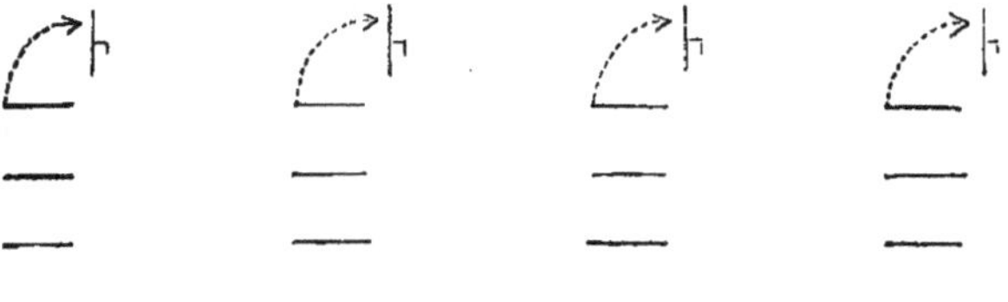

Le mouvement s'exécute d'une manière analogue lorsqu'on veut passer de la colonne par pelotons à la ligne de
colonnes. Dans ce cas le peloton de tête de chaque escadron
exécute une conversion vers le flanc de la colonne. Toutefois
ce mouvement peut encore être exécuté en portant les colonnes d'escadron, soit à la droite ou à la gauche, soit à la
droite et à la gauche en même temps, de l'escadron de tête.
Dans ce dernier cas les deux escadrons qui marchent immédiatement après l'escadron de tête se portent à sa gauche
et les autres à sa droite.

## D. Mouvements étant en colonne.

1. CHANGEMENT DE DIRECTION DU RÉGIMENT EN LIGNE DE COLONNES
D'ESCADRON.

Un huitième de conversion.

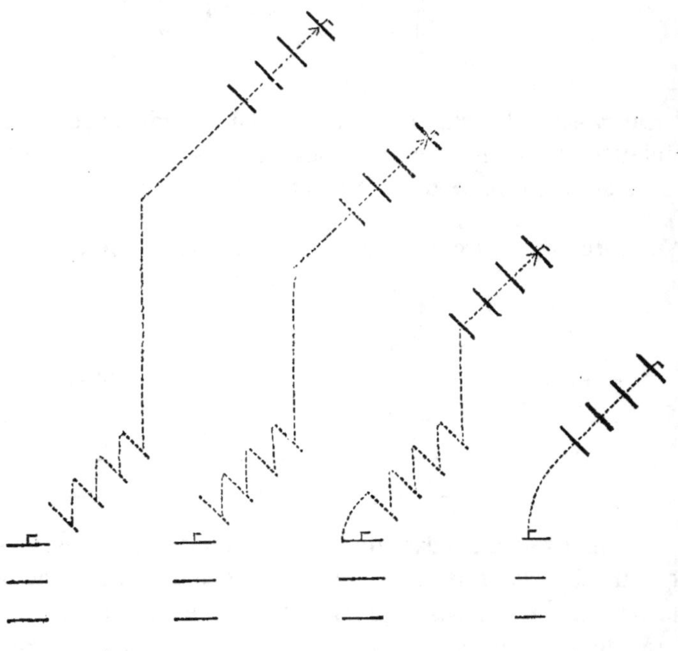

Lorsque la direction de la nouvelle ligne doit être perpendiculaire à celle de la précédente, on forme d'abord le régiment en colonne par pelotons. Chaque escadron deboîte ensuite de la colonne pour se porter à la droite ou à la gauche ou des deux côtés à la fois de l'escadron de tête.

**§ 2. CHANGEMENT DE DIRECTION OBLIQUE DE LA COLONNE DE RÉGIMENT (MASSE) VERS UN DES FLANCS.**

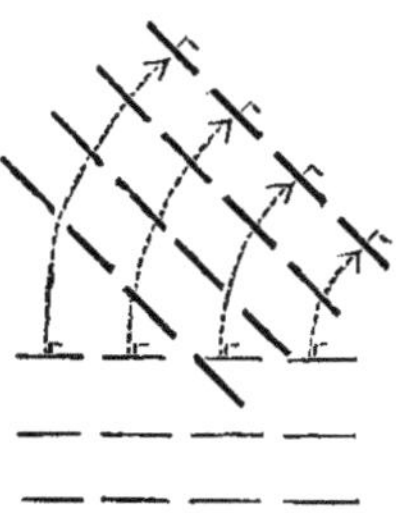

**e) Passer de la formation en colonne à la formation en ligne.**

**1. DÉPLOYER LA LIGNE DE COLONNES D'ESCADRON.**

*En avant.*

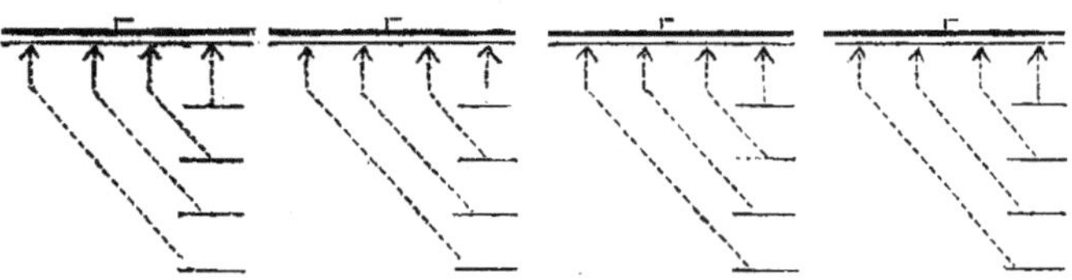

Mouvement simultané. Chaque escadron se forme en avant en bataille comme s'il était isolé.

*Sur l'un des flancs :*

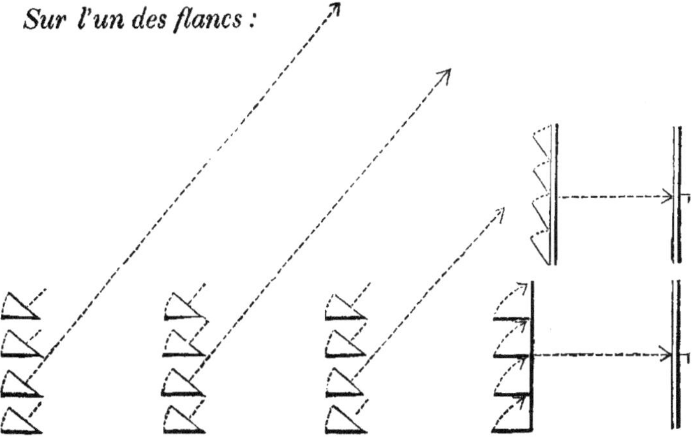

2. Déployer la colonne le régiment étant en colonne par escad.

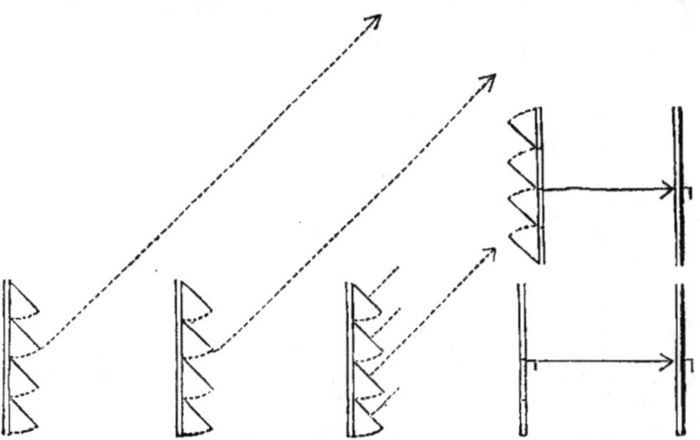

L'escadron de l'aile marche en avant la distance d'un front d'escadron et s'arrête. Les autres escadrons se forment en demi-colonne en conversant et gagnent chacun obliquement l'espace d'un front d'escadron plus 6 pas qui doivent le séparer de l'escadron voisin. Chaque escadron se forme successivement en bataille et se porte sur l'alignement de l'escadron de l'aile.

3. Reformer la ligne le régiment étant en colonne de régiment (déployer la masse).

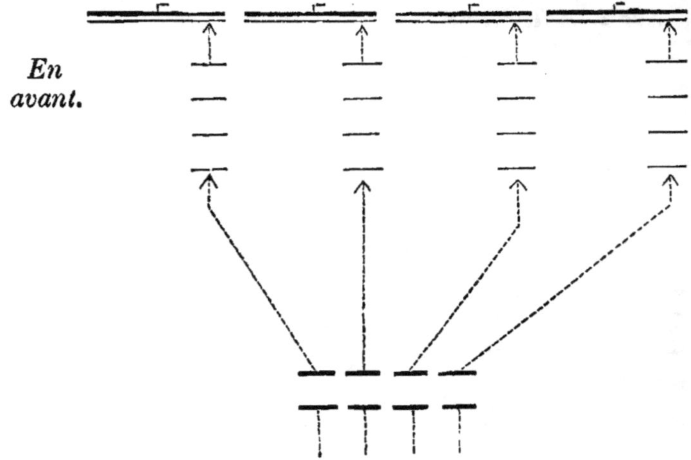

*Vers l'un des flancs.*

On déploie toujours sur l'escadron qui se trouve du côté du nouveau front. Cet escadron se forme en bataille et passe ensuite au pas.

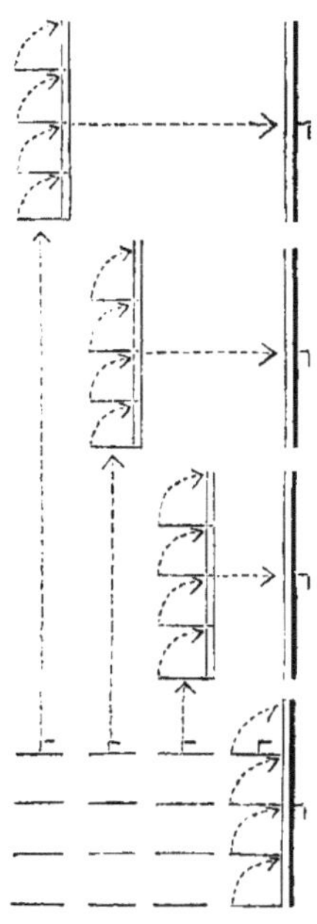

4. **Déployer la colonne de régiment (la masse), qui s'est formée en colonne par escadrons, ceux-ci ayant fait par pelotons a droite.**

Ce mouvement s'exécute également au moyen des déploiements. L'escadron de l'aile désignée ne bouge pas, les autres conversent par peloton du côté vers lequel on déploie, dépassent d'un front d'escadron plus 6 pas l'escadron déjà établi sur la ligne, se forment en bataille comme le montre la figure ci-dessus et se portent ensuite sur le nouvel alignement.

5. DÉPLOYER LA COLONNE PAR PELOTONS (COLONNE AVEC DISTANCE).

En règle générale, chaque escadron se déploie comme s'il était isolé et se porte ensuite à sa place de bataille. Par exception, lorsque le régiment n'est pas au complet, les pelotons peuvent se déployer directement ; par exemple :

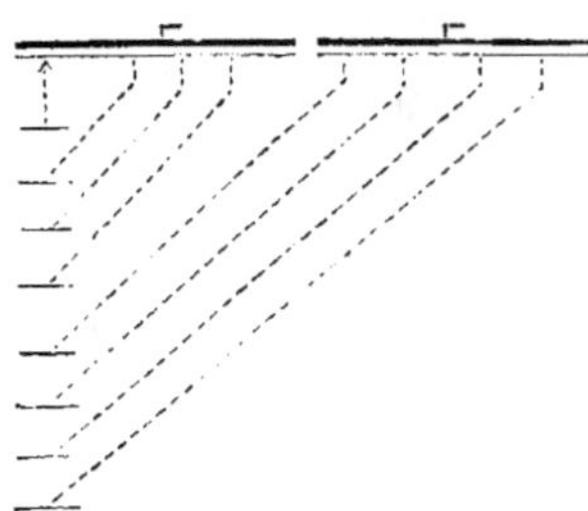

Les escadrons peuvent également se déployer à la fois vers la droite et vers la gauche de l'escadron de tête.

6. DÉPLOYER LA DEMI-COLONNE.

Les pelotons conversent à droite ou à gauche. Si l'on veut conserver la direction primitive le mouvement s'exécute par déploiement. Les escadrons se déploient comme s'ils étaient isolés et se portent ensuite à leur place dans le régiment.

## D. Offensive du régiment.

### Observations générales.

1. En règle générale un régiment en première ligne est formé en ligne de colonnes d'escadron précédée de quelques éclaireurs (officiers et soldats).

2. Lorsqu'un régiment est isolé, il forme toujours une seconde ligne en conservant en réserve un ou plusieurs escadrons qui suivent le mouvement. Ces escadrons sont commandés par un chef spécialement désigné.

La deuxième ligne a pour mission de remplir les intervalles de la première, de se porter sur les flancs de l'ennemi, de repousser ses éclaireurs, de poursuivre l'adversaire, etc.

Elle est formée en ligne de colonnes d'escadron ou en colonne par pelotons, et suit les mouvements de la première ligne à une distance de 300 pas environ. On la dispose, soit en arrière de l'une des ailes, soit en arrière des deux ailes.

3. La charge contre l'infanterie s'exécute en échelons. Les échelons se suivent à la distance de 200 pas. Les derniers échelons profitent de tous les accidents de terrain pour se dérober à la vue de l'ennemi jusqu'au moment où la direction concentrique leur est imposée par l'objectif à charger.

4. Dans une charge contre l'artillerie, l'étendue de l'objectif détermine le développement de l'attaque en ordre dispersé.

### 1. ATTAQUE EN LIGNE DÉPLOYÉE.

La charge est exécutée comme il est dit pour l'escadron en ligne déployée.

### 2. ATTAQUE EN ÉCHELONS.

Cette charge est exécutée soit par un, soit par deux escadrons d'une aile, soit par les deux escadrons du centre, suivis des autres escadrons.

Le commandant du régiment détermine d'avance le mode particulier de l'exécution.

Chaque escadron charge en ligne déployée.

Par exemple : Charge exécutée par deux escadrons de l'aile droite, suivis des autres escadrons en échelons :

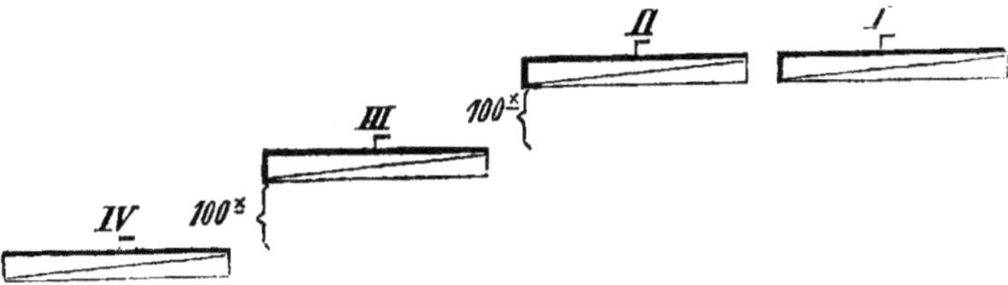

Commandement : *Regiment Echelon Attake* (*régiment, attaque en échelons*).

Les échelons se portent en avant au commandement de leur chef, en prenant 100 pas de distance sur l'échelon qui les précède. Lorsque les derniers échelons sont arrivés à 50 pas des premiers qui ont exécuté la charge, leurs chefs commandent : *Marche, marche*. Après la charge ils passent au trot et s'arrêtent. Les échelons s'alignent ensuite sur l'échelon qui a chargé le dernier.

La charge en échelons peut encore prendre les formes suivantes :

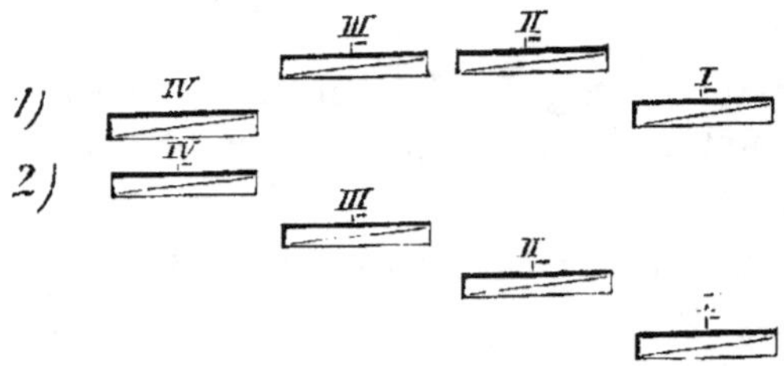

Dans la fig. 2 le mouvement commence par escadron l'aile gauche en avant.

Lorsque le régiment n'a pas le temps de se déployer, la disposition en échelons s'impose naturellement. Le mode d'exécution de l'attaque dépend alors de la formation du régiment au moment où la charge doit commencer.

On indique à chaque échelon un objectif à charger.

3. ORDRE DISPERSÉ.

Ce qui est dit à ce sujet pour l'escadron est applicable au régiment.

Selon les besoins on peut déployer un ou plusieurs escadrons au commandement de : *Auseinander, marsch, marsch* (*en fourrageurs, marche, marche*). Chaque escadron se déploie comme il est dit pour l'escadron isolé; toutefois l'escadron de direction se déploie en même temps que les autres.

Tout ce qui est dit à l'école d'escadron concernant la poursuite et le rassemblement, s'applique à l'école de régiment.

### E. Eclairer le régiment.

Le régiment se fait éclairer par un escadron d'après les principes prescrits pour l'escadron isolé.

Le chef du régiment commande : *N^{te} Escadron zum Flankiren vor* (*tel escadron en avant pour éclairer*).

L'escadron désigné se porte devant le centre du régiment.

Au commandement de : *Escadron halt, Flankeurs vor* (*escadron, halte, éclaireurs en avant*), le chef du quatrième peloton commande aussitôt : *Vierter Zug, Trab* (*quatrième peloton, au trot*), le mouvement s'exécute ensuite comme il est prescrit pour l'escadron isolé, page 161.

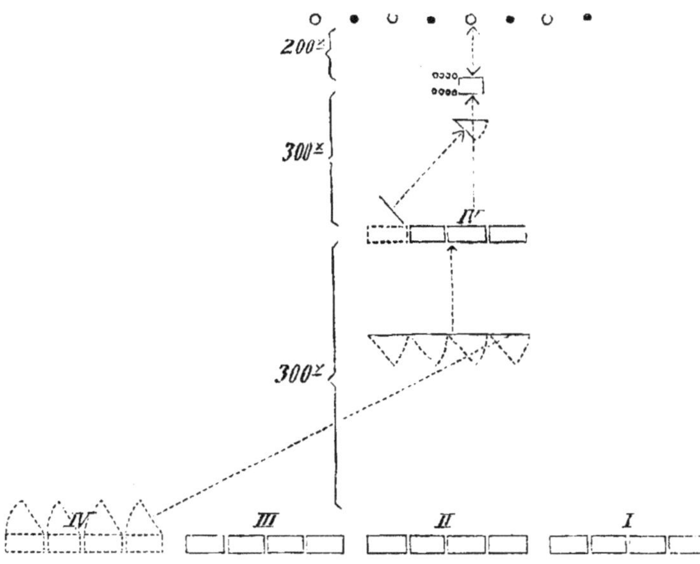

Chaque escadron peut être envoyé en avant pour le service d'éclaireurs.

Le rôle des éclaireurs et de l'escadron détaché est le même que celui du peloton dans l'escadron isolé.

## F. Combat à pied.

Dans le régiment l'escadron est l'unité de combat à pied. Il se conforme aux principes prescrits pour le combat à pied de l'escadron.

# VI

## COMBAT DE LA BRIGADE.

1. La brigade se compose de deux, trois ou quatre régiments. Lorsque la brigade est isolée son chef la fractionne pour le combat en deux ou trois lignes, d'après le nomber des régiments ou suivant les circonstances.

2. Sur le champ de bataille les lignes se suivent dans la formation de combat prescrite à une distance égale au front de la ligne.

La première ligne, après avoir quitté la formation de rendez-vous ou la formation de marche, prend la formation de combat, c'est-à-dire, se dispose en ligne de colonnes d'escadron. Les escadrons de soutien, fournis par la deuxième ligne marchent à 150 pas en arrière du centre de la première ligne avec de grands intervalles. Leur mission consiste à boucher les trous qui se produisent sur celle-ci, à se jeter sur les détachements ennemis qui parviennent à la traverser, enfin à intervenir dans la mêlée aux points où le combat menace de prendre une tournure défavorable.

La deuxième ligne, formée en ligne de colonnes d'escadron, est toujours placée à 300 pas en arrière, débordant la première ligne du côté de l'aile menacée ou non appuyée. Elle se forme en colonnes d'escadron au moment où la première se forme en bataille. La deuxième ligne doit contribuer à l'exécution vigoureuse de l'attaque de la première; elle doit manœuvrer de manière à dégager celle-ci de toute inquiétude pour ses flancs. La mission de la deuxième ligne consiste donc à appuyer l'attaque en cherchant à gagner le flanc de l'adversaire, à assurer les flancs de la première ligne, à la recueillir ou à la dégager si elle est ramenée, enfin à la prolonger. La troisième ligne (réserve), marche à 450 pas de la première ; elle se place soit en arrière de la première ligne, soit de façon à déborder l'aile opposée à celle derrière laquelle se trouve la deuxième ligne. La troisième ligne est chargée de parer à toutes les éventualités du combat de cavalerie. Elle se forme d'abord en colonne de régiment (masse) ; en cas de besoin elle se dispose en ligne de colonnes d'escadron. Toutefois elle ne prend cette dernière formation qu'au moment où la deuxième ligne se déploie en bataille. Lorsque celle-ci est fondue dans la première, la troisième ligne se porte en avant pour la remplacer.

Cependant une brigade de trois régiments n'est pas obligée de se former sur trois lignes. Son chef peut placer deux régiments en première ligne et en conserver un en deuxième ligne. Dans ce cas l'avant-garde est fournie par la première et la réserve par la seconde.

3. Afin d'éviter les surprises et pour ne pas être arrêtée dans la marche à travers un terrain défavorable, chaque ligne assure son front et ses flancs en détachant quelques officiers et quelques cavaliers isolés (patrouilles de combat et éclaireurs). Selon les circonstances un escadron peut être détaché en avant-garde pour protéger la première ligne.

4. Les commandants des lignes choisissent pour l'accomplissement de leur mission, les évolutions qui leur paraissent les plus convenables. Pendant le combat ils font le plus souvent appel à leur propre initiative sans attendre les ordres du général. Cette observation s'applique plus particulièrement au commandant de la deuxième ligne. Celui de la troisième, au contraire, tient toujours ses troupes à la disposition particulière du général.

5. En règle générale la première ligne conserve la formation en ligne de colonnes d'escadron aussi longtemps qu'elle manœuvre. Lorsqu'elle se porte à l'attaque, elle se déploie en bataille. Quelquefois cependant il est utile de la déployer plus tôt (par exemple sous le feu de l'artillerie). La première ligne peut encore, si ses forces le lui permettent,

détacher un ou plusieurs escadrons d'une aile, chargés
d'appuyer l'attaque en cherchant à gagner le flanc ou les
derrières de l'adversaire. Toutefois ces escadrons ne quittent
leur place dans la première ligne qu'au moment où leur
mission spéciale doit commencer.

BRIGADE DE TROIS RÉGIMENTS A QUATRE ESCADRONS SE PORTANT
A L'ATTAQUE :

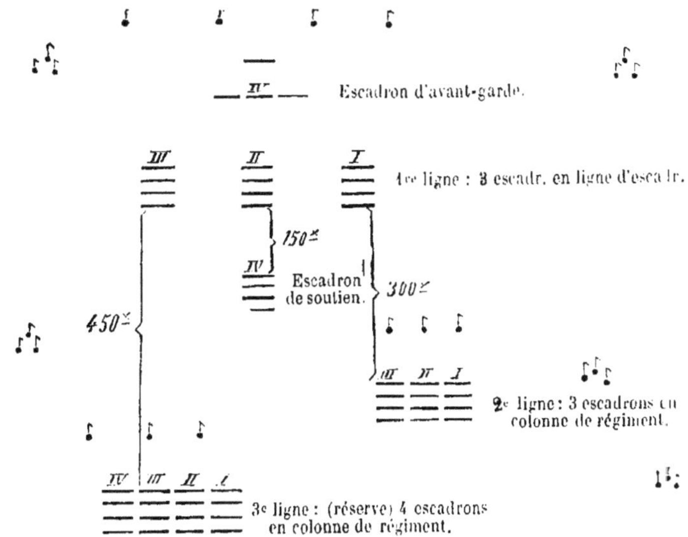

BRIGADE DE TROIS RÉGIMENTS A QUATRE ESCADRONS EXÉCUTANT
L'ATTAQUE.

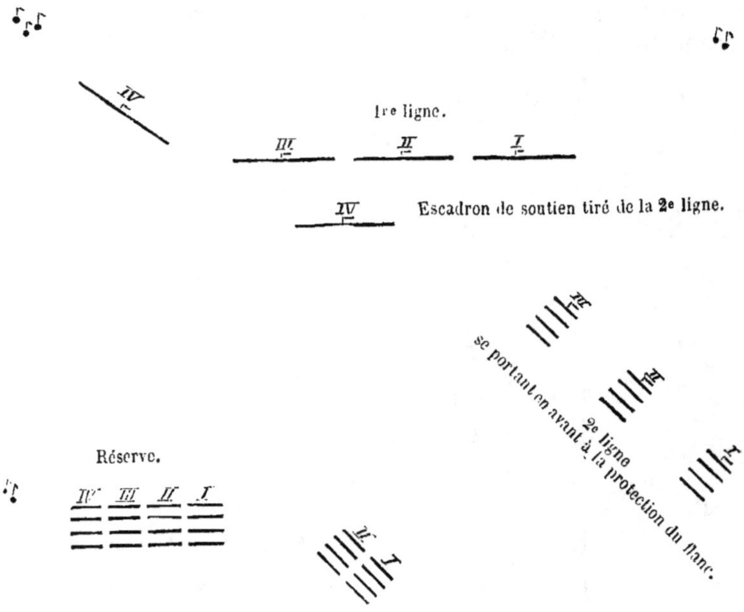

# GRANDE PARADE (REVUE) A CHEVAL.

## A. D'un escadron.

### a) De pied ferme.

En règle générale l'escadron prend la formation indiquée page 131. Lorsque l'étendard est présent, il se place à côté du guide de droite du troisième peloton. Au commandement de : *Augen rechts (links)* (*garde à vous, les yeux à droite [à gauche]*), les officiers et le porte-étendard saluent, le capitaine se porte à la droite de l'escadron et se place à un pas de la droite des trompettes sur l'alignement des chefs de peloton. Il se porte à la gauche de l'escadron si le supérieur vient par la gauche.

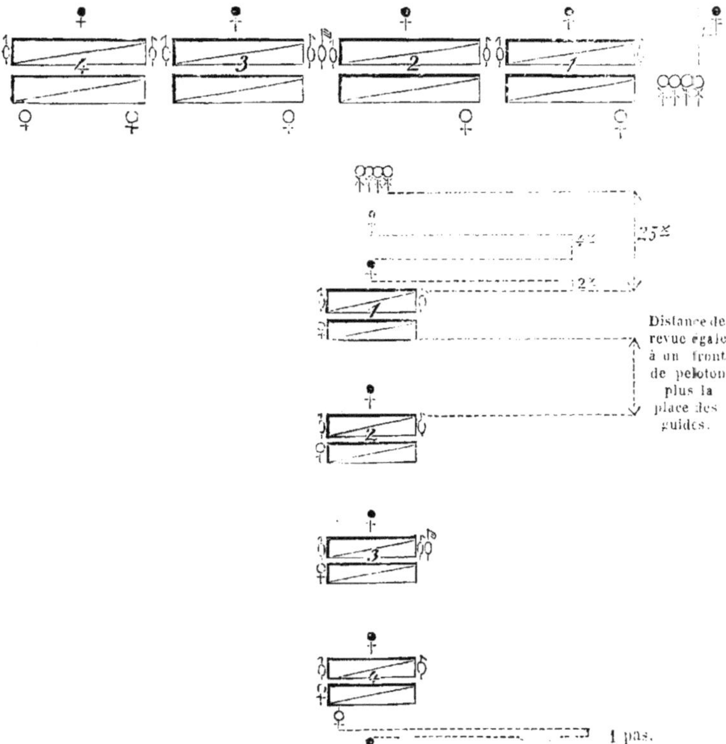

### b) Défilé.

#### 1. PAR PELOTONS.

Lorsqu'il y a deux officiers en serre-files, ils se placent l'un derrière la deuxième file de droite et l'autre derrière la deuxième file de gauche du quatrième peloton.

Les premiers sous-officiers des serre-files se placent sur le flanc gauche du deuxième rang de leur peloton. Les distances de revue se prennent en marchant.

#### 2. PAR DEMI-ESCADRONS (DIVISIONS).

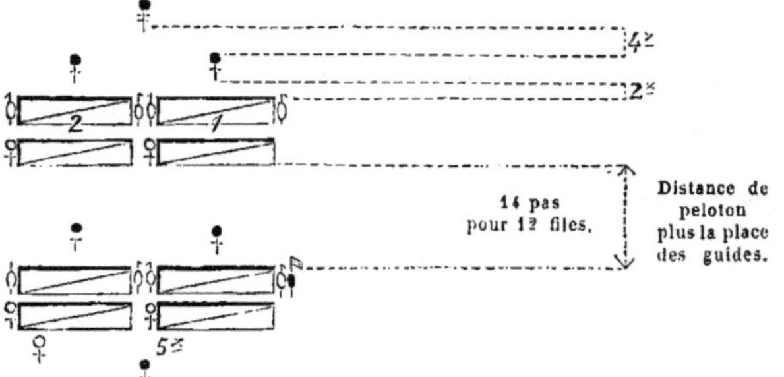


Les trompettes sont placés comme il est dit d'autre part à 25 pas en avant du premier demi-escadron.

Lorsqu'il y a deux officiers en serre-files ils se placent l'un en arrière du centre du troisième peloton et l'autre en arrière de celui du quatrième peloton.

#### 3. PAR ESCADRONS EN LIGNE.

Au commandement de : *Parade-marsch*, les trompettes se portent à 60 pas en avant du centre de l'escadron. Le chef de l'escadron se place à 30 pas en avant du centre de son escadron. Les escadrons défilent dans la formation indiquée pour la revue de pied ferme.

#### Observations.

A chaque défilé, lorsque les trompettes sont arrivés à une

distance égale à deux fronts de peloton de la personne à qui l'on rend les honneurs, ils déboîtent de la colonne par un demi-à-gauche et conversent ensuite à droite pour se placer face à cette personne.

Le chef de l'escadron salue seul, lorsqu'il est arrivé à distance d'un front de peloton de la personne devant laquelle on défile.

Lorsqu'il l'a dépassée, il sort de la colonne, et vient, au galop, se placer à sa droite.

## B. D'un régiment.

### 1. DE PIED FERME.

#### a) En ligne.

Le régiment est formé comme il est dit page 129. Les trompettes sont placés à 6 pas de la droite du régiment à hauteur du deuxième rang. Le deuxième officier supérieur est placé sur l'alignement des chefs de peloton entre les trompettes et le régiment; l'adjudant-major du régiment est placé derrière le deuxième officier supérieur à hauteur du premier rang. Les capitaines sont placés à la droite de leur escadron, à un pas du guide de droite sur l'alignement des chefs de peloton.

#### b) En colonne par escadron

Les escadrons sont placés l'un derrière l'autre, ayant entre eux une distance égale à un front de peloton plus 6 pas.

### 2. DÉFILÉ.

Le régiment peut, comme l'escadron, défiler par pelotons, par demi-escadrons (divisions) ou par escadrons. Le défilé s'exécute d'après les principes prescrits pour l'escadron. Lorsque le régiment défile par pelotons, les trompettes se placent à 40 pas devant le centre du premier peloton; si l'on défile par escadrons, ils se portent à 20 pas devant le centre du premier escadron. Dans ce dernier cas le régiment défile en colonne serrée par escadron en ligne.

### CHERCHER L'ÉTENDARD ET LE RECONDUIRE.

Un demi-escadron (division) est commandé pour servir d'escorte à l'étendard. Lorsque l'étendard doit sortir pour une grande revue, un escadron entier est commandé à cet effet. Tous les trompettes du régiment marchent avec le détachement qui est toujours accompagné d'un officier supérieur, lequel toutefois ne commande pas.

L'officier le moins ancien de grade de l'escadron, le sous-officier porte-étendard et un autre sous-officier, accompagnés des hommes nécessaires pour tenir les chevaux, se rendent à l'avance devant le logement du chef du régiment. L'officier et le sous-officier mettent le sabre à la main et entrent dans la maison. Le détachement, arrivé devant la maison, y est formé en bataille. Les chevaux de l'officier, du sous-officier porte-étendard et du deuxième sous-officiers sont conduits à la droite de l'escadron entre les trompettes et la droite du deuxième rang.

Dès que l'officier sort de la maison, le détachement présente les armes. L'officier et les deux sous-officiers montent à cheval. Le sous-officier porte-étendard se porte ensuite devant l'aile droite du premier peloton ; l'officier le moins ancien de l'escadron et le deuxième moins ancien se placent le premier à sa gauche et le deuxième à sa droite. Le deuxième sous-officier se porte à sa place de bataille.

Au départ, le porte-étendard, accompagné des deux officiers marche derrière les trompettes ; l'officier supérieur marche devant ceux-ci, et le chef de l'escadron précède l'étendard.

L'étendard est reconduit au logement dans l'ordre prescrit ci-dessus.

L'escadron étant formé en bataille, le porte-étendard se

porte de nouveau devant l'aile droite du premier peloton. Le chef de l'escadron commande ensuite : *Richt Euch* (*alignez-vous*). L'officier et les deux sous-officiers mettent pied à terre et se préparent à entrer dans la maison. Au commandement de : *Achtung* (*garde à vous*), l'officier commande : *Vorwärts, marsch* (*en avant, marche*) pour l'étendard.

L'escadron se met ensuite en marche, sans attendre le retour de l'officier.

# ARTILLERIE.

## A. — MANŒUVRES DE LA BATTERIE A PIED.

### I. Formation et division de la batterie en ligne.

La batterie est formée sur deux rangs. Les hommes les plus grands sont placés au premier rang. La distance d'un rang à l'autre est de 0<sup>m</sup>,80.

La batterie est divisée en deux parties égales autant que possible et appelées pelotons.

Dans l'artillerie de campagne les conducteurs peuvent former un troisième peloton.

Chaque peloton est subdivisé en *sections* (*Abmärsche*) en partant de la droite. Dans les batteries de campagne ces sections se composent de trois files, dans les batteries à cheval elles en comportent quatre.

Lorsqu'il existe une file en plus, la dernière section compte quatre ou cinq files. S'il en reste deux, la première section se compose de deux files.

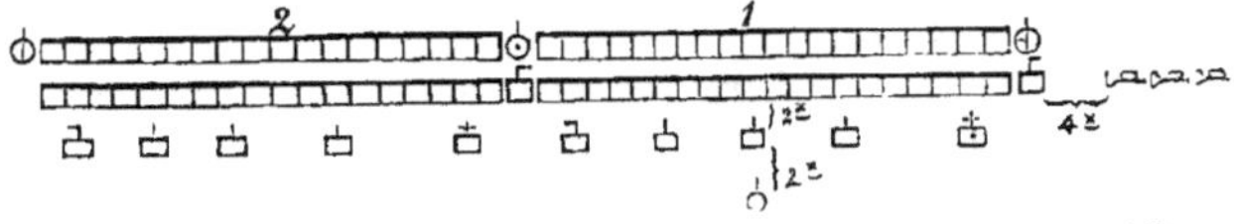

13

Signes :

$\ostar$ Capitaine. (1)

$\ocirc$ Premier lieutenant.

$\ocirc$ Premier second lieutenant.

$\ocirc$ Deuxième —

$\ocirc$ Troisième —

$\boxdot$ Serg.-maj. (Mar. des logis chef)

Signes :

$\boxdot$ Enseigne ou sergent-major suppléant.

$\boxdot$ Guide de droite (sous-officier).

$\boxdot$ Guide de gauche. —

$\boxdot$ Serre-file. —

$\ominus$ Trompettes. —

## Observations.

Lorsque les conducteurs forment un troisième peloton, celui-ci est commandé par le troisième officier.

S'il y a deux officiers en serre-file, le plus ancien se place derrière le premier peloton, le moins ancien derrière le deuxième.

En cas de besoin, les sous-officiers peuvent remplacer les officiers comme chefs de peloton.

Le guide de droite remplace toujours le chef de peloton au premier rang, lorsque ce dernier quitte sa place.

---

(1) L'effectif d'une batterie de campagne montée de l'armée allemande est de 5 officiers, 15 sous-officiers, 3 trompettes, 1 maréchal ferrant, 1 infirmier, 2 bourreliers, 149 hommes et 150 chevaux.

L'effectif d'une batterie à cheval est de 5 officiers, 14 sous-officiers, 3 trompettes, 1 maréchal ferrant, 1 infirmier, 2 bourreliers, 142 hommes et 230 chevaux.

Trois ou quatre batteries (voir page 10) forment une *Abtheilung*. Deux ou trois *Abtheilungen* constituent un régiment. Chaque Abtheilung est commandée par un officier supérieur (major) qui porte le nom de *Abtheilungs commandeur*.

Chaque régiment d'artillerie est commandé par un colonel ou par un lieutenant-colonel. (Dans l'armée allemande les fonctions sont distinctes du grade.)

## II. Manœuvres de la batterie.

### 1. MARCHE DE FLANC.

Commandement : *Rechts (links) um, vorwärts, marsch
(par le flanc droit [gauche], en avant, marche).*

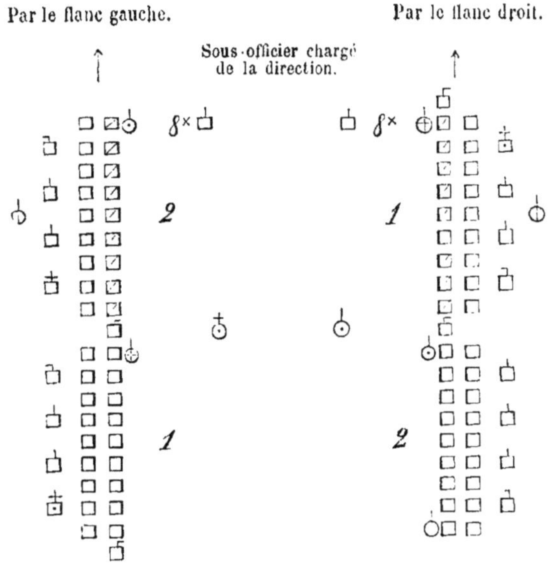

Par le flanc gauche.                    Par le flanc droit.

Sous-officier chargé
de la direction.

### Observation.

En se mettant en marche, les hommes gagnent insensi-
blement la distance de 1 pas.

### 2. CHANGEMENT DE DIRECTION PAR FILE.

Commandement : *Tête rechts (links) schwenkt, marsch,
gerade aus (tête de colonne, tournez à droite [à gauche],
marche, en avant.*

Chaque homme vient tourner à la même place que celui
qui le précède.

3. LA BATTERIE MARCHANT PAR LE FLANC, LA FORMER EN LIGNE (EN BATAILLE).

### a) Par un à-droite (à-gauche) (ligne parallèle).

Commandement : *Il-a-l-t.* La tête s'arrête, les files serrent à leur distance. Ensuite : *Front.*

Lorsque le mouvement s'exécute en marchant, les files serrent à leur distance au commandement de : *Rechts* (*links*) (*à droite* [*à gauche*]) ; au commandement de *um*, elles s'arrêtent et font front.

### b) Par le déploiement des files (ligne perpendiculaire).

Commandement : *Batterie links* (*rechts*) *marschirt auf, marsch* (*batterie, vers la gauche* [*droite*], *en avant en bataille, marche*). Lorsque le mouvement s'exécute en marchant on commande en outre : *Tête de colonne, halte.*

Le mouvement s'exécute de la même manière pour former les pelotons en ligne. En marchant, on commande en outre : *Tête de colonne, halte.*

L'homme de droite du deuxième rang se place derrière l'homme de droite du premier rang ; les autres files font un demi-à-gauche (à droite) et se portent sur l'alignement de la file de l'aile.

Lorsqu'on s'est déployé vers la droite, le chef commande : *Augen rechts* (*les yeux à droite*) (1).

### 4. CHANGEMENTS DE DIRECTION DE PIED FERME.

### a) Par peloton.

Commandement : *Batterie mit Zügen, rechts* (*links*), *schwenkt, marsch* (*batterie par peloton à droite* [*gauche*], *tournez, marche*), et, après l'exécution du mouvement : *Halt* (*halte*) ou *Gerade aus* (*en avant*).

---

(1) C'est après le mouvement terminé que le capitaine commande : *Augen rechts* (les yeux à droite), par opposition à *links* (gauche) et pour reprendre le guide à droite.

(S'il y a lieu on prévient à l'avance le peloton, demi-peloton ou section qui doit rester face en tête).

De cette manière on forme la colonne à distance entière.

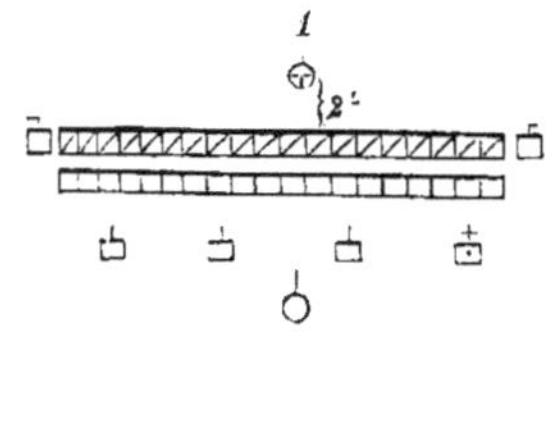

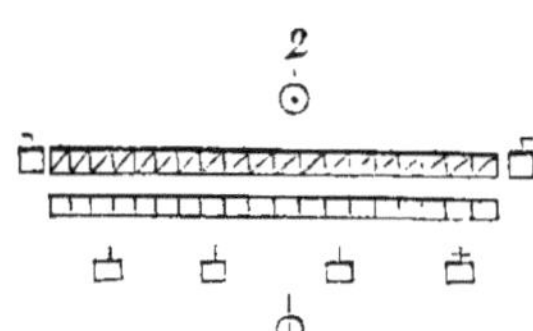

### b) **Par trois (quatre)**.

Commandement : *Batterie zu dreien (vieren) rechts (links), schwenkt, marsch*, und *halt* oder *gerade aus* (*batterie à gauche [à droite], par trois (quatre), marche* et *halte* ou *en avant*).

*Colonne par trois* (quatre).

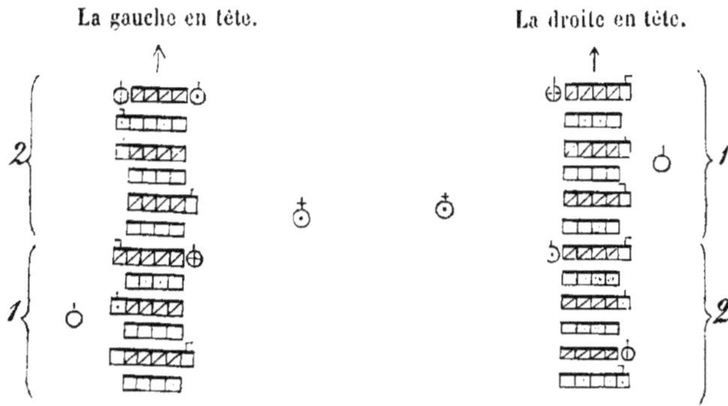

### 5. CHANGEMENTS DE DIRECTION EN MARCHANT.

#### a) En colonne par pelotons.

Commandement : *Tête rechts (links) schwenken (tête de colonne à droite [à gauche], tournez)*.

Le chef du peloton de tête : *Rechts (links), schwenkt, marsch, gerade aus (tournez à droite [à gauche], marche, en avant)*.

#### b) En colonne par trois (quatre).

Commandement : *Tête rechts (links) shwenken, marsch, gerade aus (tête de colonne tournez à droite [gauche] marche, en avant)*.

Les sections suivantes changent de direction sans commandement.

# L'ABTHEILUNG (1).

## B. — MANŒUVRES DE L'ABTHEILUNG A PIED.

### I. Formation.

Les batteries de l'*Abtheilung* sont placées sur la même ligne, dans l'ordre indiqué par leurs numéros, en commençant par la droite.

Lorsque dans une *Abtheilung* d'artillerie de campagne, les conducteurs doivent manœuvrer à pied, ils forment une batterie spéciale de deux pelotons, placée à la gauche de l'*Abtheilung*.

En conséquence une *Abtheilung* peut être composée de six, de huit ou de dix pelotons.

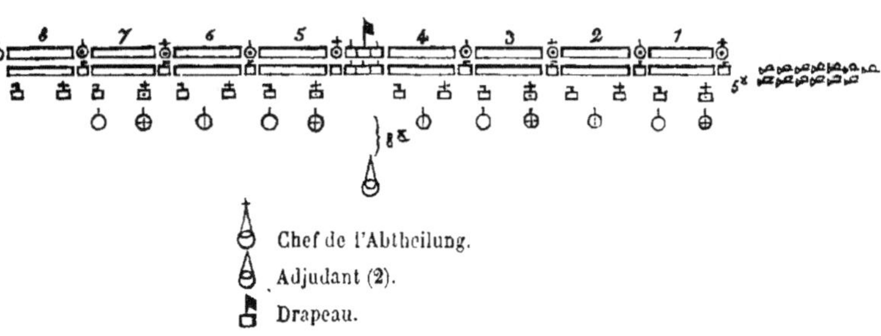


---

(1) *Abtheilung* signifie littéralement *division*. L'*Abtheilung* de l'artillerie allemande correspond au groupe de batteries placé en France sous le commandement d'un chef d'escadron. Une Abtheilung compte trois ou quatre batteries (voir page 10).

(2) Du grade de second lieutenant. Cet officier remplit en Allemagne

## Observations.

1. Les batteries sont formées comme il est dit page 1, mais les capitaines sont dans le rang. Deux officiers sont placés en serre-files derrière chaque peloton impair. Les deuxièmes second lieutenants, à l'exception de celui de la batterie de l'aile gauche, se placent en serre-files derrière leur peloton.

2. Lorsque l'*Abtheilung* ne compte que trois batteries, le drapeau est placé à la droite du troisième peloton.

### II. Passer de la formation en ligne à la formation en colonne.

#### 1. AU MOYEN DES MOUVEMENTS DE FLANC.

La colonne se trouve ainsi formée comme il est dit pour la batterie isolée.

#### 2. AU MOYEN DES CONVERSIONS PAR PELOTON OU PAR TROIS (QUATRE).

Ces mouvements produisent les colonnes à distance entière. On les emploie également pour reformer la ligne. Dans l'*Abtheilung* les colonnes sont formées de la même manière que dans la batterie isolée. Toutefois dans la colonne par trois, le drapeau et les sous-officiers qui l'accompagnent marchent entre le quatrième et le cinquième peloton. Dans la colonne par pelotons, le drapeau et sa garde formée sur un rang, sont placés sur l'alignement des serre-files derrière la droite du peloton dont ils font partie.

#### 3. EN PORTANT LES PELOTONS LES UNS DERRIÈRE LES AUTRES (PLOIEMENTS).

Le premier ou le dernier peloton forme le peloton de tête. Les autres font à droite (à gauche) et se portent suc-

---

auprès du chef de l'Abtheilung les mêmes fonctions que l'officier de réserve adjoint remplit en France auprès du chef d'escadron commandant de groupe.

cessivement derrière le peloton de tête. La distance entre les pelotons est égale à deux fois la distance de rang, mesurée des serre-files du peloton qui se trouve en avant. Tous les serre-files à l'exception de l'officier du dernier peloton, serrent à 1 pas de distance sur le deuxième rang de leur peloton.

Commandement : *Abtheilung rechts (links) in colonne in Zügen, rechts um, vorwärts, marsch* (*Abtheilung sur le peloton de droite* [*gauche*] *en colonne par le flanc droit* [*gauche*], *en avant, marche*).

Le peloton sur lequel doit se former la colonne ne bouge pas.

Par exemple sur le premier peloton :

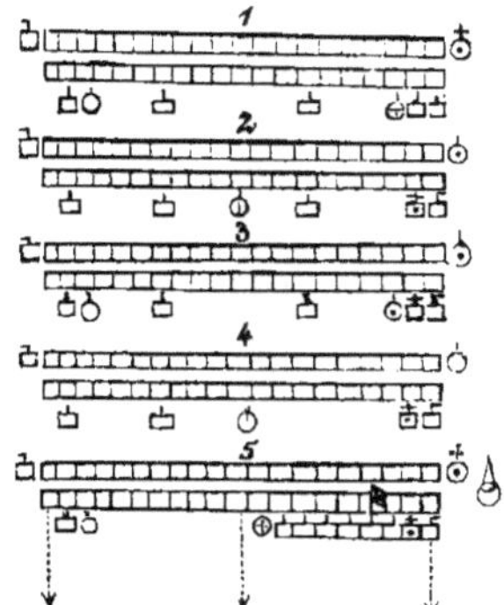

Les pelotons font successivement *h-a-l-te* et *front* au commandement de leur chef. Lorsqu'on se forme à gauche en colonne, le chef de chaque peloton s'arrête à hauteur de la file de droite du peloton déjà placé, laisse filer son peloton et lorsque la file de droite de ce dernier est arrivée à sa hauteur, il l'arrête par le commandement de *halte, front.*

### III. Mouvements exécutés par la colonne.

1. CHANGEMENT DE DIRECTION DE LA COLONNE A DISTANCE ENTIÈRE (Voir p. 198).

2. DÉPLOIEMENT DE LA COLONNE PAR PELOTONS OU DE LA COLONNE PAR TROIS (QUATRE).

**a) Étant en colonne par pelotons former les batteries.**

Commandement : *Abtheilung in Batteries links (rechts) marschirt auf, marsch (Abtheilung, vers la gauche [droite], formez les batteries, marche).*

Le chef du premier peloton : *Gerade aus (en avant).*

Puis, après avoir gagné un front de peloton : *Halte* et *les yeux à gauche* (si on déploie à droite).

Le chef du peloton suivant : *Halblinks (halbrechts) marsch, gerade aus* et *augen links (oblique à gauche [oblique à droite], marche, en avant, et les yeux à gauche)* (si on déploie à droite).

Arrivé à hauteur du deuxième rang du peloton établi sur la ligne de bataille : *Halt, richt euch (halte, alignez-vous).*

**b) Étant en colonne par trois (quatre) former les pelotons.**

*Abtheilung in Züge links (rechts) marchirt auf, marsch,* et si le mouvement s'exécute en marchant : *Tête, halt (Abtheilung, vers la gauche [droite], formez les pelotons, marche, et en marchant : Tête, halte).*

Les sections de tête gagnent en avant un front de section et s'arrêtent; les sections suivantes font demi-à-gauche (demi-à-droite) et déboîtent de la colonne. Le chef de l'*Abtheilung* commande ensuite : *Aufrücken (serrez),* les chefs de peloton commandent aussitôt : *Vorwärtz, marsch, halt (en avant, marche, halte).*

3. MARCHER PAR LE FLANC DANS LA MÊME DIRECTION.

Commandement : *In Reihen geseht rechts (links) um (par le flanc droit [gauche], par file à gauche.*

La file de droite de chaque peloton continue à marcher
droit devant elle, l'homme du deuxième rang de cette file
se plaçant à la droite (gauche) de l'homme du premier rang.
Toutes les autres files font par le flanc et changent successivement de direction à la même place que celle qui les précède. Les hommes raccourcissent le pas pour prendre leur
distance.

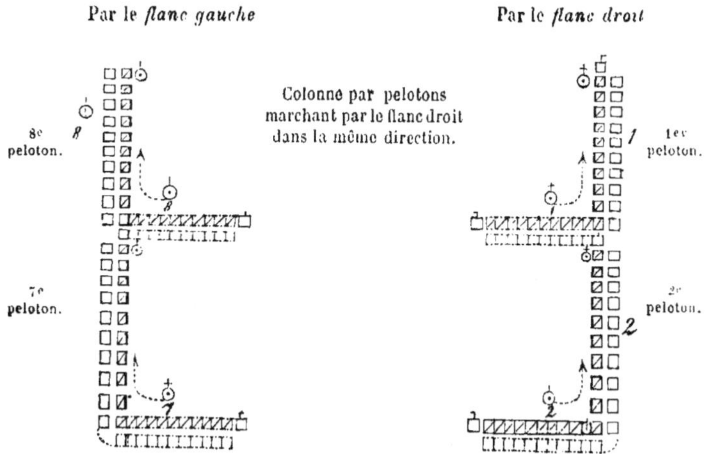


## 4. Mouvements exécutés par la colonne serrée.

Dans une colonne serrée, l'alignement, le tact des coudes
et la direction sont, en général, conservés comme il est
prescrit pour la colonne à distance entière. Les chefs de peloton marchent à la droite de leur peloton, les guides de
gauche à la gauche. Il est fait exception à cette règle lorsqu'une colonne serrée marche par le flanc droit ou par le flanc
gauche de ses subdivisions. Dans le premier cas, les chefs
de peloton se placent à côté de l'homme de droite de leur
peloton. Si la colonne marche par le flanc gauche, ils se
portent à côté de l'homme de gauche de leur peloton. La
direction reste du côté du peloton de tête; les files de droite
(gauche) de chaque peloton marchent à la même hauteur.

5. CHANGEMENTS DE DIRECTION DE LA COLONNE SERRÉE.

Commandement : *Abtheilung rechts (links) schwenkt, marsch (Abtheilung à droite [à gauche] conversion)*.

La subdivision de tête exécute la conversion d'après les principes prescrits ; les autres subdivisions obliquent légèrement à gauche (à droite) et cherchent ainsi à gagner peu à peu la direction de la subdivision de tête.

Lorsque le peloton de tête a achevé sa conversion, le chef de l'*Abtheilung* commande : *Gerade aus (en avant)*. Les pelotons suivants gagnent petit à petit la nouvelle direction.

6. PRENDRE LES DISTANCES ET SERRER LA COLONNE.

**a) Passer de la colonne à distance entière à la colonne serrée.**

aa) *De pied ferme :*
Le chef de l'*Abtheilung* : *Aufgeschlossen, marsch* (serrez, marche).

Le peloton de tête ne bouge pas. Les pelotons suivants se mettent en marche. Leurs chefs commandent successivement : $N^{ter}$ *Zug halt* (tel peloton, halte).

bb) *En marche :*
Le chef de l'*Abtheilung* : *Aufgeschlossen* (serrez).

Le chef du peloton de tête : $N^{ter}$ *Zug, halt* (tel peloton, halte).

Les chefs de peloton suivants font successivement le même commandement.

**b) Passer de la colonne serrée à la colonne à distance entière.**

Pour l'exécution de ce mouvement, la colonne étant en marche, les derniers pelotons marquent le pas et reprennent la marche lorsqu'ils ont leur distance.

Le chef de l'*Abtheilung* : *Ganze (Viertel, Halbe) Zug Distance genommen* (prenez distance entière [quart de distance, demi-distance] de peloton).

Les pelotons de queue marquent le pas ; lorsqu'ils ont leur distance ils se remettent en marche au commandement de : *Freiweg* (*en avant*).

La colonne étant de pied ferme, on prend les distances en portant successivement les pelotons en avant au commandement de : $N^{ter}$ *Zug, marsch* (*tel peloton, marche*), ou bien en alignant les pelotons en arrière.

Le chef de l'*Abtheilung* commande alors : *Rückwärts richt euch, marsch* (*en arrière, alignez-vous, marche*).

Le peloton de tête ne bouge pas, les autres s'alignent en arrière, leurs chefs commandent successivement : $N^{ter}$ *Zug, halt* (*tel peloton, halte*).

La colonne, étant de pied ferme, peut encore prendre les distances en portant en arrière les pelotons de queue. Ceux-ci font face en arrière, prennent leur distance et font ensuite face en tête au commandement de leurs chefs.

### IV. Passer de la formation en colonne à la formation en ligne.

1. L'ABTHEILUNG MARCHANT PAR LE FLANC LA FORMER EN BATAILLE (Voir p. 193).

2. L'ABTHEILUNG ÉTANT EN COLONNE LA FORMER A GAUCHE (A DROITE) EN BATAILLE.

Par une conversion simultanée de tous les pelotons.

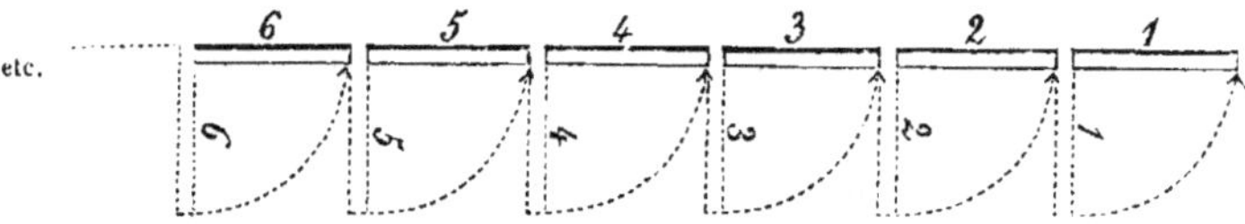


Commandement : *Offiziere auf die linken* (*rechten*), *Flügel* (*les officiers aux flancs gauches* [*droits*]), et si l'on se forme à gauche en bataille, ce commandement est précédé de : *Augen links* (*les yeux à gauche*).

Le chef commande ensuite : *Abtheilung halt, mit Zügen links* (*rechts*) *schwenkt, marsch, halt* (*Abtheilung halte, par peloton à gauche [à droite], conversion, marche, halte).*

Lorsqu'on se forme à gauche en bataille, les chefs de peloton se portent, pendant la conversion, au flanc droit de leur peloton.

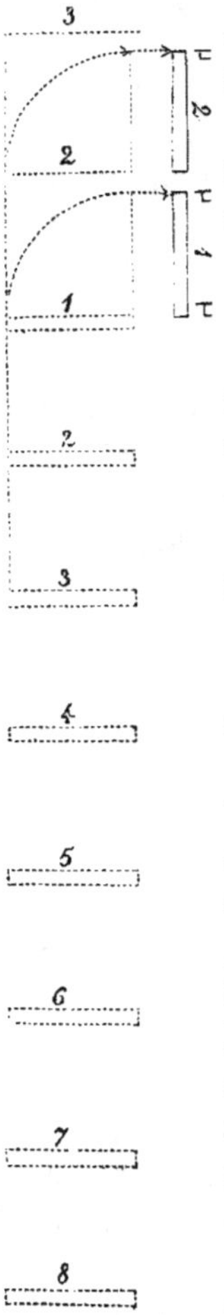

L'*Abtheilung* étant en colonne par trois (quatre), le mouvement s'exécute d'après les mêmes principes.

Au commandement de *h-a-l-te* les sections (fractions de trois ou de quatre) serrent à leur distance.

LA COLONNE ÉTANT EN MARCHE LA FORMER SUR LA DROITE (GAUCHE) EN BATAILLE.

Commandement : *Abtheilung Zug* = (*Abmarsch*) = *weise rechts eingeschwenkt* (*Abtheilung, par peloton [section] sur la droite en bataille*).

Puis dans la colonne par pelotons : *Tête rechts schwenken (tête de colonne, à droite*).

Dans la colonne par trois : *Tete rechts schwenkt, marsch* und *halt (tête de colonne à droite conversion, marche* et *halte*).

Dans le premier cas le chef du peloton de tête commande : *Rechts schwenkt, marsch (à droite conversion, marche*). La conversion achevée il commande : *Gerade aus (en avant*), puis le peloton ayant marché 3 pas, il commande : *halte*. Les subdivisions suivantes, dans la colonne par sections, changent de direction sans commandement ; dans la colonne par pelotons, les chefs de peloton commandent successivement : *Schwenkt, marsch, gerade aus, halt (tournez, marche, en avant, halte*).

La nouvelle ligne de bataille est déterminée par les guides. Lorsqu'on se forme sur la droite en bataille, les guides de droite et de gauche du peloton de tête se portent rapidement sur la ligne et se placent devant les files de droite et de gauche de leur peloton ; les guides de gauche des autres pelotons s'y portent successivement et s'alignent derrière ceux du premier peloton en ayant soin de prendre exactement leur distance. Si la colonne se forme sur la gauche en bataille, le mouvement s'exécute par les moyens inverses. Toutefois dans ce cas le commandement de *Augen links* (*les yeux à gauche*) suit toujours celui de *Gerade aus* (*en avant*).

Pour faire rentrer les guides, le chef de l'*Abtheilung* commande : *Unteroffiziere zurück* (*sous-officiers, retirez-vous* [*à vos places*]), si l'on s'est formé sur la droite en bataille et *Augen rechts* (*les yeux à droite*), lorsqu'on s'est formé sur la gauche.

### 3. DÉPLOYER LA COLONNE SERRÉE.

Commandement : *Abtheilung links* (*rechts*), *deployirt* (*Abtheilung, vers la gauche* [*droite*], *déployez*).

Le guide de droite et le guide de gauche du peloton de tête, ainsi que les guides de gauche (droite) des autres pelotons, se portent rapidement en avant et jalonnent la nouvelle ligne.

Le chef de l'*Abtheilung* commande ensuite : *Links* (*rechts*) *um* (*par le flanc gauche* [*droite*]).

Tous les pelotons, à l'exception du peloton de tête, font par le flanc.

Si la colonne est déployée vers la droite, le chef du peloton de tête commande aussitôt : *Augen links* (*les yeux à gauche*).

Le chef de l'*Abtheilung* commande ensuite : *Vorwärts, marsch* (*en avant, marche*).

Tous les pelotons, à l'exception du peloton de tête, se mettent en marche.

Rôle des chefs de peloton :

*a*) La colonne se déployant vers la gauche :

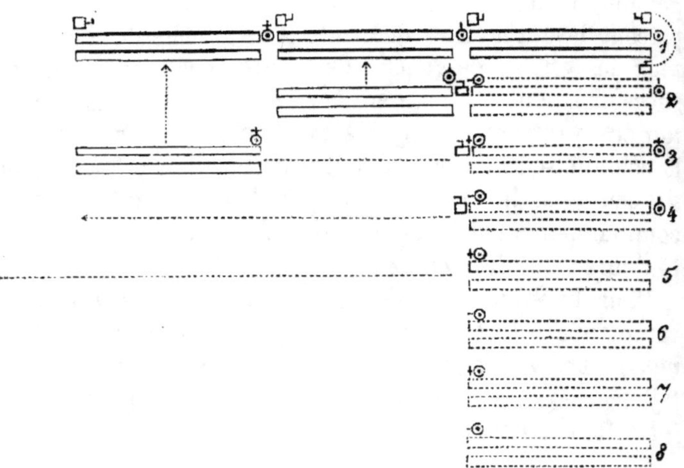

Le chef du deuxième peloton, placé au flanc gauche de son peloton, laisse filer sa subdivision et lorsque l'homme de droite est arrivé à sa hauteur, il commande : *Rechts um* (*par le flanc droit*). Arrivé contre les jalonneurs, il commande : *Halte*.

Le chef du troisième peloton conduit son peloton. Lorsque le chef du deuxième peloton commande : *Rechts um*, celui du troisième s'arrête, laisse filer son peloton, commande : *R-e-cht-s um*, et ensuite : *halte*. Les chefs des subdivisions suivantes se conforment à ce qui est dit ci-dessus.

*b*) La colonne se déployant vers la droite, (ce mouvement ne fait plus l'objet d'une inspection).

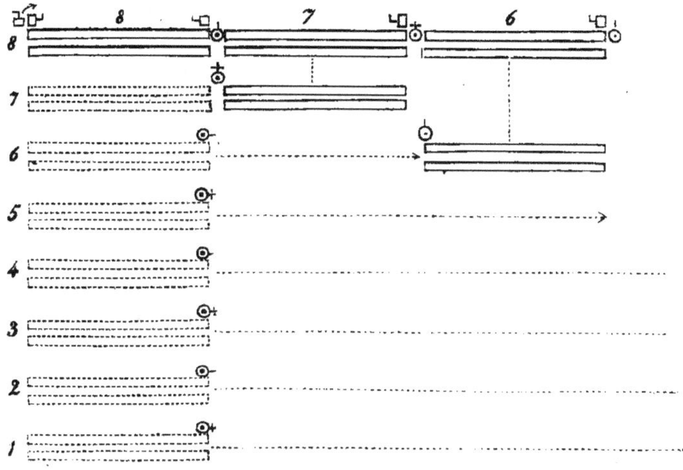

Au commandement de *marche*, le chef du septième peloton ne bouge pas; il laisse filer son peloton, puis lorsque la
file de gauche est arrivée à sa hauteur, il commande :
*L-i-n-k-s, um, Augen links (par le flanc gauche, les yeux à
gauche)*. Arrivé contre les jalonneurs, il commande : *Halte*.
Il aligne son peloton sur l'homme de droite du peloton placé
à sa gauche et reprend ensuite sa place à la droite de sa
subdivision.

Le chef du sixième peloton conduit sa subdivision jusqu'au commandement de *Links um* du chef du septième.
Il s'arrête alors de sa personne, laisse filer son peloton et
exécute ensuite ce qui est prescrit pour le chef du septième
peloton. Les chefs des autres subdivisions se conforment
également aux prescriptions ci-dessus.

14

## B. GRANDE PARADE (REVUE) A PIED.

### I. Grande revue de pied ferme.

#### 1. EN LIGNE.

L'*Abtheilung* est formée comme il est prescrit page 199. Les trompettes sont placés à la droite de l'*Abtheilung*. Le deuxième officier supérieur est placé entre les trompettes et l'officier de l'aile droite. L'adjudant (major) est placé derrière cet officier supérieur. Tous les deux ont le sabre à la main.

A l'approche de la personne à qui on rend les honneurs, le chef de l'*Abtheilung* commande : *Achtung, präsentirt das Gewehr* (*garde à vous, présentez vos armes*). Si le supérieur vient par la gauche, il ajoute encore : *Augen links* (*les yeux à gauche*) et se porte à l'aile par laquelle arrive la personne à qui on rend les honneurs.

#### 2. EN COLONNE.

Dans les grandes réunions de troupes, l'*Abtheilung* peut prendre les formations suivantes :

*a*) En colonne serrée par pelotons (la droite en tête), la colonne disposée comme il est dit page 201.

Toutefois le drapeau est placé à la droite de l'officier du troisième ou du cinquième peloton de la première *Abtheilung*.

Les trompettes sont placés à la droite du premier peloton (à 5 pas) sur l'alignement du deuxième rang.

*b*) En colonne par batteries en ligne.

Les batteries, placées les unes derrière les autres, forment une colonne serrée analogue à la colonne serrée par pelotons. Le drapeau et les trompettes sont placés comme il est dit pour la formation de parade de la colonne par pelotons. Un officier est placé au flanc gauche de chaque batterie. Les guides de droite se placent derrière la file de droite de leur peloton.

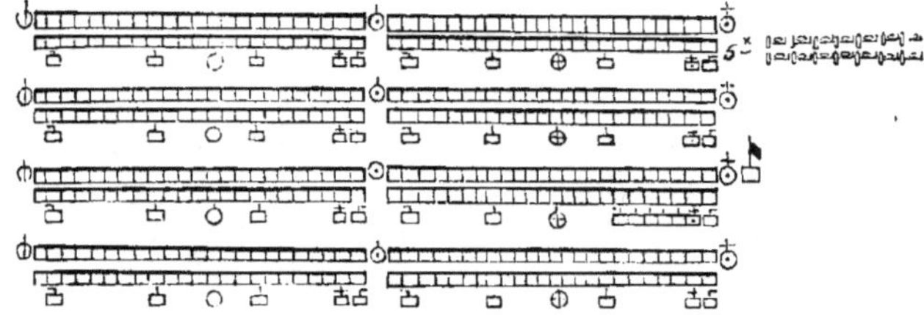

## II. Défilé.

### 1. EN COLONNE PAR PELOTONS A DISTANCE ENTIÈRE.

*a)* L'Abtheilung est formée en ligne ; le premier peloton marche droit devant lui.

*b)* L'Abtheilung est formée en colonne par pelotons.

Le chef de l'Abtheilung : *Parademarsch.*

*Erster Zug gerade aus (premier peloton en avant).*

*Zugweise antreten (en avant par peloton).*

Les trompettes font un demi-à-gauche et se portent à 25 pas devant le centre du premier peloton. Le chef du premier peloton se place à 2 pas devant le centre de son peloton.

*Mit Zügen rechts schwenkt marsch (par peloton à droite, marche).*

Et, après la conversion : *Halte.* Le drapeau se place à côté du guide de droite du troisième ou du cinquième peloton. Les sous-officiers gardes du drapeau se portent sur l'alignement des serre-files du cinquième peloton.

*Abtheilung, vorwärts, marsch (Abtheilung, en avant, marche).*

Le chef de *l'Abtheilung* se porte derrière les trompettes, l'adjudant (major) se place derrière lui et à sa gauche. La distance entre les pelotons comprend un nombre de pas égal au nombre de files de chaque peloton y compris les guides.

Lorsque les trompettes sont près d'arriver à hauteur de la personne à qui on rend les honneurs, ils font à gauche, passent devant le premier peloton, changent de direction par file à droite et font ensuite front, face à la personne devant laquelle on défile.

Le commandant de *l'Abtheilung* sort de la colonne par un à droite, le sabre baissé, et se place près du chef auquel on rend les honneurs. L'adjudant (major) sort de la colonne par un à-gauche et se porte à la droite des trompettes.

Le deuxième second lieutenant de la batterie de queue ferme la marche.

Lorsque le dernier peloton a défilé, les trompettes conversent à gauche et suivent le mouvement.

### 2. EN COLONNE SERRÉE PAR PELOTONS.

*L'Abtheilung* défile dans la formation indiquée page 201.

### 3. PAR BATTERIES EN LIGNE.

La distance entre les batteries est égale à un front de peloton plus un quart.

Le capitaine marche à 4 pas devant le centre de sa batterie. Les batteries sont encadrées par leurs guides. Le drapeau est placé à côté du guide de droite du troisième ou du cinquième peloton. Les sous-officiers gardes du drapeau marchent sur l'alignement des serre-files du cinquième peloton. Les autres officiers sont placés en serre-file et marchent dans l'ordre prescrit pour la colonne à distance entière.

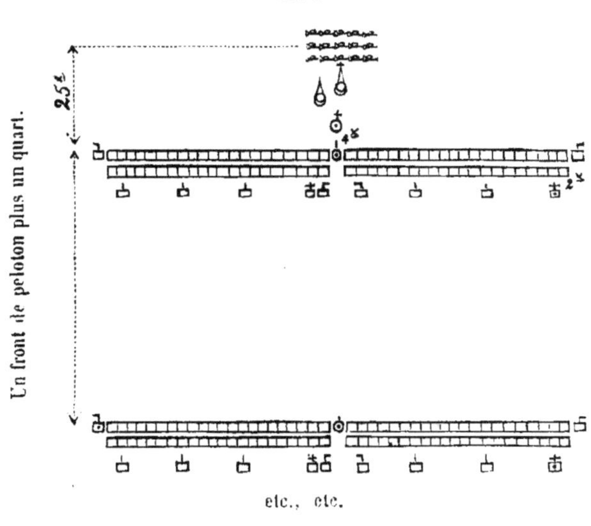



## C. CHERCHER LE DRAPEAU.

Une batterie entière, les officiers, les sous-officiers nécessaires et le corps des trompettes sont commandés pour
ce service. La batterie est accompagnée d'un officier supérieur qui ne commande point et conserve le sabre au four-
reau.

Arrivée devant la maison, la batterie se forme en ligne.
Le capitaine commande ensuite : *Fahnen Unterofficiere,
marsch (sous-officiers du drapeau, marche)*.

L'officier le moins ancien et deux sous-officiers formant
une file (le sous-officier porte-drapeau se place au premier
rang) se portent devant l'aile droite de la batterie et entrent
dans la maison.

Dès que l'officier, suivi du drapeau, sort de la maison, la batterie présente les armes. Au commandement de *Achtung* (*garde à vous*), l'officier deuxième moins ancien se porte devant l'aile droite de la batterie, le drapeau se place à sa gauche et l'officier le moins ancien se place à la gauche du drapeau.

Le deuxième sous-officier reprend sa place en passant par l'aile droite de la batterie.

Lorsqu'on se met en marche, le drapeau se place derrière les trompettes. Le capitaine marche devant le drapeau.

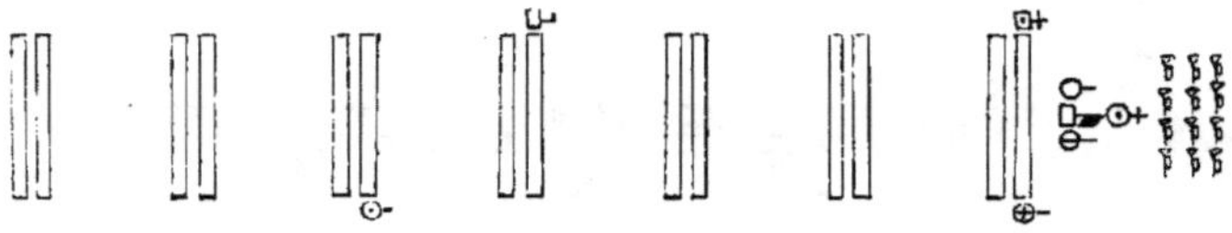

Le drapeau est reconduit au logement de la même manière. La batterie se forme en bataille. Au commandement de *Achtung* (*garde à vous*), l'officier le moins ancien se place devant le drapeau et le deuxième sous-officier se place derrière lui.

L'officier le deuxième moins ancien, qui marchait à la droite du drapeau, reprend sa place de bataille. L'officier le moins ancien commande ensuite : *Marche.* Arrivé à la porte du logement il s'arrête de sa personne, laisse entrer le drapeau, fait demi-tour avec le deuxième sous-officier, et tous les deux reprennent ensuite leur place en passant par la droite de la batterie.

## D. LA BATTERIE ATTELÉE.

La batterie, unité tactique de l'artillerie de campagne, est composée de six pièces. Il n'existe qu'un seul calibre dans chaque batterie : le calibre de 9 centimètres ou le calibre de 8 centimètres. Les batteries armées du canon de 9 centimètres portent le nom de *batteries lourdes ;* celles qui sont armées du canon de 8 centimètres, se nomment *batteries légères.* Les batteries à cheval sont toutes armées du canon de 8 centimètres.

Chaque batterie possède en outre huit voitures de munitions (caissons), trois voitures de provisions (chariots-fourragères) et une forge. Toutefois ces voitures ne font pas partie du corps de manœuvre de la batterie. Sur le champ de bataille elles manœuvrent d'après des prescriptions particulières mais concordant avec les mouvements de la batterie.

### *Matériel de la batterie en campagne.*

Chaque batterie se compose de :

| | |
|---|---|
| 6 pièces, 8 caissons, 1 forge, | Chaque voiture est attelée de six chevaux et pourvue de trois conducteurs. |
| 3 voitures fourragères. | N° 1, six chevaux. <br> Nᵒˢ 2 et 3, quatre chevaux. |

Le service de la pièce de campagne est exécuté par un chef de pièce et six hommes, y compris un homme de réserve (n° 6). Les batteries à cheval possèdent également six hommes, y compris un homme de réserve (n° 6), pour le service de chaque pièce. A chaque pièce sont attachés en outre deux hommes pour tenir les chevaux (nᵒˢ 7 et 8).

Il existe encore, dans chaque batterie, une autre réserve pour le service des pièces et le remplacement des conducteurs. Cette réserve porte le nom de réserve de batterie ; elle est subdivisée en première et deuxième réserves. Les ouvriers, les infirmiers de la batterie, etc., en font partie.

En temps de paix, les batteries n'ont que 4 pièces attelées. Les autres voitures ne sont attelées qu'en cas de guerre.

## I. Disposition et formation.

### AA. — Pièce isolée.

Pour la manœuvre la pièce est réunie à son avant-train; pour le combat elle en est séparée. La disposition des deux parties qui composent une pièce, ainsi que la formation des servants diffèrent donc suivant que les pièces se meuvent ou qu'elles sont établies pour le combat.

#### 1. PIÈCE (L'AFFUT) RÉUNIE A L'AVANT-TRAIN.

#### Sa longueur.

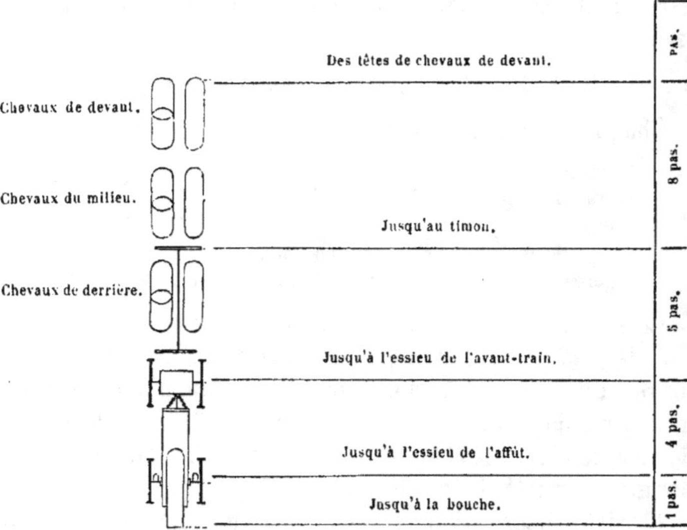


Les chevaux de gauche portent le nom de chevaux de

selle (1), ceux de droite celui de chevaux de main (2). Les conducteurs sont placés sur les chevaux de selle.

*a*) Pièce de campagne réunie à son avant-train.

Dans la colonne par pièces et dans les formations à intervalles, les servants sont toujours placés à côté de leur pièce. Lorsque les intervalles sont serrés, ils se placent sur deux rangs derrière leur pièce.

Place des servants, les intervalles serrés :

Les servants sont placés coude à coude à 2 pas derrière la bouche de la pièce, comme le montre la figure ci-contre.

Lorsqu'on ouvre les intervalles les servants se portent à leur nouvelle place, comme l'indique également la figure.

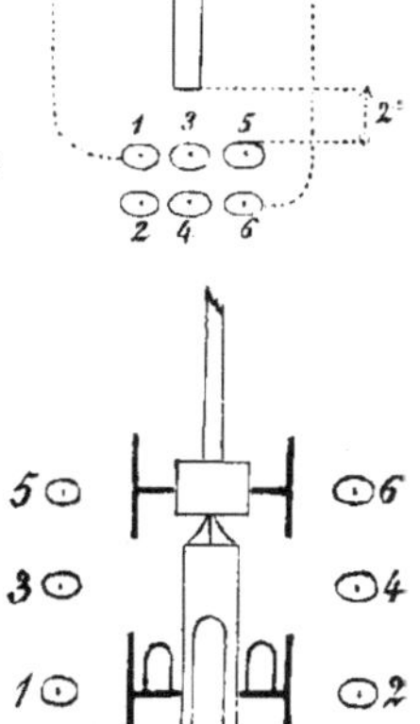

Place des servants, les intervalles ouverts :

La figure ci-contre montre la formation normale des servants d'une pièce réunie à son avant-train et prête au combat. On prend cette formation pendant les marches peu rapides qui précèdent le combat ou dans les formations de manœuvre à intervalles. Selon que le capitaine le juge convenable, les hommes montent sur les sièges ou marchent à pied.

Autres formations des servants d'une pièce réunie à son avant train :

Les servants sont placés sur les sièges lorsqu'on marche ou lorsqu'on manœuvre à une allure rapide;

_______________

(1) Porteurs.
(2) Sous-verges.

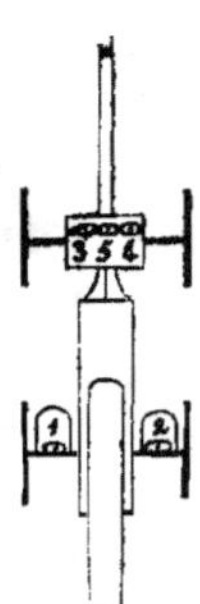

Les servants sont placés sur l'un des flancs de la pièce :

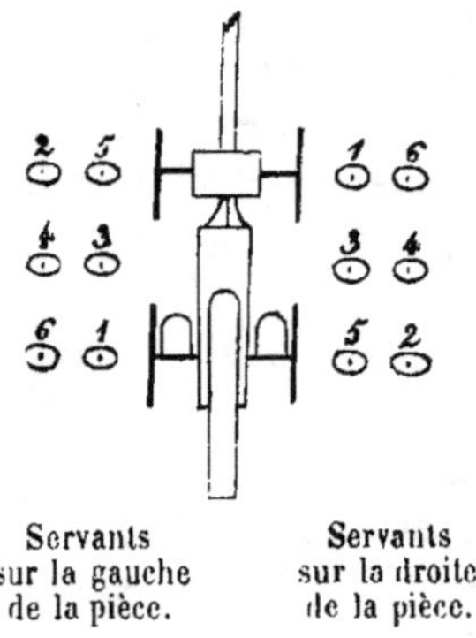

Servants
sur la gauche
de la pièce.

Servants
sur la droite
de la pièce.

En campagne, lorsque la nature des chemins l'exige, il est permis de disposer les servants sur la droite ou sur la gauche d'une pièce. La distance qui les en sépare dépend alors de la nature du chemin.

*b*) Pièce d'une batterie à cheval sur son avant train.

Les servants sont toujours placés derrière la pièce ; ils sont formés sur deux rangs et alignés.

Lorsqu'une batterie est formée en ligne avec intervalles de combat, les servants sont placés à 5 pas derrière les pièces, le deuxième rang à 2 pas de distance du premier, les hommes ayant entre eux un intervalle de 1 pas.

Dans toutes les autres formations, soit en colonne, soit en ligne à intervalles serrés, les servants sont placés botte à botte à deux pas derrière la pièce, le deuxième rang à distance de rang du premier.

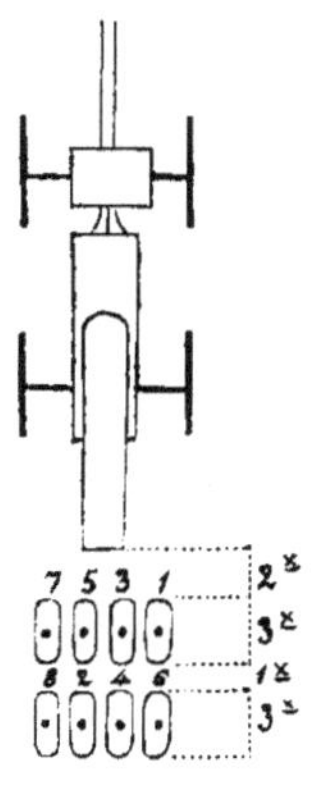



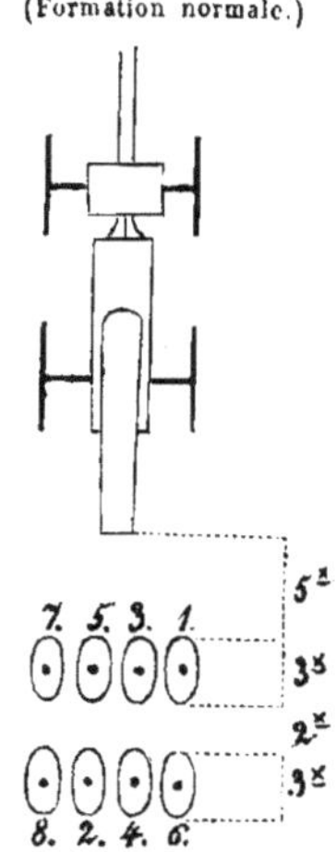



### Observation.

Dans les chemins étroits les servants rompent par deux et par la droite. Pendant les marches ils peuvent également se porter à la droite ou à la gauche de la pièce ; à cet effet, ils font exécuter un demi-à-droite (à gauche) individuel à leurs chevaux et se placent, le premier rang à hauteur des moyeux des roues de l'avant-train, le deuxième rang à hauteur de ceux des roues de l'affût.

2. PIÈCE SÉPARÉE DE SON AVANT-TRAIN (PIÈCE EN BATTERIE).

La volée de la pièce est dirigée vers l'ennemi. L'avant-train est placé à 8 pas en arrière dans le prolongement de l'affût et fait face du côté opposé à l'ennemi. Les conducteurs mettent pied à terre. Les servants sont à leur poste près de la pièce et de l'avant-train. Dans une batterie à cheval, les 6 premiers servants seulement mettent pied à terre. Les nᵒˢ 7 et 8 restent à cheval et gardent les chevaux de leurs camarades. Ils sont placés à 4 pas en arrière, dans le prolongement des chevaux de devant de l'avant-train et font face à l'ennemi.

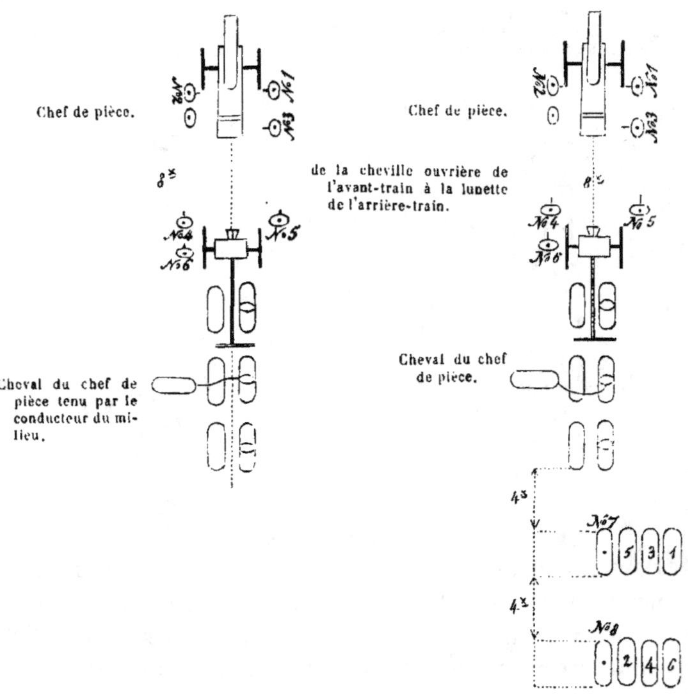


**BB. — Formation de la batterie en ligne.**

L'ordre en bataille est de deux sortes : l'ordre en bataille, les intervalles ouverts, et l'ordre en bataille, les intervalles serrés. Dans le premier cas les pièces ont entre elles un intervalle de 20 pas, dans le deuxième elles n'ont entre elles qu'un intervalle de 5 pas. Les pièces sont numérotées de la droite à la gauche. Deux pièces réunies forment un peloton (*Zug*) (1); les pelotons sont également numérotés de la droite à la gauche.

______

(1) Notre section.

Ordre de bataille d'une batterie de campagne, les intervalles ouverts (intervalles de combat).

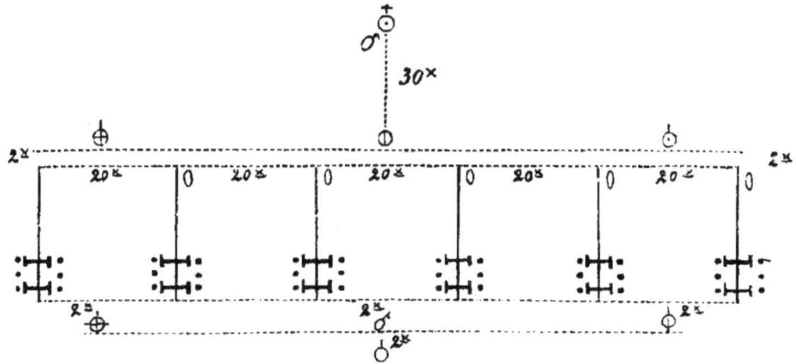

### Observations.

1. Dans une batterie sur le pied de paix, à quatre pièces,
l'officier le plus ancien commande le premier peloton, et le
deuxième commande le second. Le troisième lieutenant est
placé en serre-file derrière le centre de la batterie.

2. S'il y a ni sous-officiers ni trompettes en serre-file,
les officiers sont placés à deux pas en arrière de la bouche
des canons.

3. Les intervalles sont mesurés de l'axe d'un canon à
l'axe du canon voisin.

4. Les chefs de pièce sont toujours placés à côté du cheval de main de devant de leur pièce.

5. Dans toutes les circonstances, les chefs de peloton dé-
terminent la ligne de direction.

---

Signes :

| | | | |
|---|---|---|---|
| Capitaine. | | O | Chef de pièce. |
| Plus ancien chef de peloton. | | | Trompette. |
| Deuxième — | | | Sergent-major ou maréchal des logis chef. |
| Troisième — | | | |
| Plus jeune officier. | | | Serre-file (sous-officier). |

6. La batterie en ordre de bataille, les intervalles ouverts, est une des principales formations de manœuvre, dans les terrains qui présentent une étendue suffisante.

7. La formation d'une batterie à cheval en ordre de bataille est la même que celle d'une batterie de campagne. Toutefois le personnel de la pièce est placé derrière celle-ci comme il est indiqué page 219.

ORDRE DE BATAILLE D'UNE BATTERIE DE CAMPAGNE,
LES INTERVALLES SERRÉS.

**Emploi de cette formation.**

1° Comme formation de rendez-vous (rassemblement).

2° Pour franchir les défilés et traverser les lignes de troupes.

3° Pour parquer dans les cas pressés.

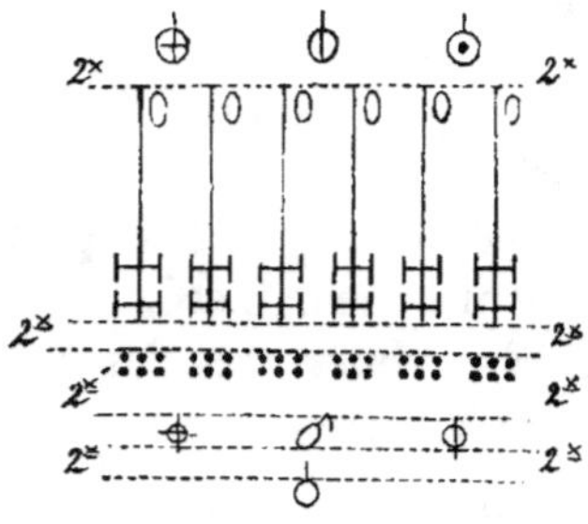

Les observations concernant la batterie sur le pied de paix (voir page 221), sont également applicables à la batterie, les intervalles serrés.

La formation d'une batterie à cheval en ordre de bataille, les intervalles serrés, est la même que celle ci-dessus indiquée.

## CC. — Formation de l'ordre en colonne de la batterie.

L'ordre en colonne de la batterie n'est employé que pour les marches et pour les manœuvres.

### 1. COLONNE PAR PIÈCES.

Batterie de campagne la droite en tête.　　　　　Batterie à cheval la gauche en tête.

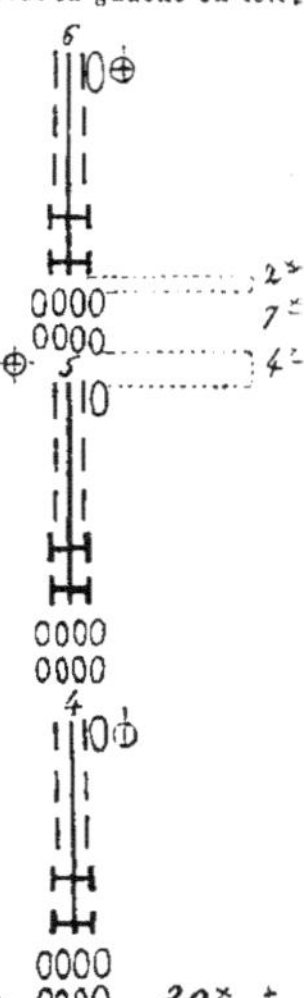

La colonne par pièces constitue la colonne de marche proprement dite.

Les observations suivantes sont applicables à toutes les formations en colonne de la batterie.

**1.** Le chef de la batterie, suivi de son trompette, marche sur le flanc du côté du front primitif de la batterie à 30 pas et à hauteur du centre de la colonne.

**2.** Les chefs de pièce se tiennent toujours à côté du cheval de main de devant de leur pièce.

**3.** Les serre-files et les trompettes marchent du côté opposé au front primitif de la batterie à hauteur de leur place de bataille.

**4.** Dans toute colonne, le chef de pièce de droite du peloton de tête est le *chef de pièce de direction.*

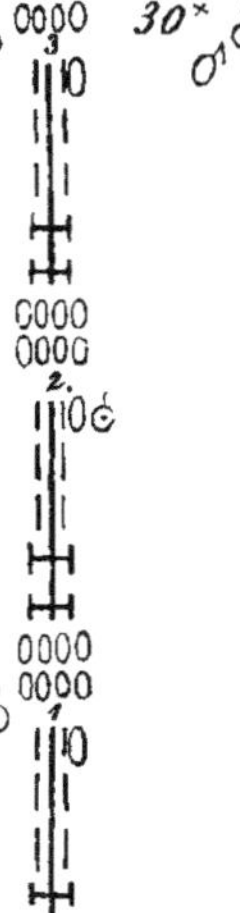

Les observations suivantes s'appliquent particulièrement à la colonne par pièces :

1. Dans la colonne la droite en tête, les chefs de peloton marchent du côté du front primitif de la batterie à hauteur du conducteur de tête. Dans la colonne la gauche en tête, ils marchent à côté du chef de la pièce qui marche en tête du peloton.

2. Les servants de la batterie de campagne marchent à côté de leur pièce ; ceux de la batterie à cheval marchent en ordre serré derrière leur pièce.

### 2. COLONNE PAR PELOTONS (1).

Les pelotons sont placés, à distance entière, les uns derrière les autres (colonne à distance entière), ou ils ont entre eux une distance de 4 pas (colonne serrée). Dans les deux cas, les pièces peuvent être séparées soit par un intervalle de 20 pas, soit par un intervalle de 5 pas.

En conséquence, il existe quatre espèces de colonnes par pelotons :

a) La colonne par pelotons à distance entière, les intervalles ouverts.

Cette formation constitue la colonne de manœuvre de la batterie pour l'exécution des mouvements en avant et en arrière sous le feu de l'ennemi, lorsque la formation en ligne déployée ne peut être employée.

b) La colonne par pelotons à distance entière, les intervalles serrés.

Cette formation a pour but de permettre l'exécution rapide des mouvements de flanc de la batterie ; elle est employée en outre : 1° dans les manœuvres en dehors du feu de l'ennemi ; 2° pour franchir les défilés ; 3° lorsque la marche s'exécute par colonnes parallèles sur un front étendu et 4° pour déboucher rapidement des défilés.

---

(1) Ne pas oublier que le peloton allemand correspond à notre section.

c) La colonne par pelotons serrée en masse, les intervalles ouverts.

Cette formation n'est employée qu'exceptionnellement dans les manœuvres.

d) La colonne par pelotons serrée en masse, les intervalles serrés.

Cette colonne, difficile à manier, n'est jamais employée comme formation de manœuvre. Dans cette colonne, on ne distingue ni les commandements, ni les sonneries; si l'on manœuvre dans les terrains défavorables les pièces ne peuvent point éviter les accidents de terrain. D'ailleurs, sous le feu de l'ennemi, cette formation n'a aucune raison d'être. En conséquence la colonne par pelotons serrée en masse à intervalles serrés n'est employée que lorsqu'elle est imposée par les circonstances ou dans les deux cas suivants :

1. Comme formation de rendez-vous (rassemblement).

2. Pour franchir les défilés et pour traverser les lignes de troupes.

e) La demi-colonne par pelotons.

Cette formation permet de gagner obliquement en avant une grande étendue de terrain.

### a) Colonne par pelotons à distance entiére, les intervalles ouverts.

Batterie de campagne.

Batterie à cheval.

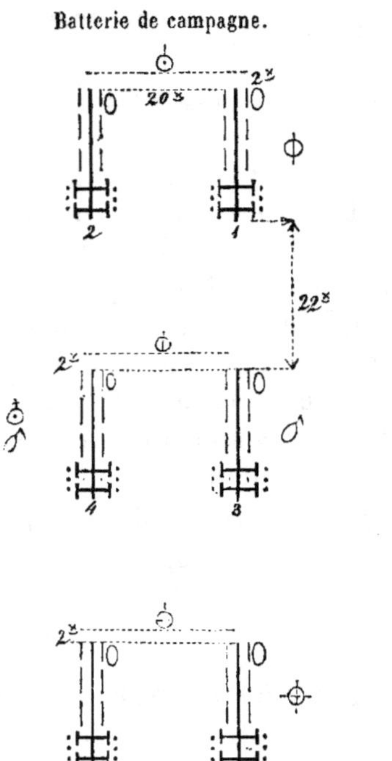

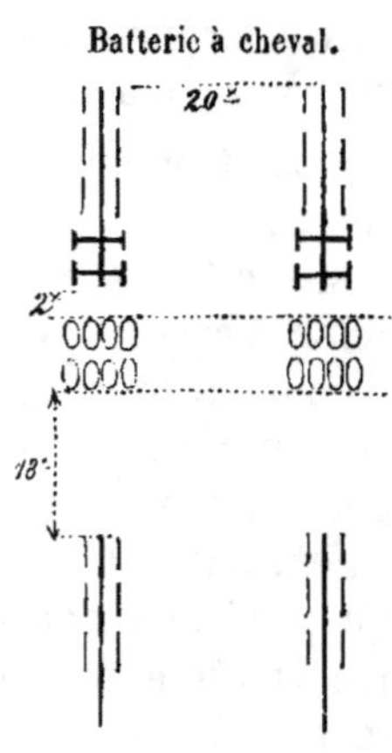

### Observations.

1. Dans toutes les colonnes par pelotons, les chefs de peloton se placent devant le centre de leur peloton; dans les colonnes à distance entière, ils se tiennent à deux pas en avant de la tête des chevaux de devant; dans les colonnes serrées, la croupe de leur cheval est placée à hauteur de la tête des chevaux de devant.

2. Dans la colonne à distance entière, les servants de l'artillerie de campagne marchent à côté de leur pièce; dans la colonne serrée, ils marchent derrière elle. Les servants de l'artillerie à cheval, marchent en ordre serré derrière leur pièce dans toute espèce de colonne.

**b) Colonne par pelotons à dis-tance entière, les intervalles serrés.**

**c) Colonne serrée par pelotons, les intervalles ouverts.**

Batterie de campagne.

Batterie à cheval.

Batterie de campagne.

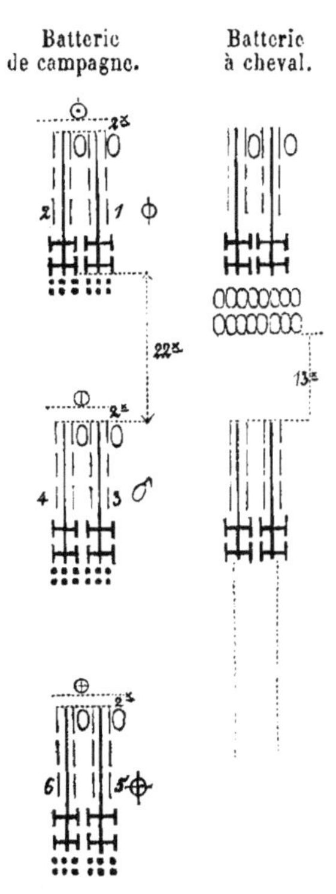

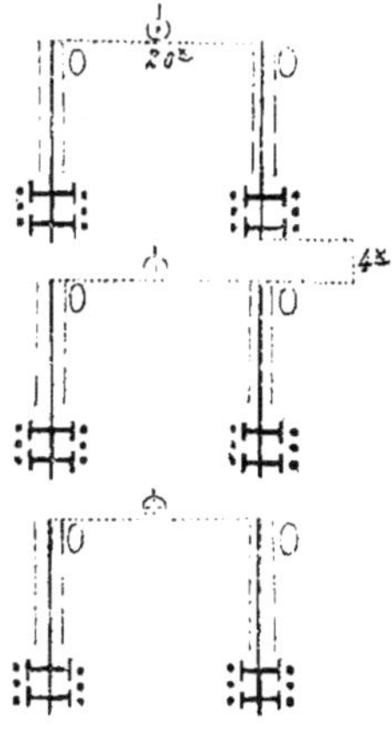

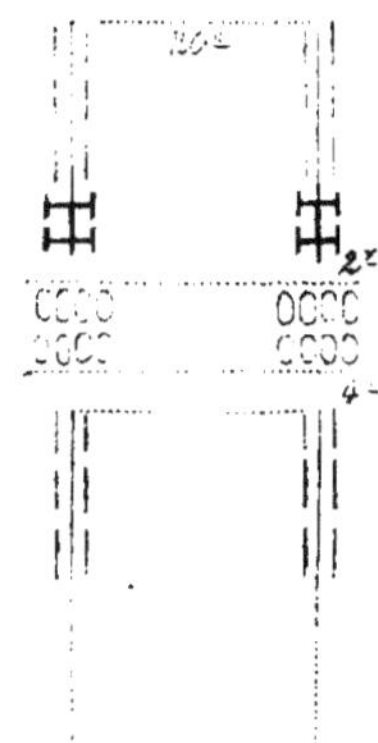

Batterie à cheval.

**d) Colonne serrée par pelotons, les intervalles serrés.**

Batterie de campagne.                    Batterie à cheval.

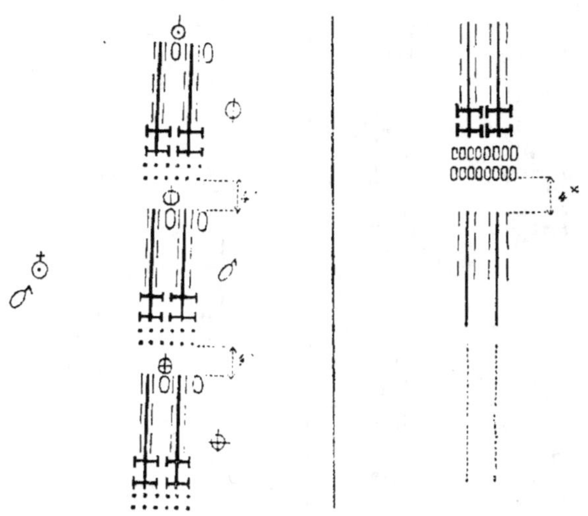

**e) Demi-colonne par pelotons.**

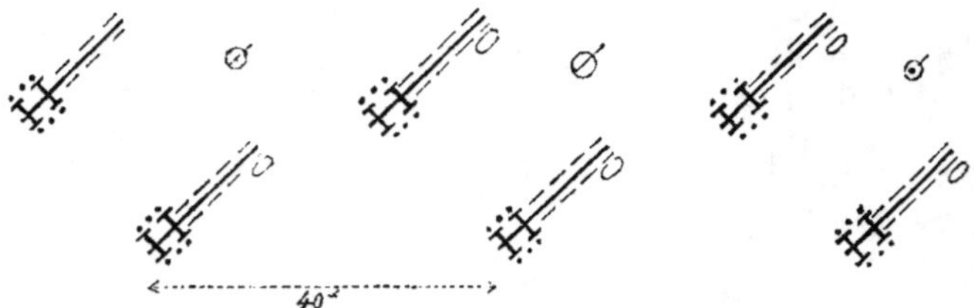

3. COLONNE DOUBLE (COLONNE SUR LE CENTRE).

Cette formation qui détruit l'ordre des pelotons et qui
ne permet que le déploiement en bataille successif sur
l'un des flancs de la colonne, ne doit être employée qu'en cas
de nécessité absolue; par exemple pour franchir rapidement, dans un mouvement en avant ou en retraite, les acci-

dents de terrain situés sur le passage d'une batterie en ordre
de bataille à intervalles ouverts.

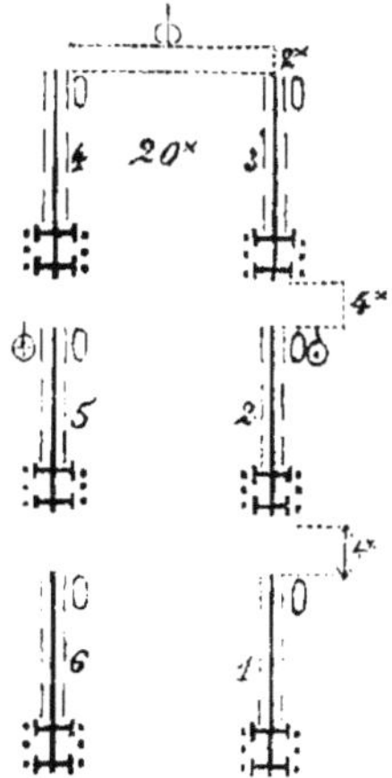

## E. — MANŒUVRES.

### AA. Mouvements élémentaires.

1. ALLURES (SEMBLABLES A CELLES DE LA CAVALERIE).

*a) Le pas :* (125 pas par minute).

Le pas est employé dans les marches et partiellement dans les évolutions, c'est-à-dire qu'une partie de la batterie marche au pas pendant que l'autre marche au trot.

*b) Le petit trot :*

(240 pas par minute) est employé dans les marches par étape.

*c) Le trot allongé :*

(300 pas par minute) est employé dans toutes les évolutions et dans les défilés.

*d) Le petit galop :*

(400 pas par minute) est employé à l'instruction et pour passer du trot au galop allongé.

*e) Le galop allongé :*

(500 pas par minute) est employé dans la marche en avant de la batterie de campagne en ligne déployée, dans les déploiements, dans les changements de direction et lorsqu'on serre les colonnes.

*f) Le galop de charge (Karrieré) :*

(600 pas par minute) est employé dans la marche en avant de la batterie à cheval en ligne déployée.

2. MANOEUVRES DE LA PIÈCE ISOLÉE.

On distingue plusieurs mouvements : les *demi-à-gauche* (*demi-à-droite*), les *à gauche* (*à droite*) et les demi-tours.

Le principe fondamental de tous ces mouvements est la volte avec un rayon de 8 pas.

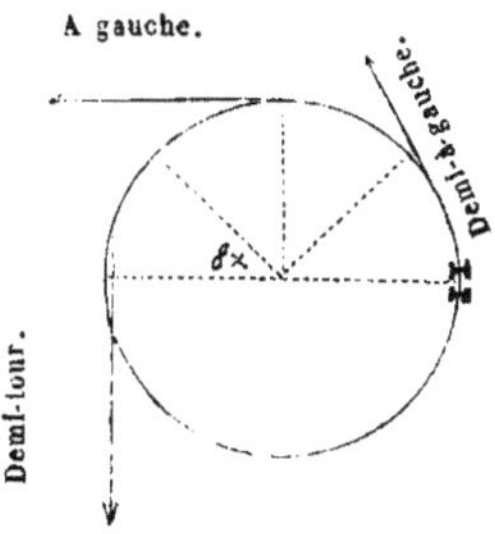


**a) Demi-à-gauche (demi-à-droite).**

Commandement : *Batterie halblinks (halbrechts) um, marsch (batterie demi-à-gauche (demi-à-droite) marche)*, puis : *Gerade aus* ou *batterie halt (en avant ou batterie halte).*

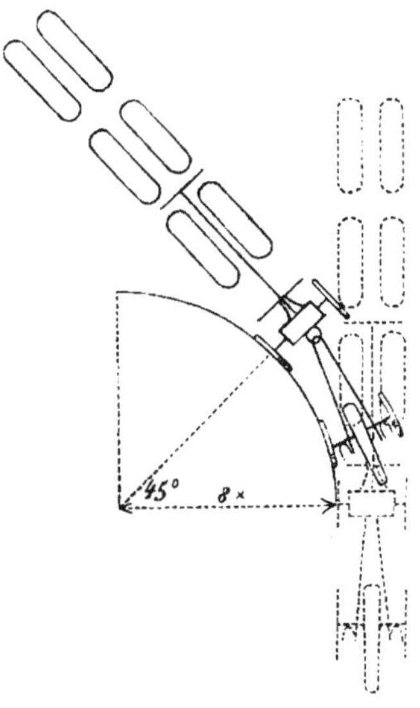

#### b) A gauche (à-droite).

Commandement : *Batterie links (rechts) um, marsch (batterie à droite, à gauche, marche)*, puis : *Gerade aus (en avant)* ou *Batterie, halt (batterie, halte)*.

Le mouvement s'exécute comme il est dit ci-dessus, mais sous un angle de 90°.

#### c) Demi-tour.

Commandement : *Batterie kehrt (rechts um kehrt), marsch (batterie demi-tour [demi-tour à droite]* (1) ou *batterie, halt (batterie, halte)*.

Le mouvement s'exécute comme il est dit ci-dessus, mais sous un angle de 180°.

MOUVEMENTS A EMPLOYER DANS DES CIRCONSTANCES PARTICULIÈRES.

Dans certains cas l'exécution des *demi-à-gauche.* des *à-gauche et des demi-tours* sous un rayon de 8 pas est impossible. Il faut alors employer des mouvements qui exigent moins d'espace. Ces mouvements sont enseignés, mais ils ne font point l'objet d'une inspection.

---

(1) La pièce fait demi-tour à gauche ; elle ne fait demi-tour à droite que lorsque le commandement l'indique.

**a) Mouvement à crochet (irrégulier)** (Hackenwendung).

Commandement : *Hackenwendung (mouvement à crochet).*

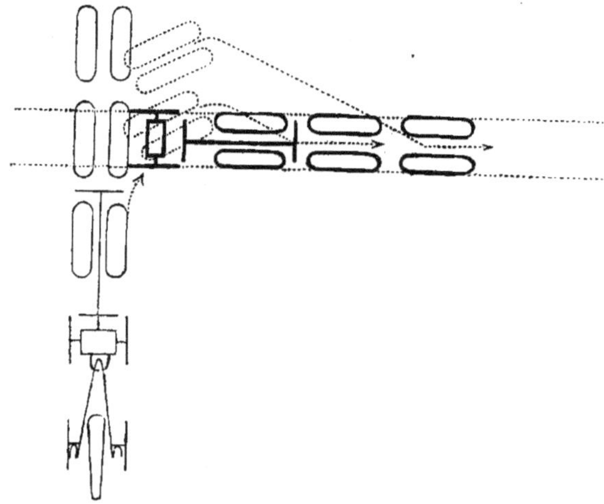

*Exécution.* Lorsque les conducteurs de devant et du milieu sont arrivés au point où le changement de direction doit commencer, ils entrent l'un après l'autre dans la nouvelle direction. Pendant ce temps le conducteur de derrière se maintient dans la direction primitive; dès que les chevaux du milieu entrent dans la nouvelle direction, il commence, avec l'aide de ceux-ci, à tourner le timon dans la nouvelle direction.

**b) A gauche (à droite)**
(Mouvement raccourci ou sur place).

Commandement : *Batterie kurz links (rechts) um, marsch (batterie à gauche (à droite) [sur place], marche),* puis : *Batterie, halt (batterie halte)* ou *Gerade aus (en avant).*

*Exécution.* Celle-ci se décompose en deux *moments* (1).

---

(1) Die Ansführung läisst sich in 2 Momente zerlegen.

*Premier moment.* Les conducteurs de devant et du milieu font à gauche (à droite) sur place et se portent sur le prolongement primitif de la volée de derrière, qu'ils dépassent de la moitié de la longueur de leur cheval intérieur (sous-verge). Le conducteur du milieu, par la tension des traits de son sous-verge, détermine le changement de direction du timon. Dès que ce changement de direction commence, le conducteur de derrière fait appuyer ses chevaux et leur fait décrire un arc de cercle dont le rayon est déterminé par la longueur des traits. Pendant l'exécution de ce mouvement il a soin d'éviter le recul de la roue intérieure de l'avant-train.

*Deuxième moment.* — Le conducteur de devant et celui du milieu placent leurs chevaux dans la nouvelle direction. Si le commandant de la batterie commande : *batterie, halte,* ils marchent 6 pas en avant et s'arrêtent à leur place réglementaire ; s'il commande : *Gerade aus (en avant);* ils continuent leur marche.

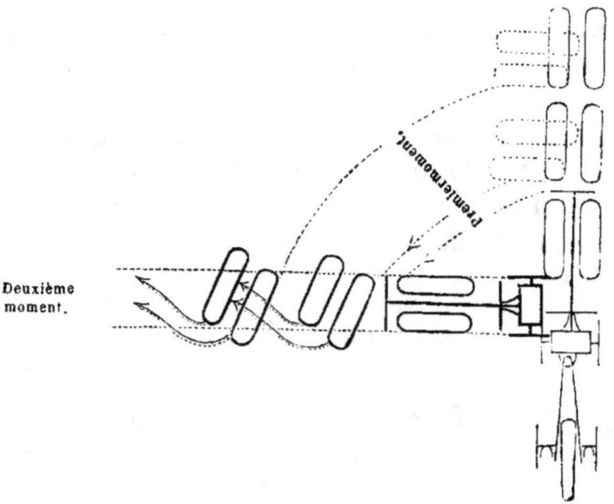


c) **Demi-tour (mouvement raccourci)**.

En règle générale le changement de direction complet s'exécute à gauche. Dans certaines circonstances il peut également s'exécuter à droite ; dans ce cas l'indication en est donnée dans le commandement.

Commandement : *Batterie kurz* (1) *kehrt (rechts um kehrt) marsch (batterie demi-tour [demi-tour à droite]* (2), *sur place, marche)*, puis *batterie halte* ou *gerade aus (en avant)*.

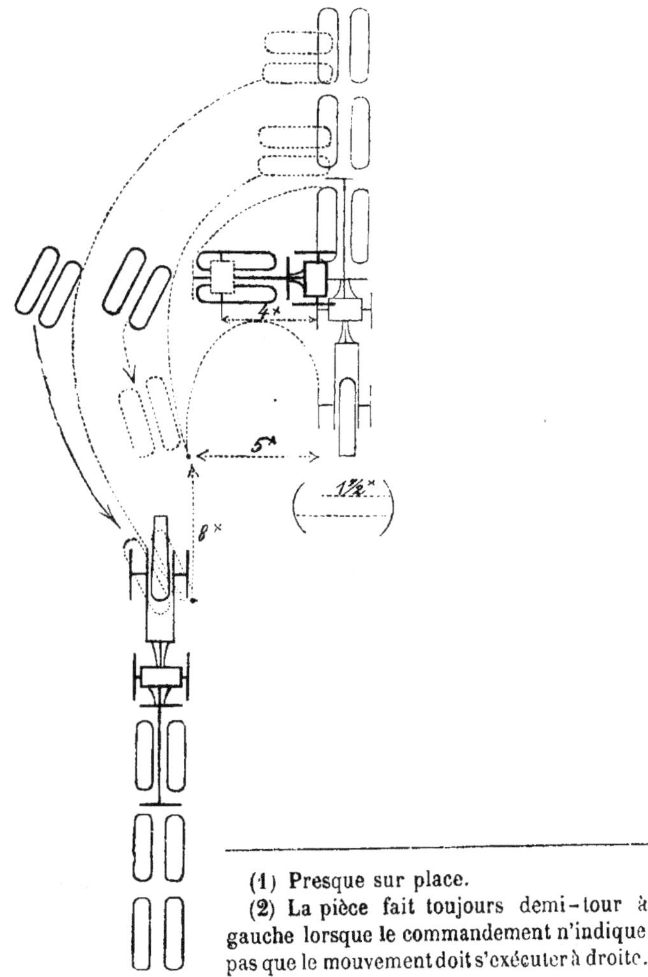


---

(1) Presque sur place.

(2) La pièce fait toujours demi-tour à gauche lorsque le commandement n'indique pas que le mouvement doit s'exécuter à droite.

L'exécution de ce mouvement se décompose également en deux moments.

Le premier moment est semblable à celui du mouvement précédent.

*Deuxième moment.* — Le conducteur de devant dirige ses chevaux vers un point situé à 5 pas en dehors de la voie primitive et à 8 pas en arrière du point où se trouvait la bouche de la pièce avant le commencement du mouvement.

Le conducteur du milieu suit le conducteur de devant afin de procurer de l'espace à celui de derrière et de traîner la pièce 4 pas en avant. Il tourne ensuite à gauche et se dirige droit en avant lorsqu'il est près d'arriver au point situé à 5 pas en dehors de la voie primitive.

Le conducteur de derrière gagne 4 pas en avant après le changement de direction de celui du milieu ; puis il marche derrière le conducteur du milieu jusqu'au moment où la roue extérieure de l'affût entre dans la nouvelle direction.

Au commandement de : *Batterie halte*, les conducteurs marchent encore 6 pas et s'arrêtent ensuite à leur place réglementaire.

Au commandement de : *Gerade aus* (*en avant*) ils continuent le mouvement en avant.

### Observation.

Les mouvements raccourcis s'exécutent toujours la pièce étant de pied ferme.

4. AMENER ET OTER L'AVANT-TRAIN D'UNE PIÈCE ISOLÉE.

#### a) Amener l'avant-train.

On suppose l'avant-train placé à sa place réglementaire à 8 pas en arrière de la crosse de l'affût.

Commandement : *Fertig zum Aufprotzen, protzt auf*

(*préparez-vous à replacer la pièce, replacez la pièce [ame-
nez l'avant-train]*).

L'affût et l'avant-train se rapprochent l'un de l'autre, le
mouvement du dernier s'effectuant par le recul de l'attelage ;
l'affût est ensuite réuni à l'avant-train.

**b) Enlever l'avant-train dans les mouvements en avant.**

La pièce étant arrêtée.

Commandement : *Im Avanciren protzt ab (en avant,
enlevez l'avant-train [en batterie]).*

A l'avertissement de : *Vor* prononcé par le servant nº 3,
l'attelage entier marche 2 pas en avant, et exécute ensuite
le demi-tour avec l'avant-train, d'après les principes prescrits. Lorsque le conducteur a dépassé le prolongement de
la volée de devant, il se dirige vers un point situé à 9 pas de
la roue gauche de l'affût dans le prolongement de l'essieu ;
de là il se dirige vers un autre point placé à 6 pas en arrière
de la crosse de l'affût, dépasse la voie de 12 pas et s'y replace
ensuite dans le prolongement de l'affût.

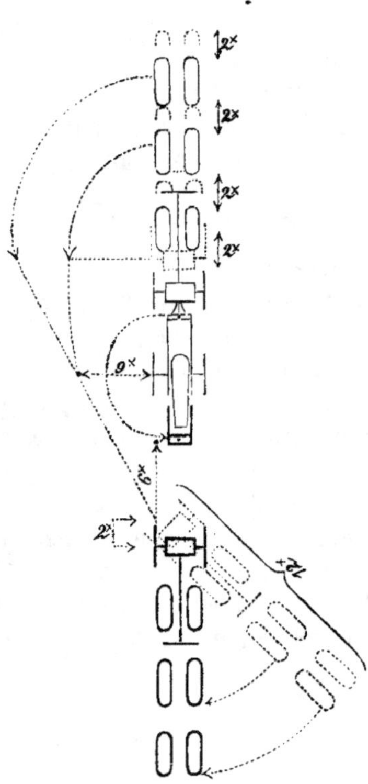

**c) Enlever l'avant-train dans les mouvements en arrière.**

Commandement : *Im Zurückgehen protzt ab (en arrière, enlevez l'avant-train).*

A l'avertissement de : *Vor* prononcé par le n° 3, l'attelage se porte droit en arrière l'espace de 8 pas.

## BB. Evolutions.

Les évolutions sont de quatre espèces :

1. Les mouvements en ligne déployée ;

2. Le passage de la formation en ligne à la formation en colonne ;

3. Les mouvements de la colonne;

4. Le passage de la formation en colonne à la formation en ligne.

### Règles générales.

#### a) Alignement.

*a)* La batterie en ligne déployée s'aligne à droite.

Dans la marche oblique la direction se trouve du côté vers lequel on oblique.

*b)* En colonne la direction se prend :

1) Sur la tête (queue) et à droite, en marchant en avant (en retraite).

2) Du côté de la direction primitive dans la marche par le flanc.

#### b) Changements de direction.

Pendant l'exécution du mouvement les hommes tournent les yeux du côté du pivot, et conservent les intervalles de ce côté ; au commandement de : *Gerade aus* (*en avant*), ils replacent les yeux du côté où ils étaient avant le changement de direction.

Il y a trois espèces de conversions : le huitième de conversion, le quart de conversion et la demi-conversion, suivant que l'arc de cercle décrit mesure un huitième de cercle, un quart de cercle ou un demi-cercle.

Pendant la conversion, la pièce du pivot exécute un demi à gauche (demi à droite), un à droite (à gauche) ou un demi-tour.

#### c) Allures et variations dans la direction pendant l'exécution des mouvements de serrer et d'ouvrir les intervalles, de rompre et de reformer les subdivisions, de prendre les distances et de serrer en masse.

Pour l'exécution de toutes ces évolutions, le commandant de la batterie indique dans son commandement, l'allure des subdivisions qui, pendant la manœuvre, doivent exécuter les mouvements suivants :

1° Ouvrir ou serrer les intervalles ;

2° Continuer à marcher en avant dans le mouvement de rompre les subdivisions ;

3° Se déployer ;

4° Prendre les distances ;

5° Serrer la colonne ;

Ces subdivisions prennent l'allure indiquée soit sans commandement de leur chef (comme une pièce isolée) pour ouvrir ou serrer les intervalles, soit au commandement de leur chef pour l'exécution des autres mouvements. Les autres parties de la batterie se conforment au mouvement en conservant leur allure ou en prenant celle qui convient à l'exécution du mouvement, (soit au commandement, soit sans commandement du chef).

### 1. MOUVEMENTS EN LIGNE DÉPLOYÉE.

En règle générale la ligne manœuvre avec les intervalles de combat, les servants placés sur les coffres.

La formation de la batterie en ligne déployée, les intervalles serrés ne peut être employée pendant les manœuvres, que lorsque le terrain dont l'on dispose ne permet pas de manœuvrer avec les intervalles ouverts. Sous le feu efficace de l'ennemi (à 2,000$^m$ de ce dernier) cette formation doit être abandonnée autant que possible.

Elle ne doit donc être employée que dans les circonstances suivantes :

1° Comme formation de rendez-vous (rassemblement).

2° Pour traverser les défilés et les lignes de troupe.

3° Pour parquer dans les cas pressés.

Le passage de la formation, les intervalles ouverts, à la formation, les intervalles serrés et réciproquement, s'exécute de la manière suivante :

#### a) Serrer les intervalles.

On serre les intervalles sur le centre (3° [4°] pièce) ou sur l'une des ailes de la batterie.

Commandement : *Batterie rechts (links* respectivement :
*nach der Mitte) geschlossen-Trab (Galopp, marsch)* (signal)
(*batterie sur la droite [la gauche* ou *sur le centre] serrez
les intervalles, au trot (au galop, marche)* (sonnerie).

*La batterie étant de pied ferme :*

Si l'on serre les intervalles sur le centre, la 3e (4e) pièce
se porte en avant. Le mouvement s'exécute ensuite comme
il est indiqué ci-dessous.

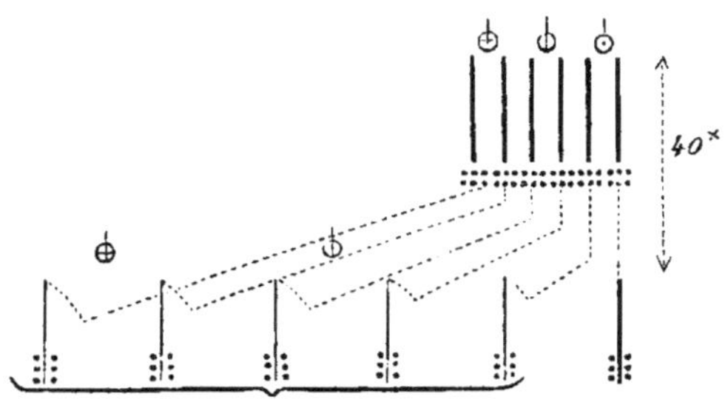

La pièce
de droite 40 pas
en avant au petit
trot, puis *halte.*

Les autres pièces exécutent un demi-à-droite du côté
de la première, marchent ensuite droit en avant, font
demi-à-gauche et se placent à 5 pas du côté de la pièce
voisine.

*La batterie étant en marche :*

Le mouvement s'exécute comme il est dit ci-dessus ; les
pièces qui serrent prennent l'allure indiquée et la pièce de
direction passe à celle immédiatement inférieure.

### b) Ouvrir les intervalles.

On peut prendre les intervalles : 1° sur la pièce de droite ;
2° sur la pièce de gauche ; 3° sur la pièce du centre.

Commandement : *Batterie links (rechts,* respectivement
*rechts und links) geöffnet Trab (Galopp marsch)* (signal)
(*batterie vers la gauche (la droite,* respectivement *vers la
droite et vers la gauche) ouvrez les intervalles, au trot (au
galop, marche)* [sonnerie]).

16

*La batterie étant de pied ferme :*

Dès que chaque pièce entre dans la nouvelle direction, au moyen d'un changement de direction à crochet, les servants de la pièce de campagne se portent au pas gymnastique à côté de leur pièce; dans l'artillerie à cheval ils se placent derrière à 5 pas de distance.

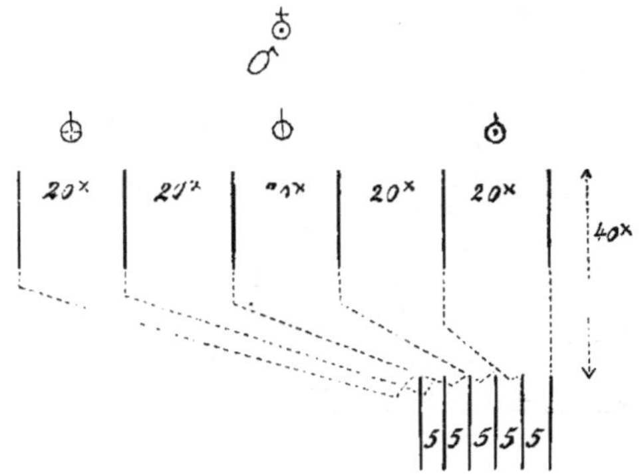

Les cinq pièces de gauche font demi-à-gauche, marchent droit en avant, font demi-à-droite et se placent à 20 pas de la pièce voisine.

*La batterie étant en marche :*

Comme il est expliqué en *a*).

Lorsqu'on prend les intervalles sur le centre, le mouvement s'exécute sur la 4e (3e) pièce comme il est dit ci-dessus.

### c) **Marche sur la diagonale (Marche oblique).**

Ce mouvement est employé, lorsque la batterie doit gagner du terrain obliquement en avant.

Commandement : *Batterie halbrechts (halblinks) marsch (batterie demi-à-droite, (demi-à-gauche), marche).*

Au commandement de : *marche*, tous les chefs de peloton font à droite (à gauche). Chaque pièce exécute un demi-à-droite (demi-à-gauche). La direction se trouve du côté vers lequel on oblique.

En conséquence la 1<sup>re</sup> ou la 6<sup>e</sup> pièce, selon le cas, sert de pièce de direction. Au commandement de : *gerade-aus* (en avant), le mouvement s'exécute d'une manière analogue; la direction revient du côté de la pièce de l'aile droite.

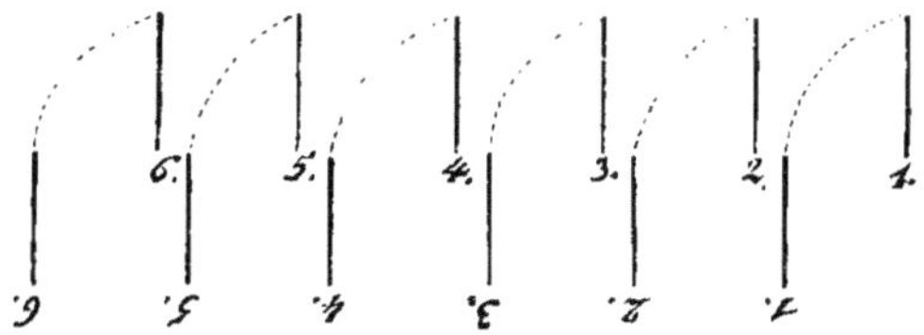

### d) Marche en arrière avec les intervalles de combat.

Commandement : *Batterie kehrt (rechts um kehrt) marsch* (signal). *Gerade aus* (signal) ou *batterie halt* (signal) (*batterie demi-tour (demi-tour à droite), marche* [sonnerie]). *En avant* (sonnerie) ou *batterie halte* (sonnerie).

Chaque pièce exécute le mouvement comme il est prescrit page 231.

Les chefs de peloton font demi-tour, se portent au galop devant leur peloton en passant par les intervalles et rétablissent de suite la ligne.

### e) Changements de direction.

1. CHANGEMENT DE DIRECTION AVEC LES INTERVALLES DE COMBAT.
(En conservant les intervalles de combat).

Commandement : *Batterie, rechts, (links), schwenkt, marsch (batterie à droite [à gauche] conversion, marche).*

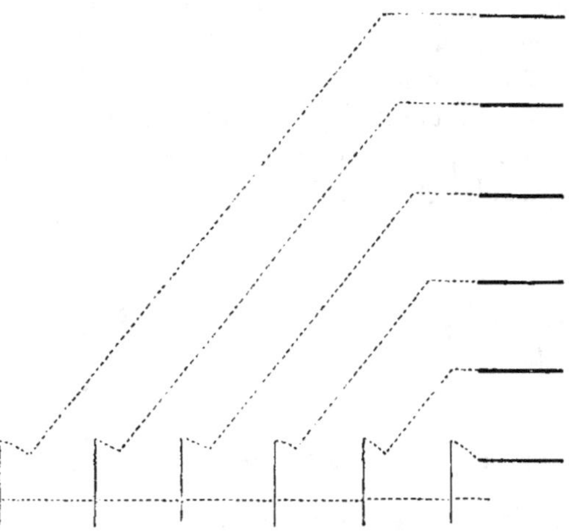

La pièce placée au pivot exécute le changement de direction au pas. Les autres pièces font demi-à-droite (demi-à-gauche), marchent droit en avant, font encore une fois demi-à-droite (demi-à-gauche) et se portent sur la nouvelle ligne à 20 pas de la pièce voisine du côté du pivot.

L'allure est réglée de manière que toutes les pièces arrivent en même temps sur la nouvelle ligne.

Au commandement de : *Batterie halte* la pièce du pivot s'arrête, les autres s'alignent sur elle.

Au commandement de : *Gerade aus* (*en avant*), tout le monde reprend l'allure à laquelle on marchait avant le changement de direction.

Lorsqu'une batterie doit changer de direction sous un angle de 45°, le capitaine commande : *Batterie halbrechts* (*halblinks*) *schwenkt, marsch* (*batterie demi-à-droite* [*demi-à-gauche*] *conversion, marche*).

Le mouvement s'exécute comme il est dit pour le mouvement précédent.

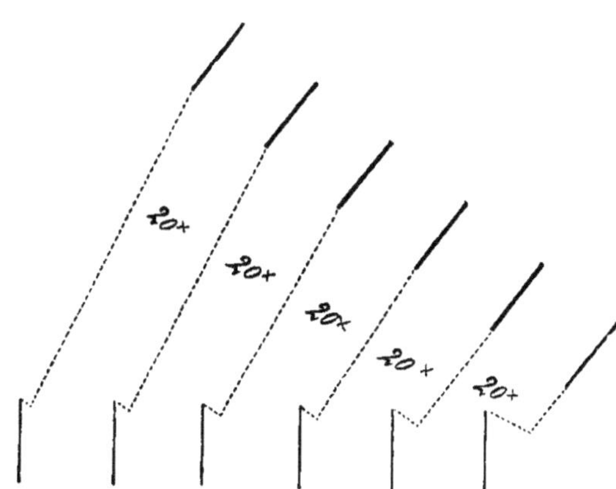

Chaque pièce exécute un demi-à-droite et marche ensuite droit en avant.

Lorsque la batterie doit changer de direction sous un angle peu ouvert, le capitaine indique la nouvelle direction au chef de la pièce de direction ; il en prévient les autres par le commandement de : *links (rechts) Schulter vor* (*avancez l'épaule gauche [droite]*).

Les autres pièces passent aux allures indiquées ci-dessous et se portent rapidement dans la nouvelle direction.

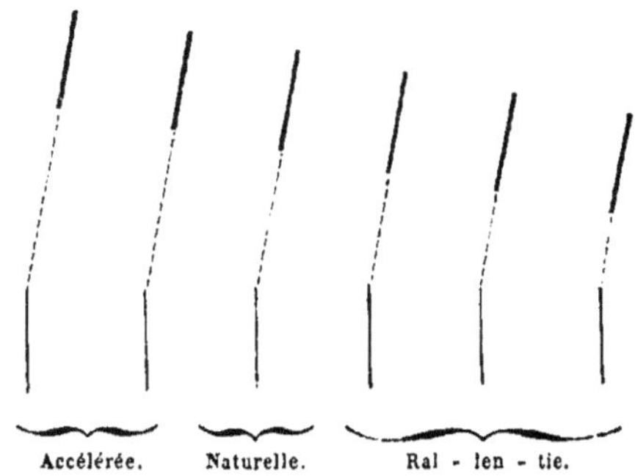

2. PASSER DE LA FORMATION AVEC INTERVALLES DE COMBAT, A LA FORMATION A INTERVALLES SERRÉS EN CHANGEANT DE DIRECTION.

Commandement : *Batterie geschlossen rechts (links) schwenkt, marsch, batterie halt* (signal).

Respectivement : *Gerade aus* (signal).

(*Par batterie à droite [à gauche] en serrant les intervalles*), *marche, batterie halte* (sonnerie), respectivement : *en avant* (sonnerie).

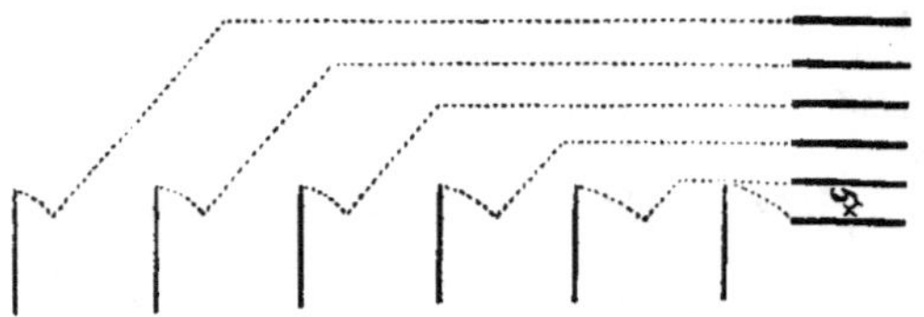

La pièce du pivot fait à droite (à gauche) au pas. Les autres pièces exécutent un demi-à-droite (à-gauche), marchent ensuite droit en avant, exécutent un autre demi-à-droite (demi-à-ganche) et se portent successivement à 5 pas et à hauteur de la pièce voisine du côté du pivot.

3. CHANGEMENT DE DIRECTION AVEC LES INTERVALLES SERRÉS.
(En conservant ces intervalles).

Commandement : *Batterie rechts (links) schwenkt, marsch*, dann *Batterie halt* (signal) oder *gerade aus* (signal) *batterie à droite [à gauche] conversion, marche*, puis *batterie halte* (sonnerie) ou *en avant* (sonnerie).

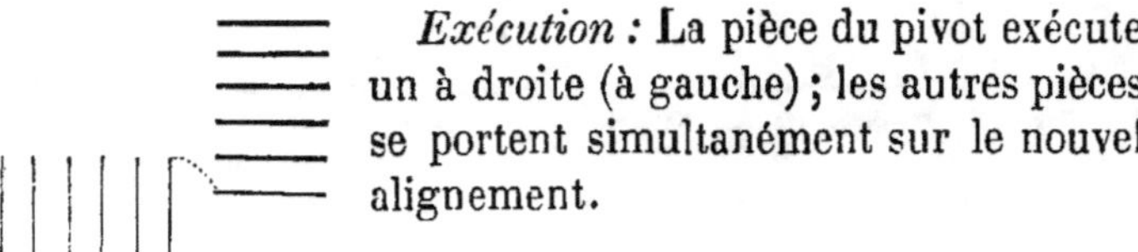

*Exécution :* La pièce du pivot exécute un à droite (à gauche) ; les autres pièces se portent simultanément sur le nouvel alignement.

#### 4. PASSER DE LA FORMATION A INTERVALLES SERRÉS A LA FORMATION A INTERVALLES DE COMBAT EN CHANGEANT DE DIRECTION.

Commandement : *Batterie geöffnet rechts (links) schwenkt, marsch* (signal : *front*), dann *batterie halt* (*signal*) oder. *gerade aus* (signal).

(*Par batterie à droite* [*à gauche*] *en ouvrant les intervalles, marche* (sonnerie : *front*) puis : *batterie halte* (sonnerie) ou *en avant* (sonnerie).

Dès que les pièces entrent dans la nouvelle direction, les servants des batteries de campagne se portent à côté de leur pièce ; ceux des batteries à cheval prennent la distance de 5 pas.

La pièce du pivot fait à droite (à gauche) ; les autres pièces gagnent en avant la distance voulue, font ensuite à droite (à gauche) et se portent successivement sur le nouvel alignement.

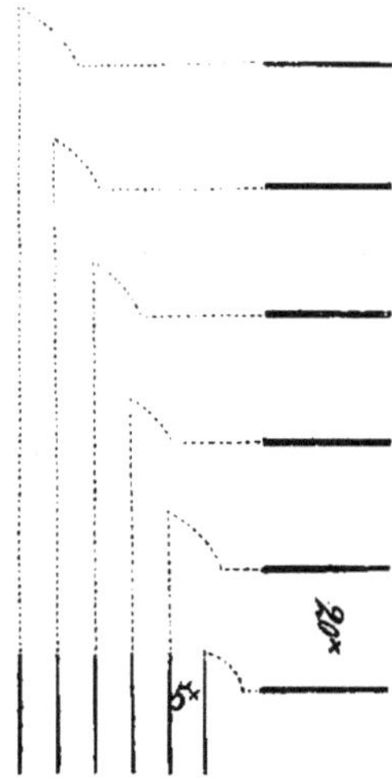

### 5. DEMI-TOUR D'UNE BATTERIE EN LIGNE AVEC LES INTERVALLES SERRÉS.

Commandement : *Batterie rechts (links) um kehrt schwenkt, marsch, Batterie halt* (signal) oder, *gerade aus* (signal).

(*Batterie demi-tour à droite [à gauche] conversion, marche, batterie halte* (sonnerie) ou *en avant* (sonnerie).

La pièce du pivot exécute le demi-tour au pas; les autres pièces suivent le mouvement de la pièce voisine du côté du pivot, de manière qu'en conservant les intervalles de 5 pas, elles arrivent simultanément sur le nouvel alignement.

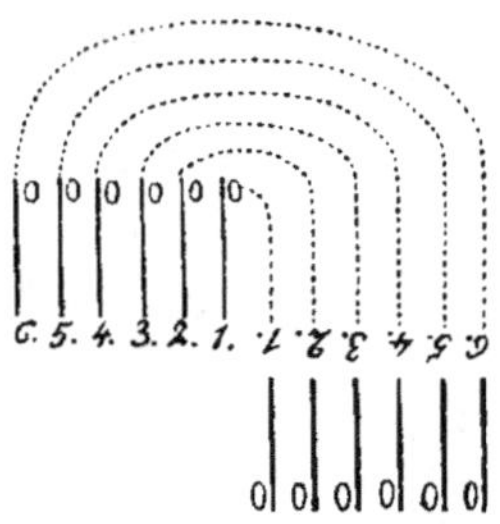

#### f) Rompre la batterie déployée en ligne.

Lorsqu'un peloton d'une batterie, marchant en ligne déployée, rencontre un obstacle, il l'évite en serrant les intervalles et se déploie de nouveau dès que l'obstacle est franchi. Le chef de peloton fait les commandements nécessaires à cet effet. Toutefois, si les circonstances ne permettent pas de manœuvrer de la sorte, par exemple lorsqu'on se meut sous le feu efficace de l'ennemi, la pièce ou le peloton qui rencontre l'obstacle rompt en arrière. Le mouvement s'exécute, au commandement : de *N^{tes} Geschütz (N^{ter} Zug) halt (telle pièce [tel peloton], halte)*, prononcé selon le cas par le chef de pièce ou le chef de peloton.

La pièce ou le peloton désigné s'arrête; dès que l'un ou

l'autre est dépassé par la pièce ou par le peloton voisin, son chef commande : *Halbrechts (halblinks), marsch, gerade aus (oblique à gauche (oblique à droite), marche, en avant)*. A ce commandement il double l'allure employé par le reste de la batterie et se porte derrière la pièce voisine ou derrière le peloton voisin.

Lorsque le deuxième peloton est obligé de se porter en arrière, il se place derrière le premier ou le troisième peloton. S'il est nécessaire de faire rompre à la fois les deux pelotons des ailes, chaque pièce se porte en arrière conformément aux principes prescrits pour la formation de la colonne double. Les chefs de peloton commandent : *Halbrechts (links), marsch, (Trab)*, dann *gerade aus, Schritt*, resp. *halt (oblique à droite (gauche), marche [au trot]*, puis *en avant, au pas*, respectivement *halte*.

2. PASSER DE LA FORMATION EN LIGNE A LA FORMATION EN COLONNE.

### a) Former la colonne par pièces.

On passe de la batterie en ligne à la formation en colonne, soit au moyen des à-droite (à-gauche), soit en rompant en colonne par pièces.

#### 1. AU MOYEN DES MOUVEMENTS DE FLANC.

Commandement : *Batterie rechts (links) um marsch, gerade aus* (signal).

(*Batterie par pièce à droite (à gauche), marche, en avant* (sonnerie).

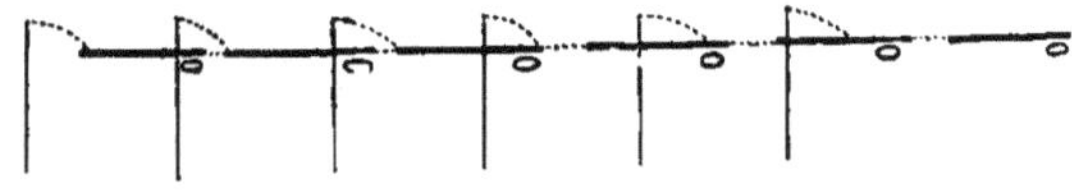

Toutes les pièces font à droite (à gauche). Le commandement de : *Gerade aus (en avant)* est fait de manière à procurer à chaque pièce l'espace nécessaire à l'exécution du mouvement. Le commandement de *halte* ne peut être fait, dans une batterie de campagne, que lorsque la pièce de tête a gagné en avant la distance de 25 pas (avec quatre pièces, 20 pas); dans une batterie à cheval, il n'est prononcé que lorsque la pièce de tête a gagné en avant la distance de 70 pas (avec quatre pièces 45 pas).

Lorsque le mouvement s'exécute la batterie *étant en marche*, la tête reprend l'allure primitive au commandement de : *en avant.*

Lorsqu'on veut former la colonne par pièces, la pièce de l'aile droite (gauche) en avant, pour continuer à marcher dans la même direction, le capitaine commande : *Das rechte (links), Flügel-Geschütz, gerade aus, Batterie zu Einem rechts (links) um marsch (pièce de droite [de gauche] droit en avant, batterie par pièce à droite (à gauche), marche.*

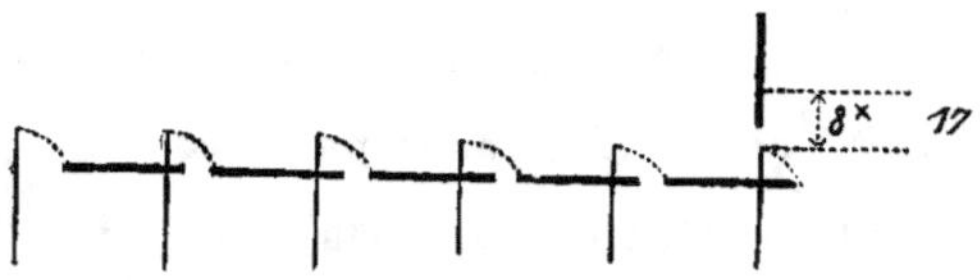

La pièce de l'aile de la batterie montée passe au trot et se porte à 8 pas en avant, celle de la batterie à cheval passe également au trot et marche 17 pas en avant.

Au commandement de : *Gerade aus (en avant)*, elles reprennent le pas (ou l'allure primitive) ; les autres pièces font à droite (à gauche) et suivent successivement la pièce de l'aile en tournant encore une fois en sens inverse.

2. EN ROMPANT PAR PIÈCE PAR LA DROITE (LA GAUCHE)
EN AVANT DU FRONT.

Commandement : *Batterie zu Einem rechts (links) brecht ab. Schritt, Trab, Galopp, marsch* (signal) (*batterie par la droite (la gauche) par pièce, rompez, au pas (au trot, au galop, marche)* (sonnerie).

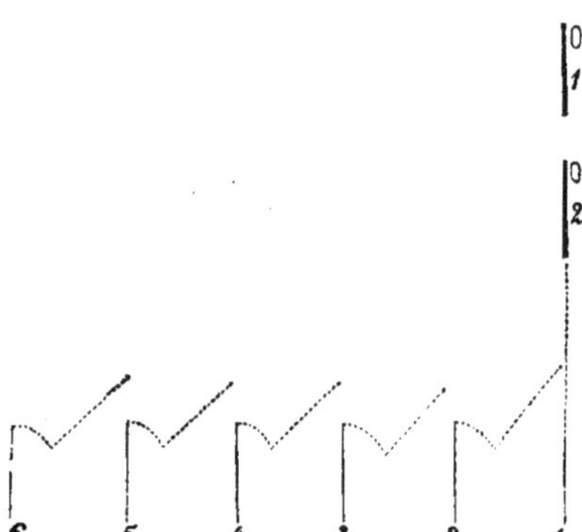



*Exécution :* La pièce de l'aile désignée se porte en avant à l'allure indiquée; les autres pièces font demi-à-droite (demi-à-gauche), se dirigent droit en avant dans la nouvelle direction, font ensuite demi-à-gauche (demi-à-droite) pour se redresser et prendre leur place dans la colonne.

Les pièces passent à l'allure de la tête de colonne assez à temps pour conserver 4 pas de distance.

### Observation.

Lorsque la batterie manœuvre les intervalles serrés, la pièce de l'aile se porte en avant comme ci-dessus ; les autres pièces se mettent successivement en marche lorsque le départ de la pièce voisine leur a procuré l'espace nécessaire. Pour le reste comme ci-dessus.

**b) Formation de la colonne par pelotons avec distance.**

#### 1. FORMATION DE LA COLONNE PAR PELOTONS, LES INTERVALLES OUVERTS.

La batterie étant en ligne, les intervalles ouverts, on forme la colonne au moyen des conversions ou en rompant par peloton en avant du front.

*a)* La batterie étant en bataille, les intervalles ouverts, la former à droite (à gauche) en colonne par pelotons.

Commandement : *Batterie mit Zügen rechts (links),
schwenkt, marsch, Batterie halt* (signal) ou *gerade aus* (signal) (*batterie par peloton à gauche (à droite) [conversion],
marche, batterie halte* (sonnerie) ou *en avant* (sonnerie).

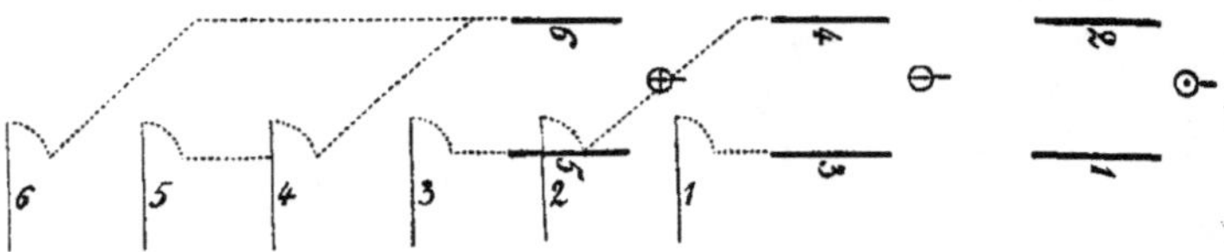

Chaque peloton exécute une conversion à droite (à gauche).
Dans chacun d'eux la pièce pivot fait à droite (à gauche),
l'autre pièce exécute un demi-à-droite (demi-à-gauche),
marche droit en avant dans la nouvelle direction, et exécute
ensuite un autre demi-à-droite (demi-à-gauche) pour se placer à hauteur de la pièce pivot.

*b*) La batterie étant en bataille, les intervalles ouverts,
rompre en colonne par pelotons en avant du front.

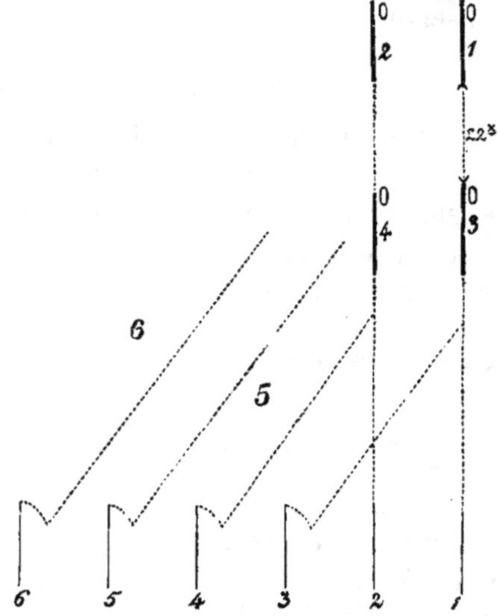

Commandement : *Batterie mit Zügen rechts (links) brecht*

*ab* (*batterie par la droite (la gauche) par peloton, rompez la batterie*).

Le chef du peloton de droite (gauche) commande : *Gerade aus* (*en avant*).

Le capitaine commande ensuite : *Schritt* (*Trab, Galopp, marsch* (signal) (*au pas, au trot, au galop, marche*) (sonnerie).

Le chef du peloton de droite (gauche) : *Schritt* (*Trab, Galopp, marsch*) (*au pas, au trot, au galop, marche*).

Les chefs des autres pelotons : *Halbrechts* (*links*) (*demi-à-droite* [*gauche*]), passent à l'allure immédiatement inférieure à celle prescrite ou s'arrêtent ; ils commandent aussitôt : *Halbrechts* (*demi-à-droite*) puis, en entrant dans la nouvelle direction : *Gerade aus* (*en avant*).

### Observation.

La batterie étant en bataille, les intervalles serrés, le mouvement s'exécute de la même manière ; toutefois, les derniers pelotons ne commencent la marche oblique que lorsque les premiers ont fait de la place.

#### 2. FORMATION DE LA COLONNE PAR PELOTONS, LES INTERVALLES SERRÉS.

*a*) La batterie étant en bataille, les intervalles ouverts, la former à droite (gauche) en colonne par pelotons, les intervalles serrés.

Commandement : *Batterie zu Zweien rechts* (*links*) *um, marsch, Batterie halt* (signal) *oder gerade aus* (signal) (*batterie par deux à droite* [*gauche*], *marche*, *batterie halte* (sonnerie) ou *en avant* (sonnerie).

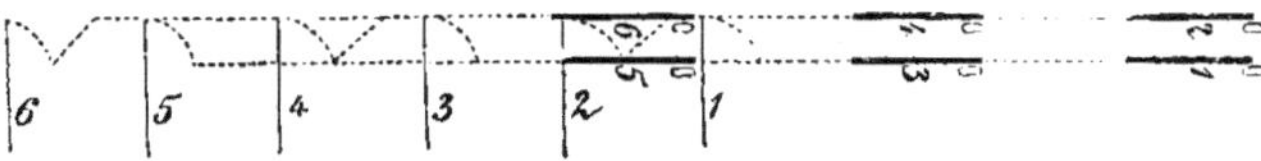

La pièce pivot exécute un à droite (à gauche); l'autre fait un demi-à-droite (demi-à-gauche), marche droit dans la nouvelle direction, exécute encore une fois un demi-à-droite (à gauche) et se place à 5 pas d'intervalles de la pièce pivot.

*b*) La batterie étant en bataille, les intervalles serrés, la former à droite (à gauche) en colonne par pelotons, les intervalles serrés.

Comme il est expliqué dans l'observation ci-dessus, p. 253.

### c) Former la colonne serrée par pelotons, les intervalles ouverts.

On ne peut passer immédiatement de la formation en bataille, avec intervalles de combat, à la formation en colonne serrée, les intervalles ouverts, qu'au moyen des ploiements.

Commandement : *Batterie rechts (links) in Colonne in Zügen, marsch (batterie sur la droite (la gauche) en colonne par pelotons, marche.*

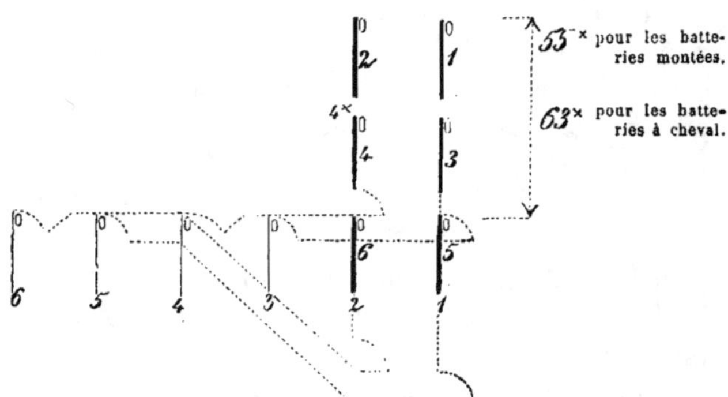


Le chef du peloton de droite : *Gerade aus, Trab* (en avant, au trot) et après avoir parcouru une distance de 55 pas (respectivement 63 pas), il commande : *Halte.*

Le chef du deuxième peloton : *Zu Zweien rechts (links) um, marsch, gerade aus, Trab, links (rechts), front, gerade aus, halt* (par deux à droite [à gauche], marche, en avant, au trot, à gauche (à droite), front, en avant, halte).

Le chef du troisième peloton : *Zu Zweien, rechts (links)*

*um, marsch, halbrechts (links) Trab, gerade aus, links (rechts), front, gerade aus, halt (par deux à droite [à gauche], marche, demi-à-droite (à gauche), au trot, en avant, à gauche (à droite), front, en avant, halte).*

Les chefs des pelotons qui se portent en arrière, placés du côté du front primitif, accompagnent leur peloton pendant l'exécution du mouvement de flanc; ils s'arrêtent au point où la pièce pivot doit exécuter un à gauche (à droite), sur la roue intérieure et commandent: *à gauche (à droite), front;* ils se portent ensuite au galop devant leur peloton et l'arrêtent.

### Observation.

On ne peut pas passer directement de la formation en bataille, *à la colonne serrée à intervalles serrés.* Lorsqu'on veut prendre cette formation, on forme l'une des colonnes indiquées ci-dessus, puis, selon le cas, on serre en masse ou l'on serre les intervalles.

### d) Former la demi-colonne par pelotons.

La batterie étant en bataille avec les intervalles de combat, elle prend la formation en demi-colonne au moyen de 1/8 de conversion.

Commandement : *Batterie mit Zügen halbrechts (halblinks) schwenkt, marsch. Batterie halt* oder *gerade aus (batterie par peloton demi-à-droite [demi-à-gauche] conversion, marche, batterie, halte* ou *en avant.*

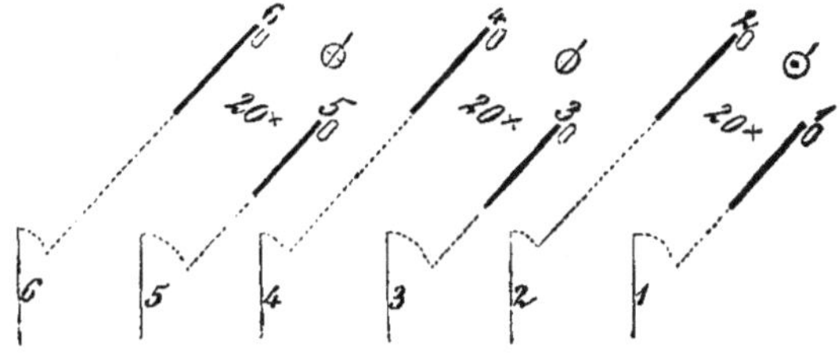

Dans chaque peloton la pièce de pivot fait un demi-à-droite (demi-à-gauche) ; l'autre pièce fait de même et se porte à 20 pas à côté de la pièce de pivot.

e) Former la colonne double.

Commandement : *Batterie zu Zweien aus der Mitte, Schritt (Trab, Galopp), marsch* (signal) (*batterie par le centre par deux, formez la colonne double, au pas (au trot, au galop), marche* (sonnerie).

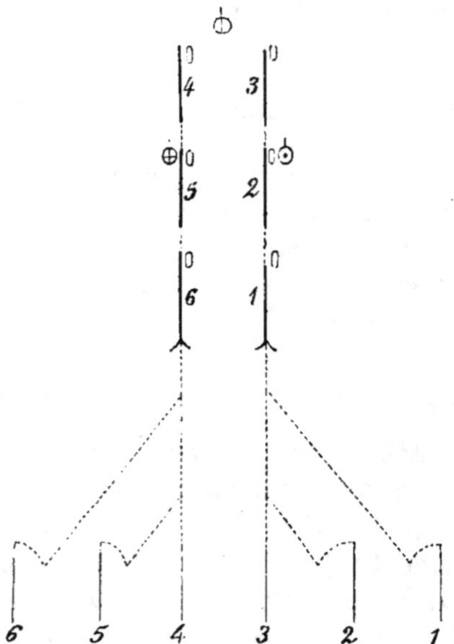

Les deux pièces du centre se portent droit en avant à l'allure indiquée. Les autres pièces exécutent un demi-à-droite (à gauche) sans commandement des chefs de peloton ; elles se portent ensuite, en se redressant, derrière les pièces du centre. De cette manière la batterie se trouve disposée en deux colonnes par pièces marchant à côté l'une de l'autre, celle de droite la gauche en tête, et celle de gauche la droite en tête.

### 3. MOUVEMENTS EXÉCUTÉS PAR LA BATTERIE EN COLONNE.

#### a) Serrer et reprendre les intervalles.

Lorsque le mouvement est simultané, il s'exécute dans chaque peloton, aux commandements et d'après les principes prescrits pour la batterie en bataille.

Lorsque le mouvement doit s'exécuter successivement par peloton, le capitaine commande : *Batterie zugweise rechts (links) geschlossen (geöffnet), Trab (Galopp, marsch),* (*batterie à droite [à gauche] serrez (ouvrez) les intervalles par peloton, au trot (au galop), marche.*

Le chef du peloton de tête commande aussitôt : *Rechts (links) geschlossen (geöffnet) Trab (Galopp, marsch) (à droite [à gauche] serrez (ouvrez) les intervalles, au trot, au galop, marche.*

Les chefs des pelotons suivants font le même commandement, lorsqu'ils arrivent au point où le peloton de tête a serré (repris) les intervalles. Chaque peloton, ayant achevé son mouvement, revient à l'allure précédente.

#### b) Marcher par le flanc (mouvement individuel).

Dans la marche par le flanc par un mouvement individuel, la direction reste toujours du côté de la pièce tête de colonne ; en conséquence toutes les fois que la batterie en colonne marche vers son flanc droit (gauche), les hommes portent les yeux à gauche (à droite) sans autre commandement.

Dès que la colonne reprend la direction primitive, le guide revient du côté où il était précédemment.

#### 1. ÉTANT EN COLONNE PAR PIÈCES.

Ce mouvement n'est employé qu'exceptionnellement.

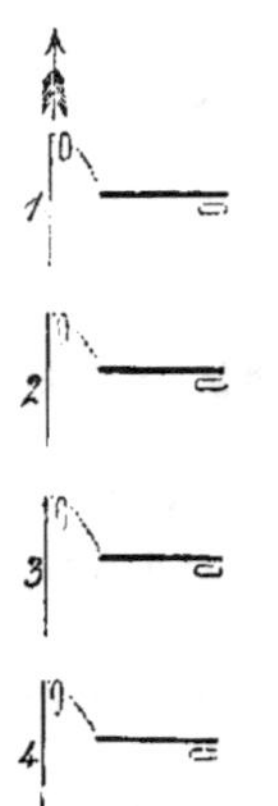

Commandement : *Batterie rechts (links) um, marsch* und *gerade aus* (*batterie, pièces à droite (à gauche), marche* et *en avant*).

Les chefs de pièce restent à côté des chevaux de main (sous-verge).

Les intervalles plus considérables qui résultent de l'exécution de ce mouvement ne sont pas modifiés.

## 2. ÉTANT EN COLONNE PAR PELOTONS AVEC LES INTERVALLES DE COMBAT.

Commandement: *Batterie zu Zweien rechts (links) um, marsch, gerade aus* (signal) (*batterie par deux à-droite (à-gauche), marche, en avant* (sonnerie).

Pour reprendre la direction primitive : *Batterie links (rechts), front* (signal), *gerade aus* (signal) (*batterie à gauche [droite], front* (sonnerie), *en avant* (sonnerie).

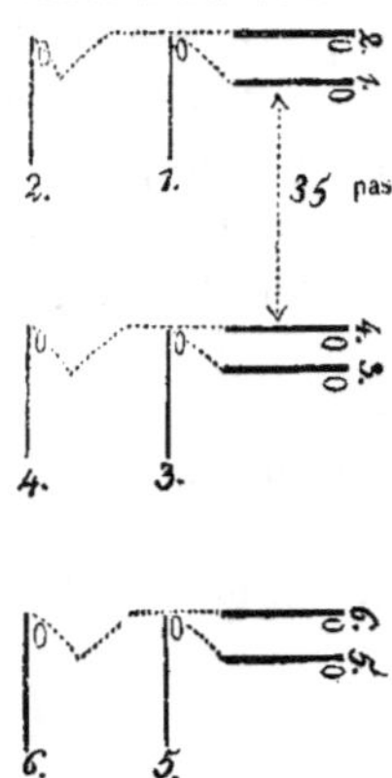

Chaque peloton serre les intervalles en exécutant le changement de direction.

Reprendre la direction primitive :

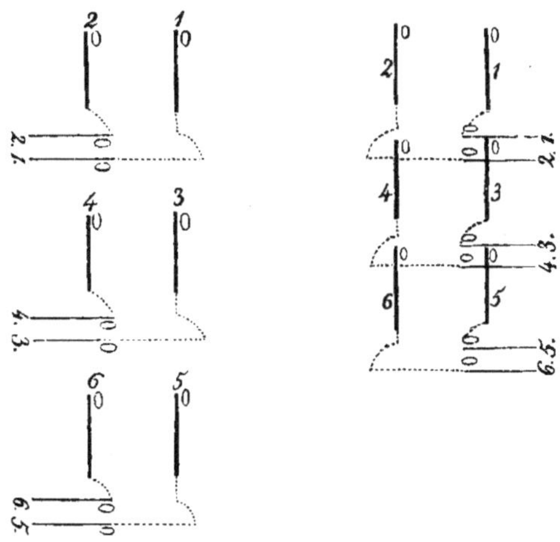

3. ÉTANT EN COLONNE PAR PELOTONS A INTERVALLES SERRÉS.

Dans cette formation on passe à la marche de flanc au moyen de la conversion par peloton.

Commandement : *Batterie mit Zügen links (rechts) schwenkt, marsch, gerade aus (signal)* (*batterie par peloton à gauche* [*à droite*] (*conversion*), *marche, en avant* [*sonnerie*].

Pour reprendre la direction primitive, le capitaine fait les mêmes commandements.

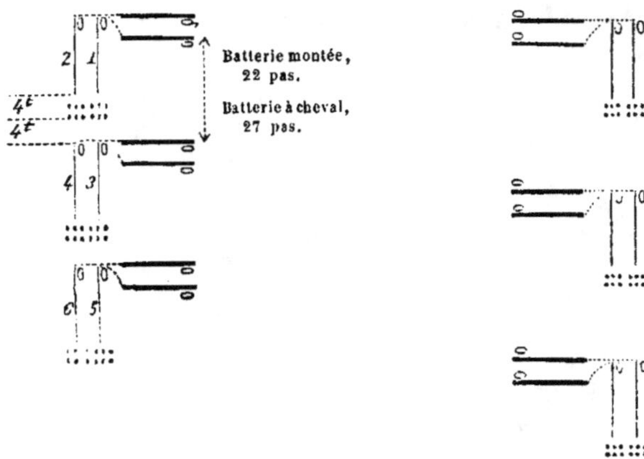


La pièce pivot exécute un à droite (à gauche); l'autre pièce converse autour de la première en observant de conserver l'intervalle de 5 pas.

On reprend la direction primitive d'après les mêmes principes et par les moyens inverses.

### c) Passer de la demi-colonne à la colonne à distance entière par pelotons.

Commandement : *Batterie auf Vorderrichtung, Trab, marsch* (batterie, en colonne sur le peloton de tête (pour prendre la direction du peloton de tête), au trot, marche).

Le chef du peloton de tête : *Trab* (au trot).

Les chefs des pelotons suivants : *Halbrechts* (*halblinks*), *Trab, marsch* und *gerade aus* (demi-à-droite [demi-à-gauche], au trot (marche) et *en avant*.

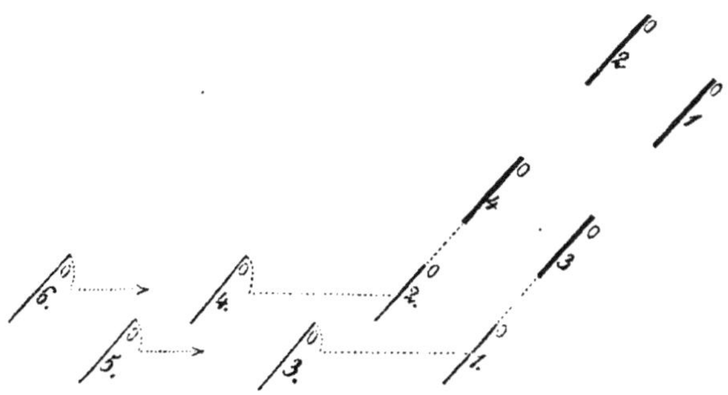

**d) Passer de la colonne à distance entière à la demi-colonne.**

Commandement : *Batterie mit Zügen halbrechts (halblinks) schwenkt marsch · Batterie halt*, oder *gerade aus (batterie par peloton demi-à-droite [demi-à-gauche] conversion, marche, batterie halte* ou *en avant.*

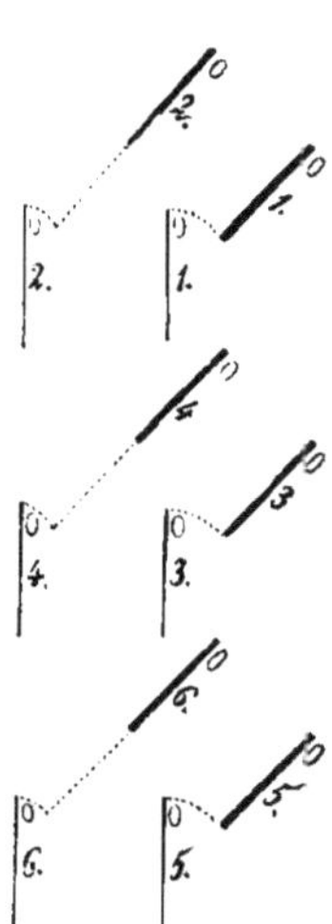

**e) Marche en arrière (en retraite).**

1. LA BATTERIE ÉTANT EN COLONNE PAR PELOTONS A DISTANCE ENTIÈRE, LES INTERVALLES OUVERTS.

Commandement : *Batterie kehrt (rechts um kehrt) marsch (signal), gerade aus (signal) (batterie demi-tour par pièce [demi-tour à droite], marche* (sonnerie), *en avant* (sonnerie).

Chaque pièce exécute un demi-tour pour son compte.

Pour revenir face en tête le mouvement s'exécute de la même manière.

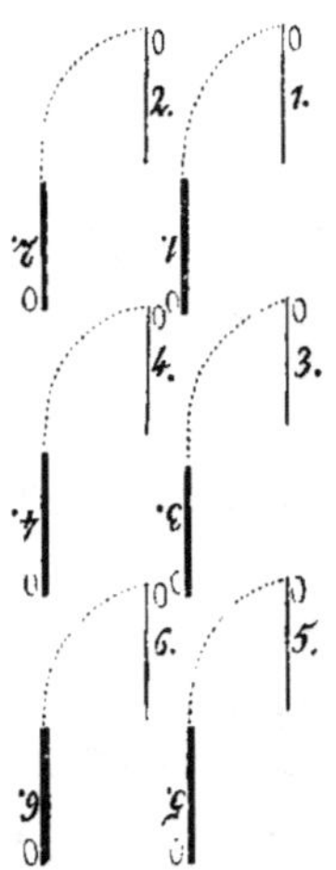

## 2. LA BATTERIE ÉTANT EN COLONNE PAR PELOTONS AVEC DISTANCE, LES INTERVALLES SERRÉS.

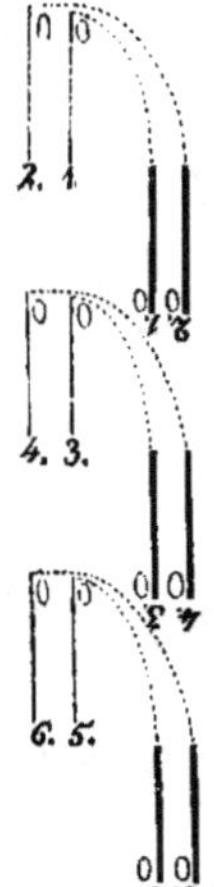

Ce mouvement s'exécute au moyen de la conversion par peloton.

Commandement : *Batterie mit Zügen rechts (links) um, kehrt schwenkt, marsch* dann *gerade aus* (signal) (*batterie par peloton demi-tour à droite (à gauche), marche* puis *en avant* (sonnerie).

### f) Changements de direction en colonne.

1. LA BATTERIE ÉTANT EN MARCHE EN COLONNE PAR PIÈCES.

Commandement : *Tête rechts* (*links*, respectivement *halb-rechts, halblinks*) *schwenkt, marsch, gerade aus* (*signal*) (*tête de colonne tournez à droite* (*à gauche*) ou respectivement *demi-à-droite* (*demi-à-gauche*), *marche, en avant* (*sonnerie*).

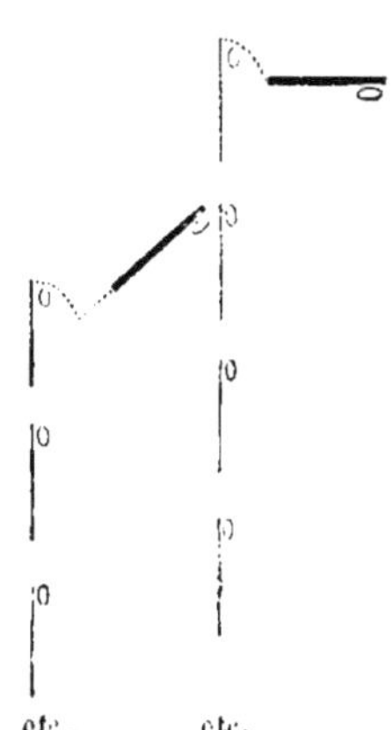

La pièce de tête fait à droite (à gauche) ou demi-à-droite (demi-à gauche) et marche en avant dans la nouvelle direction. Les autres pièces changent de direction successivement de la même manière et à la même place que la pièce de tête.

2. LA BATTERIE ÉTANT EN COLONNE PAR PELOTONS A DISTANCE ENTIÈRE.

Commandement : *Tête rechts* (*links, halbrechts, halblinks*), *schwenken, gerade aus* (*signal*) (*tête de colonne à droite* (*à gauche, demi-à-droite, demi-à-gauche*), *con-version, en avant*) (sonnerie).

Le chef du peloton de tête : *Rechts* (*links, halbrechts* (*halblinks*), *schwenkt, marsch, gerade aus* (*tournez à droite* (*à gauche, demi-à-droite, demi-à-gauche*), *marche, en avant*).

Les chefs des pelotons suivants : *Schwenkt, marsch, gerade aus* (*tournez, marche, en avant*).

Les chefs de peloton font leur commandement d'avertissement lorsqu'ils sont arrivés à quelques pas du point où le changement de direction doit commencer. Le commandement de *marche*, est fait au moment où le conducteur du devant traverse la nouvelle direction. Celui de *en avant* est prononcé lorsque la pièce de l'aile marchante est près d'arriver à hauteur de la pièce pivot.

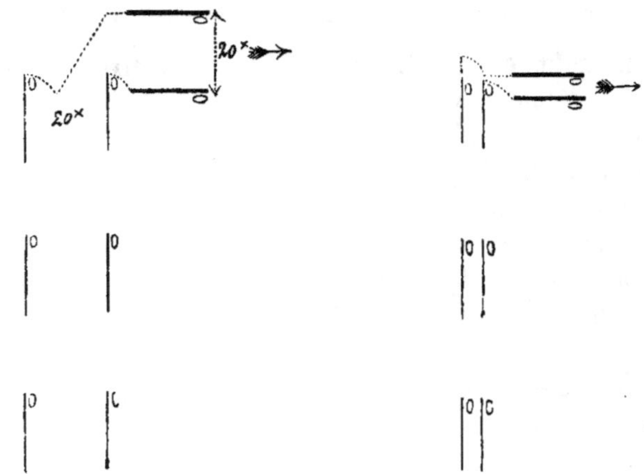

Les changements de direction d'une colonne en marche s'exécutent à pivot mouvant; en conséquence la pièce du pivot change de direction au moyen du mouvement *à crochet*.

### 3. LA BATTERIE ÉTANT EN MARCHE EN DEMI-COLONNE PAR PELOTONS.

**Commandement :** *Batterie mit Zügen rechts (links) schwenkt, marsch, gerade aus (batterie par peloton, tournez, à droite (à gauche), marche, en avant).*

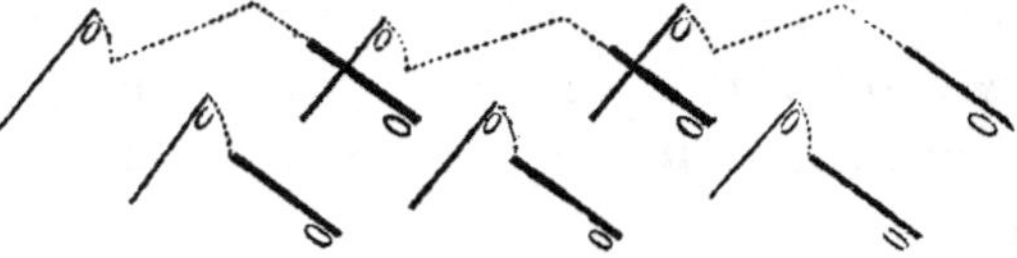

### 4. LA BATTERIE ÉTANT EN MARCHE EN COLONNE SERRÉE PAR PELOTONS.

**Commandement :** *Batterie rechts (links, halbrechts, halblinks) schwenkt, marsch, gerade aus (signal) (batterie, tournez à droite (à gauche, demi-à-droite, demi-à-gauche), marche, en avant) (sonnerie).*

Le peloton de tête exécute la conversion comme il est indi-

qué pour la colonne à distance entière, mais au commandement du commandant de la batterie. Les pièces des autres
pelotons suivent le mouvement, en conservant la distance
de 4 pas qui doit les séparer des pièces précédentes, dont
ils prennent l'allure.

### Observation.

Lorsque les changements de direction ne doivent pas être
exécutés sous un angle de 45° ou de 90°, le capitaine en
prévient, assez à temps, le chef du peloton de tête ou le
chef de la pièce de direction de la colonne, pour que le
commandement de : *en avant* puisse être prononcé de
manière à entrer dans la nouvelle direction au point
voulu.

**g) Rompre par pièce et former les pelotons.**

1. ROMPRE PAR PIÈCE ÉTANT EN COLONNE PAR PELOTONS
A DISTANCE ENTIÈRE.

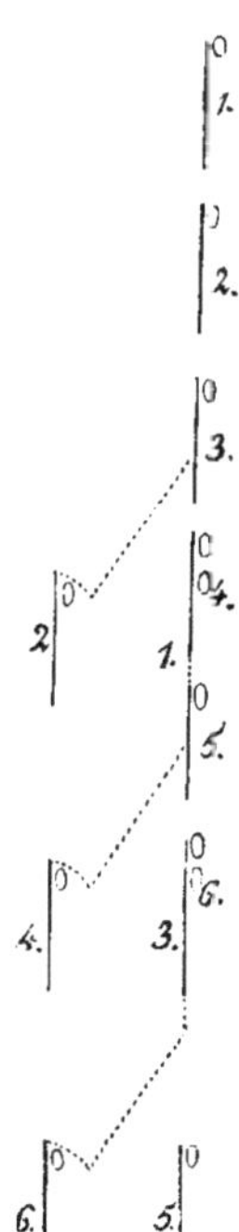

Commandement : *Batterie zu Einem rechts*
(*links*) *brecht ab, Schritt* (*Trab, Galopp,
marsch*) (signal) (*batterie par la droite* [*la
gauche*], *par pièce, rompez les pelotons, au
pas* (*au trot, au galop, marche*) (sonnerie).

Au commandement du capitaine, le peloton
de tête exécute le mouvement comme il est
prescrit page 251, pour rompre par pièce en
avant du front.

Les chefs des pelotons suivants se conforment
aux prescriptions ci-après :

*a*) La colonne étant de pied ferme, ils commandent successivement : *Brecht ab, Schritt*
(*Trab, Galopp, marsch*) (*rompez, au pas,* [*au
trot, au galop*], *marche*).

*b*) La colonne étant en marche, ils commandent immédiatement après le capitaine :

*Marche, halte,* et puis successivement : *Brecht ab, Schritt (Trab, Galopp, marsch).*

La batterie, en colonne par pièces, occupant une étendue supérieure au front de la batterie en bataille, chaque peloton de queue ne commence le mouvement que lorsque celui qui le précède a gagné l'espace nécessaire à chaque pièce dans la colonne.

2. PASSER DE LA COLONNE PAR PIÈCES A LA COLONNE PAR PELOTONS A DISTANCE ENTIÈRE (FORMER LES PELOTONS).

Commandement : *Batterie in Züge links (rechts) [geschlossen, links (rechts)], marschirt auf, Schritt (Trab, Galopp, marsch) (signal) gerade aus (signal) (batterie vers la gauche (droite) formez les pelotons [à intervalles serrés], au pas (au trot, au galop, marche) (sonnerie), en avant (sonnerie).*

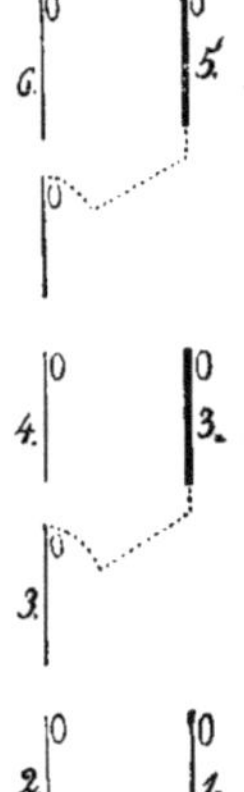

La pièce de tête de chaque peloton passe à l'allure immédiatement inférieure à celle prescrite par le commandement, ou s'arrête. Les autres pièces prennent l'allure commandée et se portent, en exécutant deux demi-à-droite (demi-à-gauche), à hauteur et à côté de la pièce de tête (à 5 pas ou à 20 pas d'intervalle conformément au commandement).

Après le commandement (sonnerie), *gerade aus (en avant)*, les yeux reviennent à droite.

La distance entre les pelotons étant supérieure à celle prescrite par le règlement, les pelotons de queue, dès qu'ils sont formés, serrent, au commandement de leur chef à la distance réglementaire, et passent ensuite à l'allure de la tête, ou s'arrêtent.

Lorsqu'on veut former les pelotons successivement, le capitaine commande : *Batterie zugweise links (rechts) [geschlossen links (rechts)] marschirt auf, Schritt (Trab), Galopp, marsch (batterie vers la gauche [droite], successi-*

*vement former les pelotons [à intervalles serrés à gauche (à droite)], au pas (au trot, au galop, marche).*

Arrivés au point où s'est formé le peloton de tête, les chefs des pelotons de queue commandent successivement : *Marschirt auf, Schritt (Trab, Galopp, marsch) (formez le peloton, au pas (au trot, au galop, marche),* puis, lorsqu'ils ont leur distance, ils commandent l'allure de la tête.

### 3. ROMPRE PAR PIÈCE ÉTANT EN COLONNE SERRÉE.

Le mouvement s'exécute dans chaque peloton aux commandements et d'après les principes prescrits pour la colonne à distance entière. Les chefs de peloton se conforment à ce qui est prescrit en 1, page 265.

#### h) **Prendre les distances.**

Pour passer de la colonne serrée à la colonne à distance entière, le capitaine fait prendre les distances.

Commandement : *Batterie Distancen genommen (signal) Schritt (Trab, Galopp, marsch (signal) (batterie, prenez les distances (sonnerie) au pas (au trot, au galop, marche) (sonnerie).*

Le peloton de tête se met en marche au commandement de son chef à l'allure ordonnée, ou continue à marcher à cette allure.

Les autres pelotons se mettent en marche successivement au commandement de leur chef.

Si le mouvement s'exécute la batterie étant en marche, les chefs des pelotons de queue commandent *halte;* ils se remettent en marche lorsqu'ils ont leur distance en prenant l'allure du peloton de tête.

#### i) **Passer de la colonne la droite (gauche) en tête à la colonne la gauche (droite) en tête, en portant les pelotons de la queue en avant.**

Commandement : *Batterie aus der Tiefe vorgezogen, Trab (signal) (batterie la queue en tête, au trot (sonnnerie).*

### 1. LA BATTERIE ÉTANT EN MARCHE EN COLONNE PAR PIÈCES.

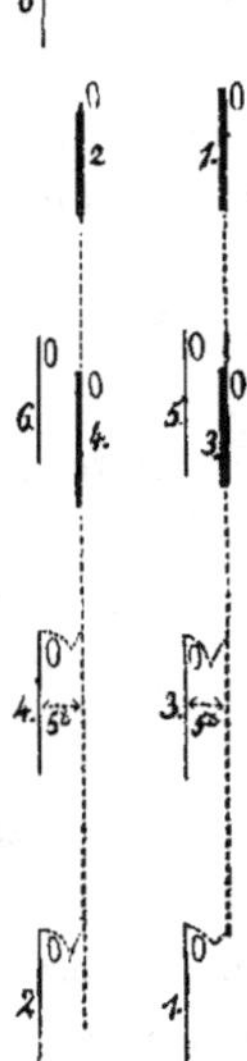

Au commandement de *au trot* toutes les pièces s'arrêtent à l'exception de la pièce de queue; celle-ci déboîte de la colonne par un demi-à-droite (si le terrain ne le permet pas, par un demi-à-gauche) gagne 5 pas, se redresse et se porte ensuite au trot droit en avant. Les autres pièces se mettent successivement en marche de la même manière, en observant de prendre leur distance de 4 pas. Les chefs des pièces qui se portent en avant tournent la tête du côté des pièces qui n'ont pas encore bougé. Dès qu'ils ont dépassé la pièce qui marchait primitivement en tête ils replacent la tête dans la position directe.

Les chefs de peloton se mettent en marche lorsque la nouvelle pièce de tête de leur peloton arrive à leur hauteur.

### 2. LA BATTERIE ÉTANT EN COLONNE PAR PELOTONS A DISTANCE ENTIÈRE, LES INTERVALLES OUVERTS.

Si la batterie est en marche, les chefs des deux premiers pelotons commandent *halte;* celui du peloton de queue commande *halbrechts, Trab, Gerade aus* (*demi-à-droite, au trot, en avant*).

Dans toutes les autres formations en colonne par pelotons, les chefs de peloton se conforment aux principes prescrits ci-dessus; toutefois dans la colonne serrée à intervalles serrés les deux pièces du peloton déboitent ensemble de la colonne.

Les pelotons se conforment à ce qui est dit ci-dessus en 1 pour la colonne par pièces; le peloton de queue commence le mouvement, les autres pelotons se mettent en marche successivement, chaque pièce passant à côté et à cinq pas en dehors de la pièce correspondante du peloton précédent.

| 3. La batterie étant en colonne serrée par pelotons, les intervalles ouverts. | 4. La batterie étant en colonne par pelotons à distance entière, les intervalles serrés. | 5. La batterie étant en colonne serrée par pelotons, les intervalles serrés. |
|---|---|---|

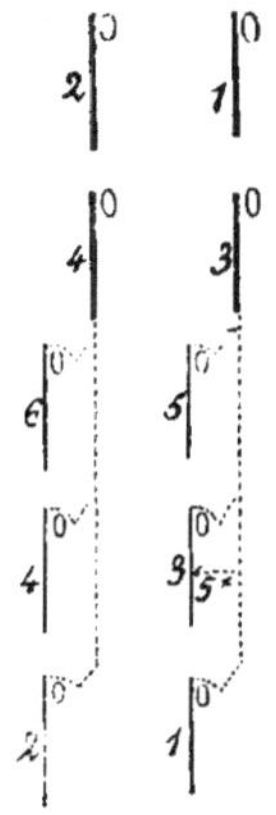

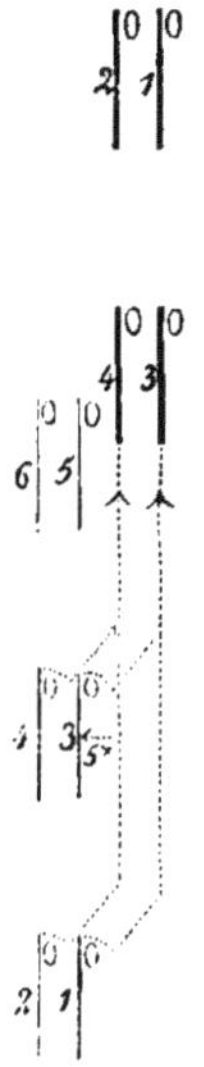

### 4. PASSER DE LA FORMATION EN COLONNE A LA FORMATION EN LIGNE (DÉPLOIEMENTS).

**Inversions.**

La formation en ligne déployée étant l'unique formation de combat de l'artillerie, il est de la plus grande importance, pour cette arme, de passer le plus rapidement possible de la formation en colonne à la formation en ligne. Bien qu'il soit utile de conserver la formation normale des pièces dans la batterie, on commettrait une faute, si pour atteindre ce but, on retardait la formation en bataille par des mouvements excentriques. Cette faute serait d'autant plus grande, qu'en général, dans l'artillerie, les inversions offrent moins d'inconvénients que dans les autres armes, à condition toutefois de ne pas en abuser.

Dans les inversions, il ne faut jamais séparer les deux pièces d'un peloton.

Aussitôt que possible on rétablit l'ordre normal par les moyens les plus simples, par exemple, en exécutant le demi-tour au moyen d'un changement de direction par peloton, au lieu d'employer le demi-tour par pièce.

### a) Déployer la colonne par pièces.

1. *Par un à gauche (à droite) simultané* de chaque pièce, lorsqu'on veut former la batterie en bataille, sur l'un des flancs de la colonne. (*A gauche [à droite], en bataille*).

Commandement : *Batterie zu Einem links (rechts), Front. Batterie halt (batterie par pièce à gauche (à droite), front, batterie halte).* (On conserve les intervalles de 22 pas ou de 31 pas), ou *gerade aus (en avant)*. (On prend peu à peu les intervalles de 20 pas.)

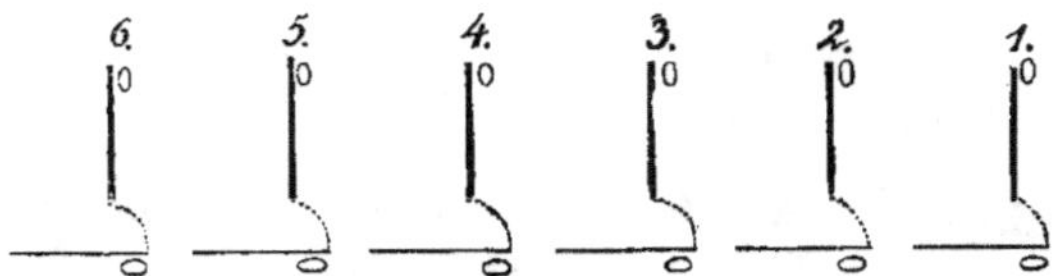

2. *Par des changements de direction successifs* en portant chaque pièce sur l'alignement de la pièce de tête (par exemple lorsque la batterie débouche d'un défilé). (*Sur la gauche (sur la droite), en bataille*).

Commandement : *Batterie geschützweise rechts (links, halbrechts, halblinks), eingeschwenkt, marsch, gerade aus. Tete halt (batterie successivement par pièce sur la droite (sur la gauche) ou sur une direction oblique à droite (gauche), en bataille, marche, en avant, tête halte.)*

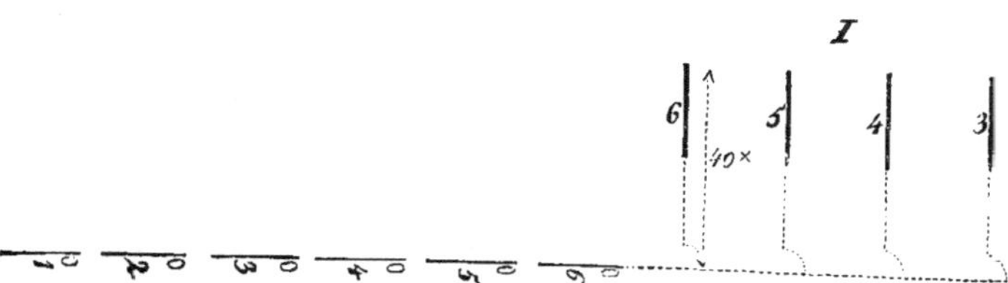

La pièce de tête change de direction, se porte ensuite 40 pas droit en avant et s'arrête. Les autres pièces se dirigent parallèlement en arrière de la nouvelle ligne et se portent successivement sur le nouvel alignement.

Le mouvement s'exécute à l'allure de la colonne, s'il n'en est pas ordonné autrement.

Lorsqu'on veut exécuter un changement de direction sous un angle inférieur à 90°, la pièce qui suit la pièce de tête se dirige du côté opposé au nouvel alignement, afin de pouvoir tourner en angle droit pour se porter sur la nouvelle ligne.

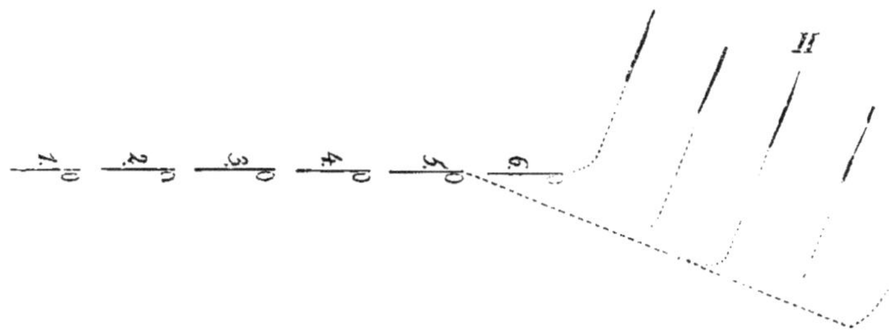

Bien que cette formation soit quelque peu excentrique et qu'elle a en outre l'inconvénient d'offrir un double but aux projectiles de l'ennemi, on ne peut néanmoins s'en passer dans certaines circonstances, par exemple, lorsque la batterie débouchant d'un défilé doit immédiatement ouvrir le feu. Par suite, en règle générale, le mouvement successif par pièce, *ôter l'avant-train*, est lié à cette formation.

**3.** *En portant les pièces sur l'alignement de la pièce de tête.* (**Déploiement** ou *en avant en bataille*).

Commandement : *Batterie, links (rechts) marschirt auf Schritt (Trab, Galopp, Marsch)* (signal) (*batterie vers la gauche (droite), en avant en bataille, au pas (au trot, au galop, marche)* (sonnerie).

Pour l'exécution de ce mouvement on indique toujours l'allure à laquelle les pièces doivent se portent en ligne.

Pour former la batterie en bataille, les intervalles serrés, le capitaine commande : *Batterie geschlossen links (rechts) marschirt auf, Schritt, u. s. w.* (*batterie à intervalles serrés vers la gauche [droite], en avant en bataille, au pas,* etc.)

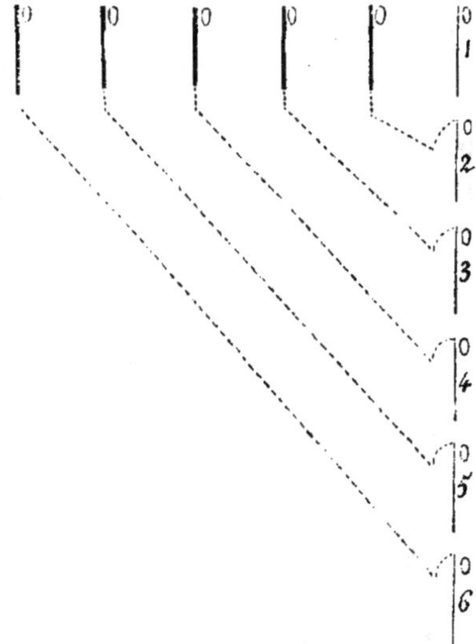

La pièce qui marche en tête s'arrête ou continue à marcher à l'allure immédiatement inférieure. Les autres pièces passent à l'allure prescrite.

Si la pièce de tête s'arrête, la deuxième pièce oblique immédiatement à gauche (à droite), deboite de la colonne, puis se redresse et se dirige droit en avant pour s'établir à côté de la pièce de tête. Toutes les autres pièces se dirigent obliquement à gauche (à droite) sur un point situé à 5 ou à 20 pas sur le côté et un peu en arrière de la bouche des pièces déjà établies.

Si la tête de colonne continue à marcher, la deuxième pièce se porte également en ligne, en obliquant à gauche (à droite).

Chaque pièce, étant arrivée sur la nouvelle ligne, s'arrête sans commandement. Si la batterie continue à marcher, chacune d'elle passe successivement à l'allure de la pièce de tête.

### Observation.

Lorsqu'on forme la batterie *vers la droite et vers la gauche en avant en bataille*, le peloton qui marche immédiatement derrière le peloton de tête se déploie toujours vers la droite et le suivant vers la gauche.

Lorsque le mouvement s'exécute à la sonnerie (sans commandement), le déploiement a toujours lieu vers la gauche.

En avant en bataille étant en colonne par pièces.

En avant en bataille étant en colonne par pelotons.

**b)** **Déployer la colonne avec distance à intervalles ouverts.** (La batterie étant en colonne par pelotons avec distance à intervalles ouverts, la former en bataille).

**1.** PAR UNE CONVERSION SIMULTANÉE PAR PELOTONS (A GAUCHE [A DROITE] EN BATAILLE).

Commandement : *Batterie mit Zügen links (rechts) schwenkt, marsch (signal). (Batterie halt (signal) oder*

*gerade aus (signal) (batterie, par peloton à gauche [à droite]
(conversion), marche (sonnerie). Batterie halte (sonnerie)
ou en avant (sonnerie).*

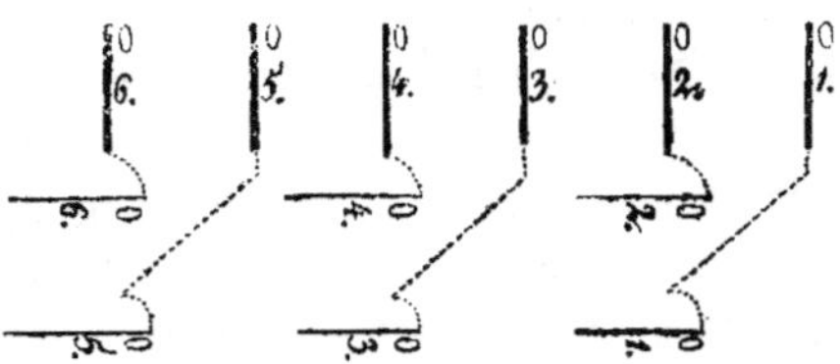

Les pelotons se conforment à ce qui est prescrit pour
la formation de la colonne par pelotons à intervalles ouverts.

**2. PAR LES CONVERSIONS SUCCESSIVES (SUR LA GAUCHE [LA DROITE]
EN BATAILLE).**

Commandement : *Batterie zugweise rechts (links halbrechts halblinks) eingeschwenkt, marsch (batterie [successi-
vement] par peloton sur la droite, sur la gauche ou sur une
direction oblique à droite (gauche), en bataille, marche).*

Le chef du peloton de tête : *Rechts (links, halbrechts,
halblinks) schwenkt, marsch, gerade aus (éventuellement
Augen links), halt (tournez à droite [à gauche, oblique à
droite, oblique à gauche], marche, en avant [éventuelle-
ment les yeux à gauche], halte).*

Les chefs des pelotons de queue commandent successivement : *Schwenkt, marsch, gerade aus (éventuellement Augen
links, halt (tournez, marche, en avant [éventuellement les
yeux à gauche], halte).*

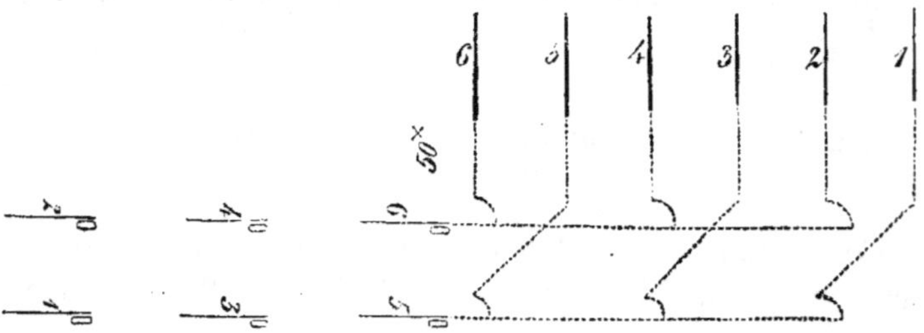

Chaque peloton exécute la conversion pour son compte comme il est prescrit pour les changements de direction.

Tout ce qui est dit relativement à l'emploi de cette formation dans la colonne par pièces, s'applique également à la colonne par pelotons.

### Observation.

Lorsqu'on forme la batterie en bataille sous un angle inférieur à 90 degrés, le mouvement s'exécute comme il est prescrit pour la colonne par pièces.

3. EN PORTANT LES PELOTONS A HAUTEUR ET SUR L'ALIGNEMENT DU PELOTON DE TÈTE (EN AVANT EN BATAILLE).

Commandement : *Batterie links (rechts) marschirt auf, Schritt (Trab, Galopp, marsch) (signal) (batterie vers la gauche [la droite], en avant en bataille, au pas (au trot, au galop, marche)*.

Le chef du peloton de tête : *Halt (Schritt, Trab)*, éventuellement *Augen links (halte, au pas, au trot*, éventuellement *les yeux à gauche)*.

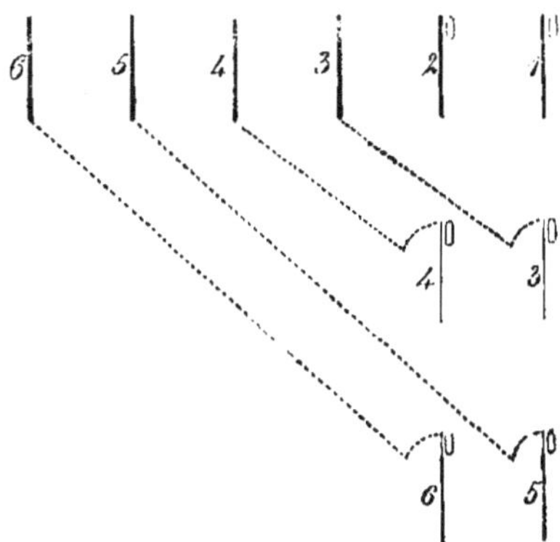


Les chefs des pelotons de queue : *Halblinks (halbrechts) Schritt (Trab, Galopp, marsch), gerade aus* (éventuellement

*Augen links*) (*demi-à-gauche individuel* (*demi-à-droite*), *au pas* (*au trot, au galop, marche*), *en avant* [éventuellement *les yeux à gauche*]; puis ils commandent l'allure de la tête ou : *halte*).

Le commandement : *Gerade aus* (en avant) ne doit être prononcé que lorsque le chef de la pièce intérieure a gagné son intervalle réglementaire.

**c) Déployer la colonne par pelotons avec distance à intervalles serrés** (La batterie étant en colonne par pelotons avec distance à intervalles serrés, la former en bataille).

1. PAR UNE CONVERSION SIMULTANÉE PAR PELOTONS EN OUVRANT EN MÊME TEMPS LES INTERVALLES (A GAUCHE [A DROITE] EN BATAILLE).

Commandement : *Batterie links* (*rechts*), *front* (*signal*). *Batterie halt* (*signal*) oder *gerade aus* (*signal*) *batterie à gauche* [*à droite*]; *front* (*sonnerie*), *batterie halte* (*sonnerie*) ou *en avant* (*sonnerie*).

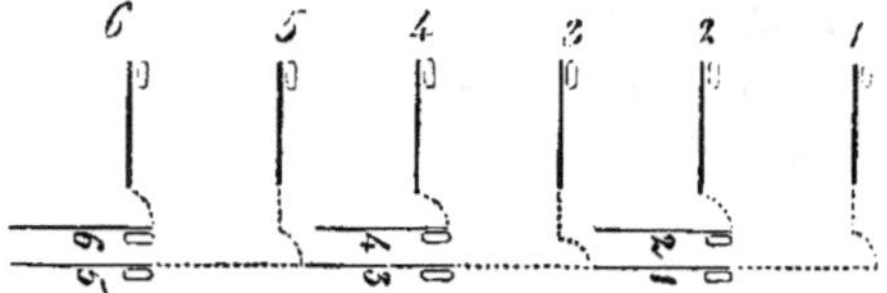

*Exécution.* La pièce pivot exécute un à gauche (à droite); la pièce extérieure se dirige d'abord droit en avant, puis elle exécute également un à gauche (à droite).

2. EN AVANT EN BATAILLE.

Ce mouvement s'exécute aux commandements et d'après les principes prescrits pour la colonne par pelotons avec distance à intervalles ouverts.

**d) Déployer la colonne serrée par pelotons à intervalles serrés.** (La batterie étant en colonne serrée par pelotons, la former en bataille).

*En avant en bataille.*

Le mouvement s'exécute aux commandements prescrits pour la colonne par pelotons avec distance, les intervalles ouverts.

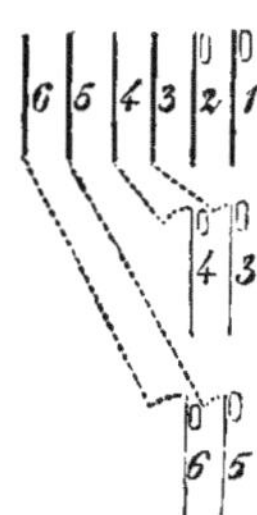

*Sur la gauche (sur la droite) en bataille.* (Conversions successives).

Le mouvement s'exécute comme il est prescrit pour la colonne par pelotons, les intervalles ouverts.

**e) Déployer la demi-colonne par pelotons.** (La batterie étant en demi-colonne par pelotons, la former en bataille).

1. PAR UNE CONVERSION DEMI-A-GAUCHE (DEMI-A-DROITE) SIMULTANÉES PAR PELOTONS (A DROITE [A GAUCHE] EN BATAILLE).

Commandement : *Batterie mit Zügen halblinks (halbrechts) schwenkt, marsch. Batterie, halt oder gerade aus (batterie par peloton demi-à-gauche [demi-à-droite], conversion, marche, batterie halte ou en avant).*

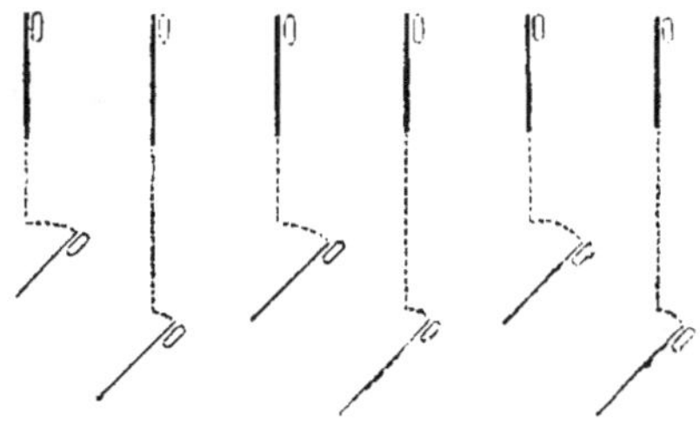

**2. EN PORTANT LES PELOTONS A HAUTEUR ET SUR L'ALIGNEMENT DU PELOTON DE TÊTE (EN AVANT EN BATAILLE).**

Commandement : *Batterie links marschirt auf, Trab, Galopp, marsch (batterie, vers la gauche, en avant, en bataille, au trot [au galop], marche).*

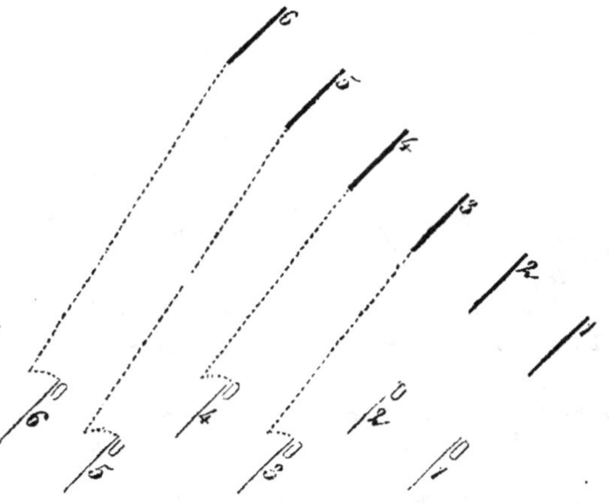

**f) Déployer la colonne serrée par pelotons à intervalles ouverts.** (La batterie étant en colonne serrée par pelotons à intervalles ouverts, la former en avant en bataille).

Commandement : *Batterie links (rechts) deployirt, Trab (batterie vers la gauche [droite], déployer la colonne, au trot).*

Lorsque l on déploie vers la droite, le chef du peloton de tête commande : *Augen links (les yeux à gauche).*

Les chefs des pelotons de queue : *Zu Zweien links (rechts) um, marsch, gerade aus, Trab, rechts (links), front, gerade aus,* éventuellement : *Augen links, halt (par deux à gauche (à droite), marche; en avant, au trot, à droite [à gauche], front; en avant,* éventuellement : *(les yeux à gauche), halte.*

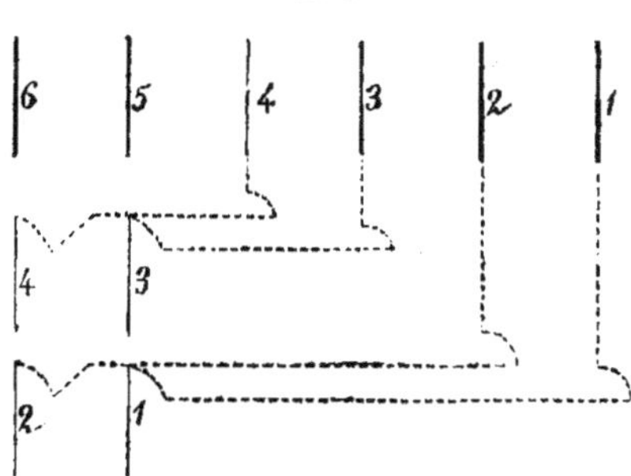

Le déploiement *carré* ou *à angle droit* ne peut être employé que lorsque la colonne est de pied ferme avec les intervalles de combat. En conséquence, pour l'exécution de ce mouvement, si la colonne est en marche, on l'arrête préalablement, et si elle n'a pas ses intervalles de combat on les lui fait prendre.

Les pelotons de queue exécutent la conversion prescrite au commandement de « *marche* » de leur chef et continuent ensuite à marcher parallèlement derrière la nouvelle ligne de bataille. Au commandement de « *front* » de leur chef ils font à gauche (à droite), se dirigent parallèlement aux pelotons déjà établis et s'arrêtent à leur hauteur.

Les chefs de pelotons suivent le mouvement du côté du front primitif de leur peloton, et lorsque le moyeu de la roue de l'avant-train de la pièce intérieure du peloton est près d'arriver à 8 pas de la nouvelle direction, ils commandent « *front* ». Ils se portent ensuite devant leur peloton, entrent en ligne avec lui et font à propos le commandement de « *halte* ». Le déploiement achevé, les hommes replacent les yeux à droite.

### g) Déployer la colonne marchant par le flanc de ses subdivisions.

Lorsqu'une colonne serrée par pelotons marchant par le flanc des subdivisions doit se former en bataille, le mouvement peut s'effectuer aussi bien du côté de la direction primitive que du côté opposé.

Commandement : *Batterie déployirt, Trab (Galopp), marsch* (signal) (*batterie déployée, au trot [au galop, marche]* (sonnerie).

Le chef du peloton de tête (de queue) : *Links (rechts), front,* (éventuellement : *Augen links) halt* (*à gauche [à droite], front,* (éventuellement : *les yeux à gauche), halte*).

Les chefs des autres pelotons : *Gerade aus, Trab (Galopp, marsch)* (*en avant, au trot [au galop], marche*).

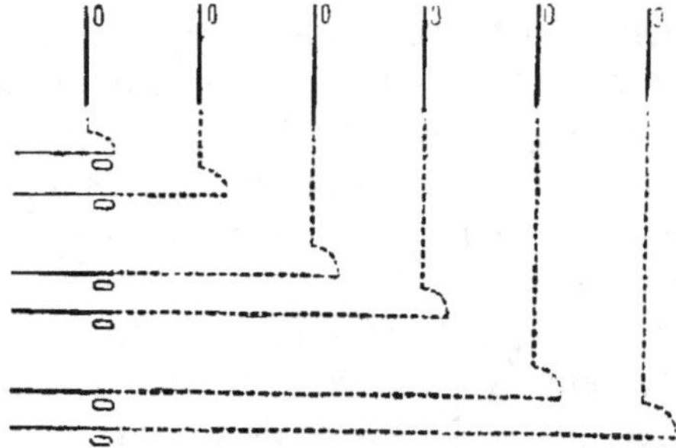

Les chefs de peloton se portent de leur personne du côté du front primitif de leur peloton et se conforment ensuite aux principes prescrits pour le déploiement de la colonne serrée par pelotons à intervalles ouverts.

# L'ABTHEILUNG.

## F. — L'Abtheilung.

### 1. FORMATION EN LIGNE (EN BATAILLE).

Les batteries ayant les intervalles de combat, ou les intervalles serrés, sont placées sur la même ligne et séparées l'une de l'autre par un intervalle de 20 pas.

Dans les manœuvres, la deuxième batterie de l'aile droite est désignée pour servir de batterie de direction.

Les changements de direction sont exécutés par batterie ; la batterie pivot exécute le mouvement comme si elle était isolée, les autres se portent successivement à sa hauteur sur la nouvelle ligne de bataille.

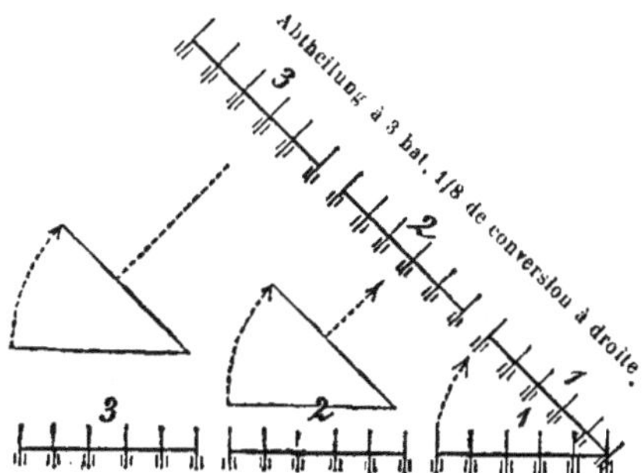


2. COLONNE PAR PIÈCES.  
3. COLONNE PAR PELOTONS.  } Formations semblables à celles
4. DEMI-COLONNE.  } de la batterie isolée.

### 5. COLONNE D'ABTHEILUNG (EN COLONNE PAR BATTERIE).

#### a) Les intervalles ouverts.

*A distance entière :*

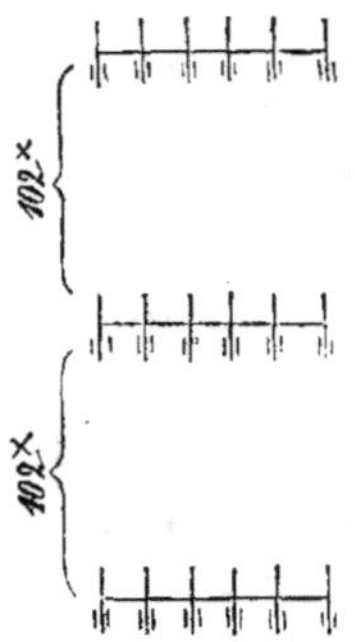

*Serrée en masse :*

En ployant les batteries d'une Abtheilung les unes derrière les autres. Cette colonne est employée comme formation de rendez-vous (rassemblement).

L'Abtheilung étant en bataille, la colonne ci-dessus est formée par une conversion par batterie ou en rompant par batterie en avant du front.

L'Abtheilung étant en colonne par pelotons, la colonne ci-dessus est formée en portant les batteries en ligne (*En avant en bataille par batterie*).

#### b) Les intervalles serrés.

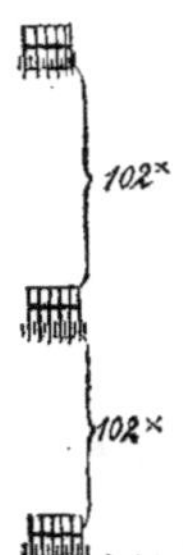

Cette colonne n'est employée qu'avec distance entière. On passe de l'Abtheilung en bataille, les intervalles ouverts à la formation en colonne au moyen d'une conversion par batterie en serrant en même temps les intervalles.

L'Abtheilung étant en colonne par pelotons, on passe à la formation ci-dessus en formant la colonne par batterie en ligne (en avant en bataille par batterie).

### 6. DEMI-COLONNE D'ABTHEILUNG.

L'Abtheilung étant en bataille, les intervalles ouverts, on passe à la demi-colonne d'Abtheilung en exécutant, par batterie, un huitième de conversion à droite (à gauche).

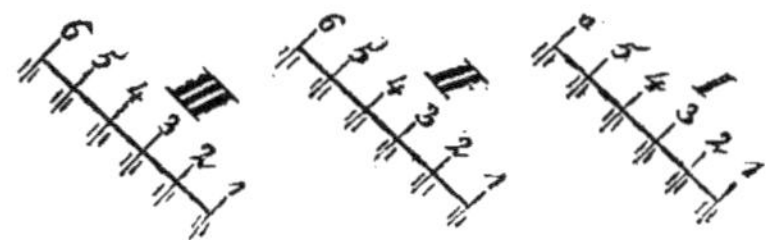

La distance entre les batteries est de 60 pas, (respectivement 40 pas).

La pièce pivot de chaque batterie est placée dans le prolongement de la cinquième pièce de la batterie précédente (dans les batteries sur le pied de paix elle se place dans le prolongement de la quatrième pièce).

On emploi la demi-colonne pour gagner du terrain obliquement en avant, et pour établir l'Abtheilung sur une position flanquante. Par exemple :

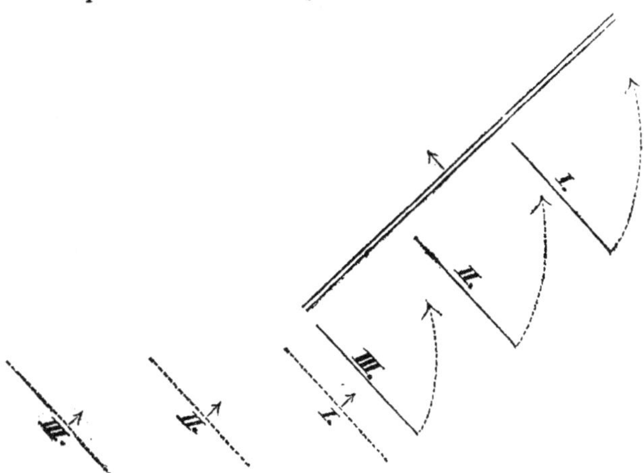

### 7. LIGNE DE COLONNE DE BATTERIE.

Les batteries, formées en colonne par pelotons, sont placées sur la même ligne.

### a) Les intervalles ouverts.

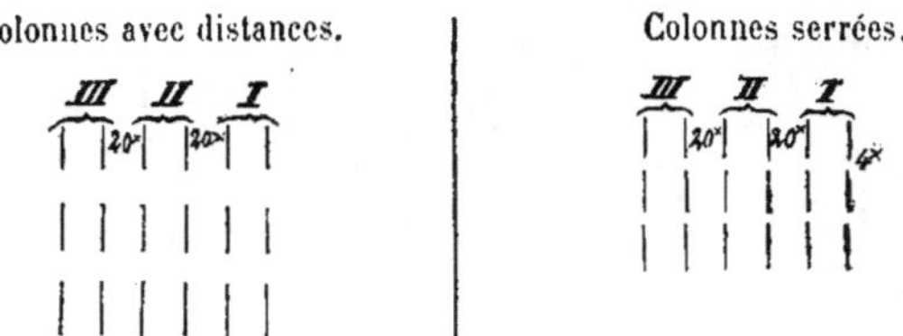



### Observation.

La ligne de colonnes de batterie à intervalles ouverts est employée de préférence pour traverser les lignes de troupes ou pour franchir les obstacles.

### b) Les intervalles serrés.



La ligne de colonnes de batterie à intervalles serrés, est, quel que soit d'ailleurs le nombre des batteries, la formation qui offre le plus de facilités pour mettre l'Abtheilung en mouvement dans toutes les directions.

Cette formation peut donc servir particulièrement comme formation de rendez-vous (rassemblement).

## G. Le combat.

### AA. Physionomie générale du combat de l'artillerie.

La mission principale de l'artillerie consiste dans la recherche des moyens propres à faciliter et à hâter le succès de l'infanterie ou de la cavalerie, et à diminuer les pertes des autres armes dans l'action décisive d'une affaire. Dans certaines circonstances particulières, son devoir consiste en outre, à préparer l'attaque des points fortifiés ainsi que celle des localités fortes par leur position ou dont les propriétés défensives ont été augmentées par des travaux de fortification.

La mobilité de l'artillerie, la puissance et la multiplicité de ses effets, rendent cette arme particulièrement propre à cette mission. L'étendue de sa sphère d'action, qui dépasse considérablement celle de l'infanterie, permet de l'employer aussi bien dans l'offensive que dans la défensive.

La puissance destructive de ses projectiles, intimement liée à l'influence morale considérable qu'elle exerce sur les troupes, la met à même de détruire les ouvrages fortifiés et d'en faciliter l'occupation. De plus sa puissance se trouve encore augmentée par l'emploi d'un tir particulier qui lui permet de combattre l'ennemi établi derrière les retranchements.

Mais, par contre, son action est subordonnée davantage aux conditions du terrain que celle de l'infanterie, et, comme elle n'est pas pourvue d'armes blanches permettant de repousser le combat corps à corps, que les circonstances peuvent lui imposer, elle a besoin de la protection immédiate des autres armes.

En conséquence, lorsque l'artillerie n'est pas suffisamment protégée par la position des autres troupes sur le champ de bataille, on lui affecte une troupe de protection particulière.

L'artillerie doit s'efforcer de produire son effet utile au

delà de la sphère d'action de l'infanterie. Toutefois, au moment décisif, elle ne doit pas craindre de s'exposer au feu de cette dernière.

Au delà de 2,400 mètres son feu ne produit guère des résultats appréciables. Pour préparer l'attaque et pour appuyer l'infanterie lorsqu'elle pénètre dans la position ennemie, il importe d'établir l'artillerie à une distance moins grande (en règle générale à 1,600ᵐ) et d'employer le feu rapide. En conséquence l'artillerie appuie le combat de l'infanterie en suivant de près les mouvements de la ligne principale de combat; elle s'empresse ensuite d'assurer la possession du terrain conquis en y établissant de puissantes batteries. Des changements de position trop fréquents, étant préjudiciables à la justesse et aux effets du tir, elle évite autant que possible de quitter sa position pour en occuper une autre relativement peu éloignée.

Lorsque par suite du manque de munitions une batterie se trouve dans l'obligation momentanée de cesser le feu, elle attend le remplacement de ses munitions sous le feu de l'ennemi.

Des pertes, même considérables, qui seraient infligées à une batterie ne sauraient, en aucun cas, l'autoriser à cesser le feu et à abandonner sa position.

Dans toutes les rencontres il importe de pouvoir opposer à l'ennemi, dès le commencement de la lutte, une artillerie supérieure en nombre. De ce principe découle l'obligation de l'emploi de l'artillerie en grandes masses. Dans la défensive on conserve en réserve une partie de l'artillerie, jusqu'au moment où l'adversaire a dévoilé ses intentions.

L'artillerie ne saurait se passer d'une direction unique dans le combat; c'est pourquoi, en règle générale, elle s'établit sur les positions par Abtheilung ou par régiment et exceptionnellement par batteries isolées.

De cette manière la concentration de son feu sur un même point devient possible et alors, en certaines circonstances, dans l'attaque aussi bien que dans la défense, elle peut agir d'une manière décisive sans le concours des autres armes.

Pendant la préparation, tant que les autres armes ne prennent point part à la lutte, le combat s'engage entre l'artillerie des deux adversaires : celle de l'assaillant ayant pour but de protéger le déploiement de ses troupes et de battre, dès le principe, certains points de la position ennemie, celle de la défense cherchant naturellement à empêcher ces résultats.

Pendant que l'infanterie de l'attaque gagne du terrain en avant, son artillerie n'abandonne point la lutte avec l'artillerie de la défense, dont les autres troupes sont généralement abritées.

Aux grandes distances, l'artillerie de cette dernière est l'adversaire le plus redoutable des troupes de l'assaillant. Celles-ci, obligées d'avancer presque toujours à découvert, sont accablées de projectiles dès que ses colonnes se laissent apercevoir.

Aussitôt que le point d'attaque est déterminé, l'artillerie de l'attaque concentre son feu sur ce point, afin d'assurer le succès de l'infanterie. Dans cette phase du combat, l'artillerie de la défense cherche à contrarier celle de l'attaque dans l'accomplissement de sa tâche.

Mais, dès qu'elle aperçoit les véritables colonnes d'attaque, elle concentre son feu sur elles.

Si l'assaut est repoussé, l'artillerie de l'assaillant cherche à empêcher celle de la défense de tirer sur les troupes en retraite ; elle s'oppose en outre aux colonnes lancées à leur poursuite. Si, au contraire, l'attaque est victorieuse, l'artillerie poursuit de son feu les troupes de la défense en retraite.

Pour être prête à appuyer l'assaut final dans l'offensive, ou la contre-attaque dans la défensive, une partie de l'artillerie disponible suit les mouvements de l'infanterie.

**BB. Passer de la formation de rassemblement ou de la formation de marche à la formation de combat.**

1. FORMATION D'UNE BATTERIE AU PARC.

Au parc les voitures d'une batterie sont placées sur trois lignes. Les six pièces forment la première ligne. Elles sont placées dans l'ordre indiqué par leurs numéros et séparées par un intervalle de dix pas. Les servants sont placés derrière leur pièce respective.

La deuxième ligne est formée des six caissons placés chacun dans le prolongement de la pièce à laquelle il appartient, les têtes des chevaux de devant à 15 pas en arrière de la bouche des pièces.

Le chef du premier échelon de voitures est placé à 2 pas en avant du centre de la ligne des caissons.

La troisième ligne se compose des caissons n$^{os}$ 7 et 8 et du restant des voitures. Cette ligne est séparée de la deuxième par une distance de 10 pas.

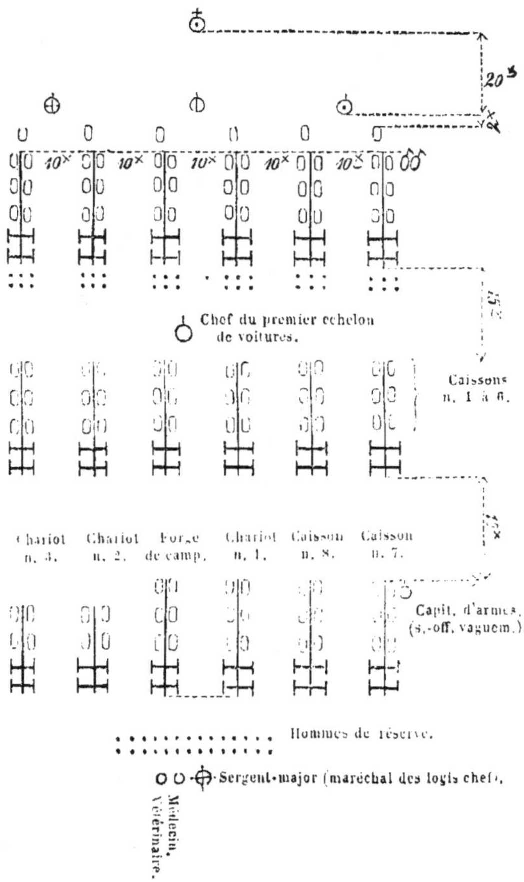
20ᵐ
10ˣ
Chef du premier échelon
de voitures.
Caissons
n. 1 à 6.
Chariot
n. 3.
Chariot
n. 2.
Forge
de camp.
Chariot
n. 1.
Caisson
n. 8.
Caisson
n. 7.
Capit. d'armes,
(s.-off. vaguem.)
Hommes de réserve.
Sergent-major (maréchal des logis chef).
Médecin.
Vétérinaire.

2. PASSER DE LA FORMATION AU PARC OU DE LA FORMATION DE RENDEZ-VOUS A LA FORMATION DE MARCHE OU A LA FORMATION DE COMBAT.

1re pièce.
1er caisson.
2e pièce.
2e caisson.
3e pièce.
3e caisson.
4e pièce.
4e caisson.
5e pièce
5e caisson.
6e pièce.
6e caisson.
7e caisson.
8e caisson.
1er chariot.
Forge.
2e chariot.
3e chariot.

Lorsque la batterie est loin de l'ennemi, chaque pièce se met en marche successivement suivie de son caisson ; les autres voitures suivent le mouvement dans l'ordre ci-après : le caisson n° 7, le caisson n° 8, le chariot n° 1, la forge, le chariot n° 2 et enfin le chariot n° 3.

La distance entre les voitures est de 4 pas ; cette distance est mesurée de la tête des chevaux de devant de chaque pièce au deuxième rang des servants ou à la voiture précédente, si les servants marchent à côté de leur pièce.

Les chefs de peloton marchent à côté des chevaux de devant de la pièce de tête de leur peloton ; ils se tiennent du côté du front primitif ; les trompettes marchent en tête de la batterie devant le capitaine.

Les servants marchent soit à côté, soit derrière les pièces.

La réserve (c'est-à-dire les gradés et les canonniers qui n'ont pu trouver place ni sur les sièges des pièces ni sur les coffres des avant-trains, les ouvriers, le médecin, le vétérinaire, les infirmiers, est placée de la manière suivante :

Les hommes non montés de la réserve sont répartis, pendant la marche, entre les différentes voitures, de telle manière qu'ils puissent y monter avec les servants qui n'ont pu trouver place ni sur les pièces ni sur les coffres. Ordinairement ils marchent dans l'ordre prescrit pour les servants, soit à côté, soit derrière les voitures.

Dans l'artillerie à cheval, la réserve, sous les

ordres de ses chefs, marche immédiatement derrière les voitures.

Les attelages haut le pied et les chevaux de main marchent la queue de la colonne.

Le capitaine d'armes ou quartier-maître (vaguemestre) est chargé de la surveillance de toutes les voitures.

Lorsque la batterie se met en marche en vue du combat, elle prend la formation suivante au commandement de : *Staffeln formirt (formez les échelons)* (1).

a) *Les pièces constituant la partie combattante* proprement dite, marchent en tête de la batterie dans l'ordre indiqué par leurs numéros.

b) *Le premier échelon des voitures,* composé habituellement de quatre caissons et du chariot n° 1 se met en marche immédiatement après les pièces. La réserve de batterie détache

---

(1) Un nouveau règlement, d'après le *Militar-Zeitung* (1879) divise les batteries de campagne allemandes, montées et à cheval, en batterie de combat et en deuxième échelon.

La batterie de combat compte :

1° Les six pièces ;

2° Les caissons à munitions numéros 1, 2 et 3 :

3° Le chariot numéro 1.

Le deuxième échelon se compose :

1° De cinq autres caissons à munitions (numéros 4 à 8) ;

2° Des chariots numéros 2 et 3.

3° De la forge.

La batterie de combat est divisée en trois sections de voitures (Wagensectionen).

La première section se compose des deux premières pièces, du caisson numéro 1 et du chariot numéro 1.

La deuxième section compte les deux pièces du centre et le caisson numéro 2.

La troisième section se compose des deux dernières pièces et du caisson numéro 3.

Le deuxième échelon est divisé également en trois sections de voitures :

Les caissons numéros 4 et 5 forment la quatrième section.

Les caissons numéros 6, 7 et 8 forment la cinquième section.

Les chariots numéros 2 et 3 et la forge constituent la sixième.

auprès de cet échelon : deux sous-officiers, un médecin, un infirmier, quatre aides-brancardiers, les numéros 6 des servants, deux conducteurs de réserve avec quatre chevaux de trait de réserve et un nombre de canonniers suffisant pour permettre de placer six hommes sur chaque caisson. Cet échelon est placé sous le commandement d'un officier et se met en marche immédiatement après les pièces, les hommes non montés marchant à côté de leur voiture respective.

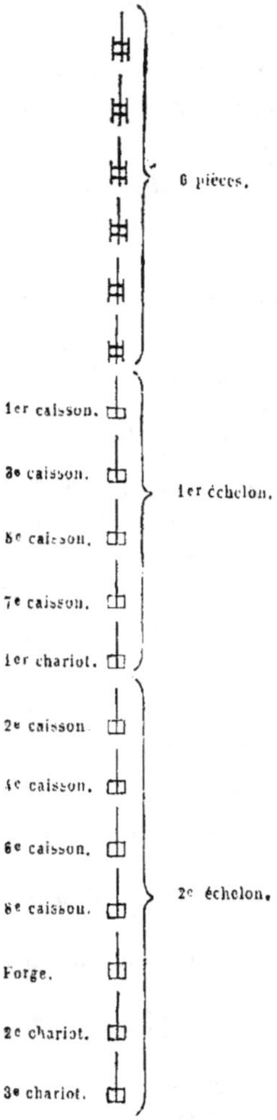

c) *Le deuxième échelon de voitures* se compose du restant des voitures et de la réserve de batterie.

Elle suit provisoirement le premier échelon.

Le sergent-major (maréchal des logis chef) se porte à la queue des pièces

### 3. FORMATION DE LA BATTERIE EN ORDRE DE COMBAT (ORDRE EN BATTERIE).

Le capitaine se tient avec un trompette auprès du commandant des troupes auxquelles est affectée la batterie. Dès que celle-ci doit prendre sa formation de combat, le capitaine se porte au galop, en avant, pour reconnaître la position.

L'officier le plus ancien prend alors le commandement de la batterie, la forme de suite en bataille, si c'est possible et suit le capitaine; si les servants n'occupent pas leurs sièges, il les fait monter au commandement de : *Artilleristen aufsitzen* (signal) (*artilleurs sur vos sièges* (sonnerie).

Lorsqu'on veut mettre rapidement en batterie, la bat-

Schéma de la colonne (de haut en bas) :

- 6 pièces.
- 1er caisson. — 3e caisson. — 5e caisson. — 7e caisson. — 1er chariot. } 1er échelon.
- 2e caisson — 4e caisson. — 6e caisson. — 8e caisson. — Forge. — 2e chariot. — 3e chariot. } 2e échelon.

terie montée prend le galop à 300 pas de la position (la batterie à cheval prend le galop de charge (Karriere) à 200 pas).

Quand le capitaine, arrêté à 50 pas en avant de la position que doit occuper la batterie, a choisi son point d'attaque, dont la distance détermine l'emploi du genre de projectiles, il fait front du côté de sa troupe, indique (par une sonnerie) la nature des projectiles à employer et fait sonner *halte*. Il ordonne ensuite d'ôter les avant-trains en avançant et commande : *Mit Granaten, Schrapnells, Kartätschen geladen* (*avec obus [obus à balles, mitraille], chargez*).

Ces dispositions étant prises, il se dirige vers la batterie, indique le but à battre ainsi que la distance et le mode d'exécution du feu ; il se porte ensuite sur un point de la position d'où il puisse bien observer les coups et les effets du tir.

Les chefs de peloton se placent dans les intervalles de leur peloton, à 10 pas en arrière de la flèche des affûts ; de là ils surveillent l'exécution du tir des pièces de leur peloton. Lorsqu'on tire à boulets ils mettent pied à terre et veillent à la bonne disposition des pièces et des avant-trains.

La limite maximum des intervalles entre deux pièces et de 40 pas, la limite minimum de 10.

Principes à observer dans le choix d'une position<br>pour la mise en batterie.

1. Toute position doit être, au préalable, reconnue par le chef.

2. Le but à battre étant bien déterminé, on recherche avant tout dans la position, les points qui permettent au tir de produire le meilleur effet utile; ce n'est que lorsque ces points sont trouvés qu'on s'occupe des abris.

On augmente la puissance du tir :

*a*) En occupant une position dominante qui possède un champ de tir découvert d'une grande étendue. Toutefois, l'élévation de la position ne doit pas être exagérée, afin de n'enlever aucun effet à l'action des projectiles et de permettre, en outre, de battre le pied de la position.

Un champ de tir d'une étendue insuffisante restreint le choix des buts et empêche de bien observer les coups et les effets du tir ; par suite il exerce une influence défavorable sur ces derniers.

*b)* En donnant aux pièces un établissement solide.

*c)* En choisissant un sol mouvant et coupé en avant et sur les flancs de la position.

Il n'est pas avantageux de s'établir derrière des couverts ou dans le voisinage d'objets bien distincts, parce que dans ce cas on permet à l'ennemi de se rendre facilement compte des effets de son tir.

3. La ligne de retraite doit être praticable et assurée autant que possible.

4. Pour éviter des pertes inutiles, on n'établit point les batteries en arrière des autres troupes ; on prend position sur leurs flancs.

### Échelons de voitures.

Conditions que doit remplir la position du premier échelon de voitures :

1. Des communications faciles avec la batterie.

2. Un terrain permettant de se mouvoir librement en avant et en arrière.

3. Les autres troupes ne doivent pas être gênées par les voitures.

Dans presque tous les cas un emplacement, situé à la distance de 50 à 100 pas en arrière et débordant l'un des flancs de la batterie, est suffisant pour procurer aux voitures un abri convenable.

Le chef doit bien connaître le terrain situé en avant et en arrière de la position.

Le deuxième échelon suit les mouvements de la batterie à la distance de huit cents mètres environ ; il s'arrête à cette distance, sur l'un des côtés de la route, dès que la batterie prend position.

Il est nécessaire que l'emplacement occupé par les voitures soit facile à trouver, que les mouvements de ces dernières puissent s'exécuter librement et qu'elles soient défilées autant que possible.

Les communications entre les échelons sont toujours maintenues.

*Formation de la batterie (à cheval) sous le feu de l'ennemi.*

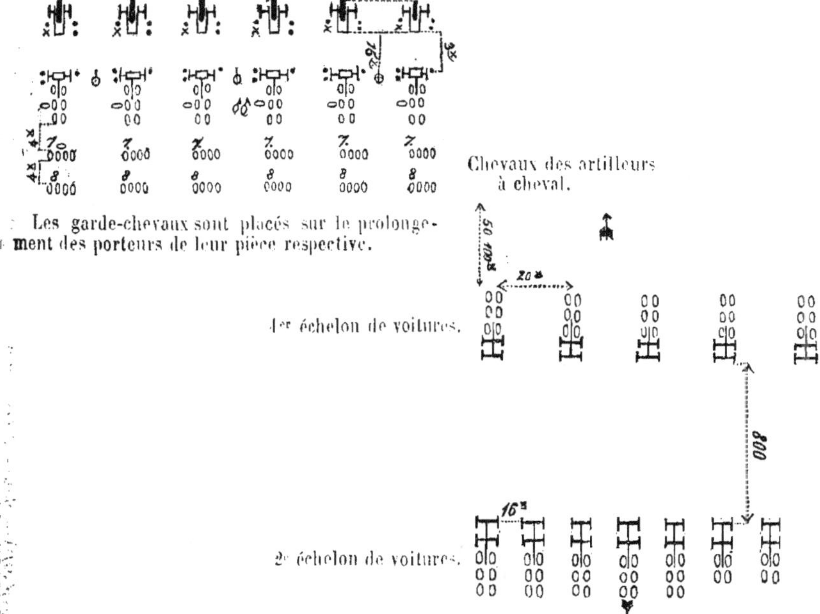



Les garde-chevaux sont placés sur le prolongement des porteurs de leur pièce respective.

### 4. LA BATTERIE AU COMBAT.

*a)* Objectif de tir : Les troupes, pour le moment les plus redoutables. En règle générale la batterie dirige son feu de préférence contre les masses d'infanterie et de cavalerie, plutôt que contre l'artillerie de l'adversaire.

*b*) Genre de projectiles à employer.

1) *Obus.* Le tir à obus peut être employé dans tous les cas qui se présentent en rase campagne. Toutefois, il faut remarquer qu'un terrain *mou* situé en avant du but diminue le nombre des éclats des projectiles, un terrain dur et résistant, l'augmente au contraire.

2) *Shrapnels* (obus à balles). Ce tir est employé contre les troupes massées ou présentant un front d'une étendue considérable ; il peut être employé, en outre, contre des troupes défilées, c'est-à-dire établies derrière des abris. On peut en faire usage également contre l'artillerie. Dans tous les cas, ce tir n'est employé qu'aux distances comprises entre 200ᵐ (260 pas), et 2,200ᵐ (2,930 pas environ).

Aux distances de 200 à 400 mètres, le tir à mitraille peut être remplacé par le tir à shrapnels.

3) *Mitraille.* Le tir à mitraille ne s'emploie qu'aux distances inférieures à 400ᵐ (530 pas). On en fait usage principalement dans la défense. Les buts étendus en largeur sont les plus favorables à ce tir. En conséquence on l'emploie surtout, soit contre l'infanterie, soit contre la cavalerie en ligne déployée.

Toutefois, l'efficacité de ce tir dépend beaucoup de la nature du terrain qui s'étend en avant du but. Un terrain ferme, plat et résistant augmente les effets de la mitraille.

c) Exécution des feux.

1) *Feu par l'une des ailes.* Ce feu est employé surtout pour l'exécution des feux rapides. Le capitaine indique le degré de rapidité.

2) *Feu par peloton ou par pièce*, employé au tir à mitraille pour repousser une attaque à l'arme blanche. Le chef de peloton ou le chef de pièce, selon le cas, indiquent le degré de rapidité.

*Feu de salve.* Ce feu est employé pour apprécier les distances quand plusieurs batteries entrent en action simultanément, ce qui rend l'appréciation des distances plus difficile.

### 5. Offensive des artilleurs a cheval.

Lorsqu'une batterie à cheval ne possède point de troupe de soutien ou que celle-ci se trouve engagée ailleurs, les servants peuvent être employés, à la défense ou à l'attaque :

1° En cas de surprise; 2° Pour repousser ou pour disperser de petits détachements ennemis. Le mouvement s'exécute :

#### a) En ordre serré.

Le commandant de la batterie fait faire la sonnerie de : *Appel*, et se porte au galop au point où il veut disposer les servants pour le combat.

La file de droite de la pièce de direction vient se placer face au capitaine; les autres files se forment à côté de la file de droite et s'alignent sur elle. Les chefs de pièce des pelotons impairs se placent à la droite de leurs servants; les deux chefs de peloton, les plus jeunes de grade, se portent chacun devant son peloton respectif.

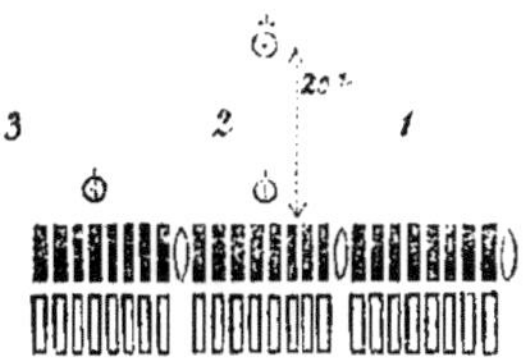

Le commandant de la batterie commande ensuite : *Batterie zur Attaque, marsch, Trab, Galopp, marsch* (signal), (*batterie pour l'attaque, marche, au trot, au galop, marche*) (sonnerie), et lorsqu'il ne reste plus que peu de distance à parcourir pour atteindre l'adversaire : *Marche, marche* (*galop de charge*).

Les mouvements en retraite s'exécutent par pièce, c'est-à-dire par fraction de quatre files.

Le but étant atteint, le commandant de la batterie commande : *An die Geschütze (à vos pièces)*.

L'officier le plus ancien de grade, ainsi que les chefs de pièce des pelotons pairs, restent près de la batterie.

En règle générale, si la batterie marche en avant, elle s'arrête ; si elle marche en retraite, elle s'arrête éventuellement à une place convenable ; les conducteurs du milieu et les chefs de pièce enlèvent les avant-trains et chargent à mitraille.

### b) En ordre dispersé.

Lorsqu'une batterie, occupée à amener les avant-trains pour battre en retraite, est subitement attaquée, le capitaine commande : *Artilleristen halt, Gewehr auf, zur Attake Galopp, marsch (artilleurs halte, le sabre à la main, pour l'attaque, au galop, marche)*.

Les servants s'arrêtent, font face à l'ennemi et se déploient. Les servants des sixième, cinquième et quatrième pièces, déploient vers la gauche, et ceux des troisième, deuxième et première vers la droite, de manière que les hommes du deuxième rang puissent se placer, avec 3 pas d'intervalle, à la gauche de leur chef de file. Les chefs de peloton et les chefs de pièce se conforment à ce qui est prescrit en *a*.

A la sonnerie de : *Appel*, chaque artilleur exécute un demi tour à gauche individuel, et se dirige au galop de charge vers sa pièce.

## H. Grande parade (revue) de la batterie.

### Formation de la batterie isolée.

Pour une revue la batterie peut prendre les formations suivantes :

1. EN BATAILLE AVEC LES AVANT-TRAINS A INTERVALLES DE 5 PAS.

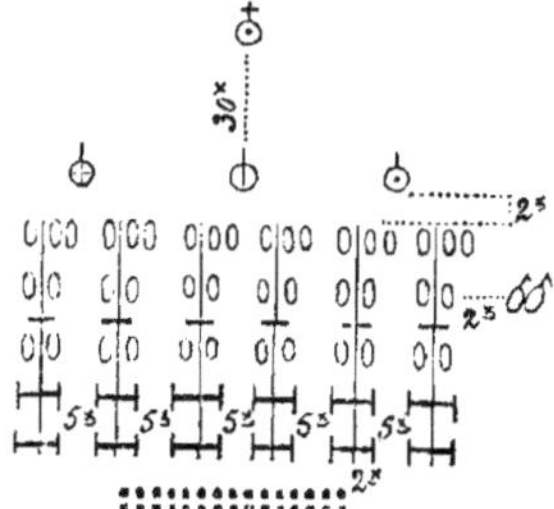

Les voitures sont placées en arrière des pièces comme il est expliqué dans la formation au parc.

Les pièces, la culasse baissée, ont la bouche en l'air.

Les servants, formés sur deux rangs, sont placés à 2 pas derrière le centre de la batterie.

Dans la batterie de campagne à six pièces, la file de droite est placée à hauteur du milieu de l'intervalle entre le canon et la roue gauche de la deuxième pièce; dans la batterie à quatre pièces, elle se place à hauteur du milieu de l'intervalle entre la première et la deuxième pièce. Dans la batterie à cheval à six ou à quatre pièces, la file de droite se place toujours en arrière de la roue de droite de la pièce de droite.

Le sergent-major (maréchal des logis chef) se place à 2 pas en arrière du milieu du deuxième rang des servants.

Un officier est placé en serre-file derrière le milieu de la batterie.

### 2. EN BATAILLE LES AVANT-TRAINS ÔTÉS.

On prend cette formation :

1) Lorsqu'on veut faire feu pour rendre les honneurs.

2) Lorsqu'on veut rendre les honneurs immédiatement après une manœuvre.

Les pièces, séparées par un intervalle de 20 pas (ou de 10 pas), sont placées sur la même ligne.

Les avant-trains sont placés à huit pas de distance en arrière des pièces et font face en avant. Les garde-chevaux de l'artillerie à cheval sont placés à quatre pas derrière les avant-trains. Les servants, non-équipés, font face en avant ; les numéros 3 et 4 se tiennent à hauteur de la crosse de l'affût, ayant les numéros 5 et 6 à deux pas derrière eux. Les chefs de peloton sont placés à un pas à la droite du moyeu de la roue droite de la pièce de droite de leur peloton. Les trompettes se placent à deux pas à la droite et en arrière du chef du peloton de droite. Tous les serre-files sont placés à leur place de bataille à l'exception de l'officier qui se place au flanc gauche de la batterie sur l'alignement des chefs de peloton.

Lorsqu'une batterie prend cette formation pour rendre les honneurs immédiatement après une manœuvre, le capitaine commande : *Achtung* (garde à vous), et demeure,

avec son trompette, devant le front de la batterie. Les servants conservent leur équipement, les avant-trains ne font
pas demi-tour ; ils restent face en arrière.

## Défilé de la batterie isolée.

La batterie peut défiler :

1. PAR PELOTONS.

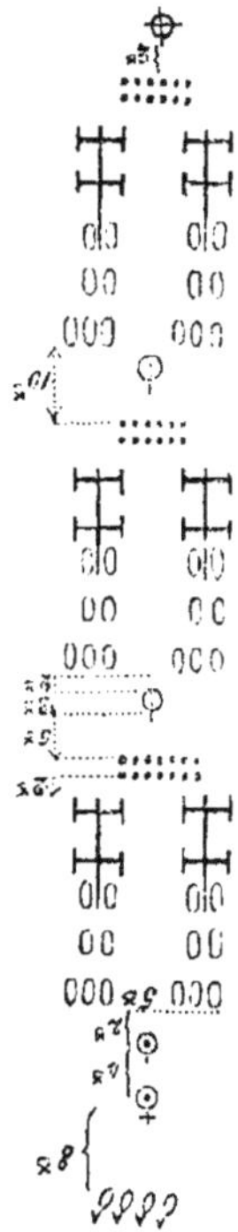

Les intervalles sont de 5 pas.

Les servants sont placés derrière le centre des pelotons.
Dans la batterie de campagne la file de droite marche en
arrière de la roue gauche de la pièce de droite, dans la batterie à cheval elle marche toujours derrière la roue droite

de cette pièce. Les autres voitures de la batterie suivent dans le même ordre. Le chef de l'échelon de voitures marche à deux pas en avant du premier peloton. Quand l'échelon de voitures défile, le sergent-major (maréchal des logis chef) marche en serre-file derrière le peloton de queue.

### 2. PAR BATTERIE EN LIGNE.

Lorsque la batterie défile au trot, les servants montent sur les sièges des pièces et sur les coffres des avant-trains. Les trompettes marchent à 40 pas en avant de la batterie, le capitaine à 4 pas des chefs de peloton, ceux-ci à 2 pas devant le centre de leur peloton. Les intervalles sont de 5 pas.

Si la batterie défile au pas, les servants marchent dans l'ordre qui leur est prescrit dans la formation de parade de la batterie en bataille.

# APPENDICE.

Le 22 janvier 1880 un projet de loi a été déposé au Bundesrath, ayant pour objet d'augmenter la force de l'armée allemande.

Voici le texte des articles essentiels du projet de loi :

« Article 1er. La loi militaire de l'Empire du 2 mai 1874 est complétée et modifiée par les dispositions suivantes :

§ 1. En exécution des articles 57, 59 et 60 de la Constitution de l'empire, l'effectif des hommes présents sur le pied de paix est fixé, pour la période du 1er avril 1881 au 31 mars 1888, à 1 0/0 de la population au 1er décembre 1875. Les volontaires d'un an ne sont pas compris dans l'effectif des présents sur le pied de paix.

« § 2. A partir du 1er avril 1881, l'infanterie comptera 503 bataillons (1), l'artillerie de campagne 340 batteries (2), l'artillerie à pied 31 bataillons (3), les pionniers 19 bataillons (4).

« § Les hommes de la première classe de la réserve de recrutement, outre les obligations qui leur étaient déjà imposées, seront soumis aux prescriptions suivantes :

« Les hommes de la première classe de la réserve de recrutement peuvent être convoqués, en temps de paix, à des exercices. Ceux qui auront été exercés resteront dans la première classe de la réserve de recrutement, tout le temps pendant lequel ils sont assujettis à faire partie de la réserve de recrutement. »

Cette nouvelle loi porte l'effectif sur le pied de paix de 401,659 hommes à 427,274, soit une augmentation de 25,615 hommes.

Il en résultera la création de :

11 régiments d'infanterie (8 prussiens, 1 bavarois, 2 saxons).

1 bataillon d'infanterie (prussien ; il constituera le 3e bataillon du 2e régiment d'infanterie du grand duché de Hesse, qui n'a actuellement que 2 bataillons) ;

1 régiment d'artillerie de campagne de 8 batteries (prussien) ;

32 batteries d'artillerie de campagne (24 prussiennes, 4 bavaroises, 2 saxonnes, 2 wurtembergeoises), qui seront affectées aux régiments et aux Abtheilungen déjà existantes ;

1 régiment d'artillerie à pied ;

1 bataillon de pionniers (prussien).

---

(1) Au lieu de 469 bataillons (148 régiments d'infanterie à trois bataillons et 25 bataillons de chasseurs).

(2) Au lieu de 300 batteries (36 régiments qui comprennent 254 batteries montées de 9 et 46 batteries à cheval de 8).

(3) Au lieu de 29 bataillons (13 régiments à 2 bataillons et 3 bataillons indépendants).

(4) Au lieu de 18 (1 par corps d'armée).

# TABLE DES MATIÈRES.

## INFANTERIE.

## CAVALERIE.

## ARTILLERIE.

# ERRATA.

| Pages. | Lignes. | | | |
|---|---|---|---|---|
| 16 | 23 | *au lieu de :* | Compagnie (pelo-tons entiers) . . . | *lisez :* Compagnie par pe-lotons. |
| — | 24 | — | Compagnies à de-mi-pelotons.. . . | — compagnies par de-mi-pelotons. |
| — | — | — | | |
| 18 | 3 | — | de demi-pelotons.. | — par demi-pelotons. |
| — | 4 | — | de pelotons entiers. | — par pelotons. |
| 21 | 15 | — | de sections. . . . . | — par sections. |
| 22 | 14 | — | de section. . . . . | — par sections. |
| 24 | 14 | — | de sections.. . . . | — par sections. |
| 23 | 24 | — | de pelotons.. . . . | — par pelotons. |
| 25 | 12 | — | de pelotons. . . . | — par pelotons. |
| 26 | 15 | — | rechten flank.. . . | — rechten flanke. |
| 28 | 23 | — | de sections.. . . . | — par sections. |
| 30 | 9 | — | de pelotons entiers. | — par pelotons. |
| 30 | 12 | — | de demi-pelotons.. | — par demi-pelotons. |
| 32 | 14 | — | de sections . . . . | — par sections. |
| 32 | 18 | — | de demi-pelotons . | — par demi-pelotons. |
| 37 | 19 | — | commencement . . | — commandement. |
| 50 | 7 | — | ceux-ci sont enca-drés par, etc. . . | les pelotons sont — .encadrés par, etc. |
| 57 | 19 | — | swenken. . . . . . | — schwenken. |
| 57 | 21 | — | swenkt. . . . . . . | — schwenkt. |
| 95 | 8 | — | de pelotons . . . . | — par pelotons. |
| 109 | 14 | — | angetretten.. . . . | — angetreten. |
| 110 | 4 | — | on défile ; ils font à à gauche, conver-sent ensuite par file à gauche. . . | — on défile, ils font à gauche, conver-sent ensuite par file à droite. |
| 169 | 3 | — | les pelotons. . . . | — les escadrons. |
| — | — | — | premier peloton. . | — premier escadron. |
| 170 | 15 | — | une autre . . . . . | — un autre. |
| 174 | 9 | — | chaque escadron déboite. . . . . . | — les escadrons. déboîtent. |
| 183 | 4 | — | nomber. . . . . . | — nombre. |

| Pages. | Lignes. | | | |
|---|---|---|---|---|
| 202 | 31 | — | geseht. . . . . . . | — gesetzt. |
| 205 | 20 | — | Voir p. 193 . . . . | — Voir p. 196. |
| 232 | 9 | — | ou batterie, etc. . | — gerade aus ou batterie, etc. |
| 245 | 6 | — | links (rechts) . . . | — linke (rechte). |
| 250 | 12 | — | links. . . . . . . | — linke. |
| 260 | 2 | — | avec distance, les intervalles ouverts. | — avec distance, les intervalles serrés. |

Paris. — Imprimerie J. Dumaine, 2, rue Christine